ROBERT MARC LEHMANN

MISSION ERDE

ROBERT MARC LEHMANN

MISSION ERDE

Die Welt ist es wert, um sie zu kämpfen

LUDWIG

MIX
Papier | Fördert gute Waldnutzung
FSC® C106855

Penguin Random House Verlagsgruppe FSC® N001967

19. Auflage
Originalausgabe 04/2021

Redaktion: Ulrike Strerath-Bolz
Umschlaggestaltung: Eisele Grafik-Design unter Verwendung eines Fotos von © Christian Lehnen (Vorderseite) und von © Robert Marc Lehmann (Rückseite)
Satz: Leingärtner, Nabburg
Druck und Bindung: Print Consult GmbH, München
Printed in Slovenia
ISBN: 978-3-453-28141-7

www.Ludwig-Verlag.de

INHALT

Für alle Menschen

Besonders für diejenigen, die mich dazu inspiriert haben,
das zu tun, was ich tue. Und die,
die mit mir um unsere Erde kämpfen.

Robert Marc
Lehmann

VORWORT

»Warum zur Hölle tu ich mir das an?«, ist eine der Fragen, die ich mir am häufigsten stelle. Egal, ob ich am Schreibtisch oder beim Dösen am Flughafen neue Pläne schmiede. Ob ich tagelang meine Ausrüstung packe für die nächste Expedition. Ob ich versuche, diese ganzen Koffer und Taschen (mit teilweise 100 Kilo Übergepäck) am Schalter aufzugeben, ohne den Hass der eher mäßig gelaunten Check-in-Dame auf mich zu ziehen …

Ob ich dann bei 50 Grad Celsius und 99 Prozent Luftfeuchtigkeit oder bei knochentrockenen minus 30 Grad aus dem Flieger steige …

Ob ich nachts im Camp stundenlang auf der Suche nach Strom bin, um meine Kamera-Akkus zu laden, und dabei von Feuerameisen und Skorpionen angegriffen werde …

Ob ich mich nach einem Tagesmarsch mit schwerem Gepäck durch den Dschungel zum Feierabend auf eine Schale mit trockenem Reis und einem vertrockneten Stück Welskopf stürze …

Oder ob ich versuche, gegen den Widerstand eines Bataillons durstiger krankheitsübertragender Moskitos, gelangweilter Einsiedlerkrebse oder neugieriger diebischer Ratten wenigstens ein paar Stunden Schlaf zu finden …

Wenn ich in diesen Nächten, hin- und hergeschaukelt von geschmeidigen Zehn-Meter-Wellen, schließlich doch vor der inneren Ruhelosigkeit und dem äußeren Tiergewusel in meiner Kajüte kapituliere, die Hängematte verlasse und lieber das Foto- und Filmmaterial des Tages sichte, taucht immer mal wieder diese Frage aus den Tiefen meines Unterbewusstseins auf und nagt an meinen Nerven wie ein Biber an einem Apfelbaum (übrigens: Biber lieben Apfelbäume!). Warum zur Hölle … All das? Warum? Immer wieder?

Dabei kenne ich die Antwort auf diese Frage eigentlich schon. Ich kenne sie, seit ich als Kind mit meinem Großvater in der heimischen Natur gewesen bin, um kleine Staudämme in Bächen zu bauen und Mooshütten zu errichten, um Lagerfeuer zu machen, zu angeln und Tiere zu beobachten.

Ich tue mir das an, weil ich es nicht lassen kann. Weil ich es gut finde. Weil es wichtig ist, nicht nur für mich. Ein tiefer innerer Antrieb.

Ich büße bei jeder Expedition Klamotten ein, verliere Equipment an die extremen Bedingungen, oft auch vorübergehend meine Gesundheit, immer aber literweise Schweiß und fünf bis zehn Kilo Körpergewicht an Darmparasiten, wenig Essen und Stress. Doch es geht dabei eben nicht um mich. Es geht um mein Auge, meinen Finger am Auslöser, mein Gespür für Momente. Im Fokus sind immer Tiere, Menschen und deren Geschichten.

Ich fühle mich den Tieren enger verbunden als den Menschen. Dennoch gehört der Mensch bei den meisten Geschichten irgendwie dazu, hat einen Einfluss. Sei es durch Plastikmüll im Meer, Geisternetze, Kohlendioxid, Brandrodung oder illegalen Tierhandel: Es gehört immer auch eine menschliche Komponente dazu.

Ich will das Leben der Tiere einfangen, mit allen positiven und negativen Seiten. Ich will verstehen, wie das Leben einer Spezies unmittelbar an das Überleben vieler anderer Arten, ganzer Ökosysteme geknüpft ist. Und ich will mit meinen Bildern und Filmen, meinen Expeditionen, meinen Vorträgen in Schulen ein Verständnis dafür vermitteln, was wir von Tieren lernen und wie wir sie besser schützen können. Und zwar in ihrem natürlichen Lebensraum, vor Ort, nicht in irgendwelchen Zoos und Aquarien.

Jedes Tier, jeder Mensch hat seine Geschichte. Diese Geschichten haben sich auf sehr bestimmte und eindrucksvolle

Art mit meinem Leben verknüpft, auf Dutzenden von Reisen, Touren und wissenschaftlichen Expeditionen in über 100 Ländern auf allen Kontinenten – ein paar davon möchte ich in diesem Buch erzählen. Meine prägendsten vielleicht.

Und ich freue mich, wenn diese Geschichten nicht nur unterhalten, sondern auch Fragen aufwerfen. Vor allem die Frage, wie wir aus all dem, was wir schon verloren haben, lernen können, nicht auch noch den Rest zu verlieren.

Denn das ist letztlich die wichtigste Antwort auf meine Einstiegsfrage: Ich tue mir das alles an, weil ich immer noch Hoffnung habe. Hoffnung, dass wir unseren Planeten, unsere Natur, unsere unfassbar reichhaltige, verschiedenartige und atemberaubende Welt über und unter Wasser immer noch retten können – weil wir es müssen.

Deshalb zur Hölle tue ich mir das an.

Schauplätze der Expeditionen

»Die Welt retten ist keine Frage des Berufes oder des Alters, es ist eine Frage des persönlichen Engagements.«

RML

PROLOG

»Ready?! Go! Go!! Go!!!«, brüllt Pete, der »Operatives«-Teamleader, und reißt die Schiebetür des Vans auf. Ich springe mit einem Team von Ex-Elitesoldaten und einer örtlichen Anti-Wildlife-Crime-Unit mitten hinein in den philippinischen Urwald und damit in eine Situation, die ich nicht annähernd beeinflussen kann. Ab hier gibt es nur zwei Möglichkeiten: Entweder ich werde das hier überleben, oder nicht. Unser Ziel ist es, ein Gelände, das vorher tagelang ausgespäht wurde, von allen Seiten zu stürmen. Hier, versteckt mitten im Dickicht des Dschungels, werden unter anderem, bedrohte Palawan-Waldschildkröten (*Siebenrockiella leytensis*) – eine der seltensten Schildkrötenarten der Welt – zum Verkauf angeboten. Übrigens sind Schildkröten (aktuell noch ...) die einzige Tiergruppe, bei der ausnahmslos *alle* Arten vom Aussterben bedroht sind!

Ich bin dabei, um diese Rettungsaktion als Naturschützer, Fotograf und Kameramann zu dokumentieren. Das Team, dem ich folge, besteht aus harten Typen. Matt, ein durchaus Respekt einflößender, CrossFit-gestählter Ex-Marine, riss bei unserer ersten Begegnung gerade einen mittelgroßen Baum mit bloßen Händen aus, quasi als sportliche Betätigung am Morgen. Phillip, der Zweite im Bunde, rüttelte mit ihm zusammen an dem abgestorbenen Baum. Phillip ist ein bärtiger, schweigsamer, ganz ruhiger, ehemaliger Navy SEAL mit durchdringendem Blick, der nie über seine Zeit beim Militär und den Auslandseinsätzen in verschiedenen Kriegen spricht.

Wir folgen einem bewaffneten philippinischen Anti-Wildlife-Crime-Officer auf kaum erkennbaren Pfaden durch die grüne Hölle. Wir müssen mit allem rechnen. Der einheimische Officer von der Behörde mit Schusswaffe und kugelsicherer Weste, ich mit Foto-Weste und meinen beiden Kameras. Eine über der Schulter, eine immer im Anschlag, um jederzeit abdrücken zu können. In den Seitentaschen meiner Cargohose stecken zwei Blitzgeräte und jede Menge Akkus, auf dem Rücken trage ich meinen Standard-Foto- und -Film-Rucksack mit etwas über 20 Kilogramm Gewicht. Ob die Wilderer im Falle eines Schusswechsels einen Unterschied machen zwischen mir und meinen bewaffneten Kollegen, wage ich zu bezweifeln. Und meine Weste ist alles andere als kugelsicher.

Na gut, ich habe für den Notfall ein feststehendes Messer griffbereit vor die Brust geschnallt.

Man sagt ja, unterhalb von sieben Metern Distanz, ist man mit einem Messer, *sofern man damit umgehen kann*, einer Schusswaffe unter Umständen sogar überlegen. Ich muss die Wilderer also nur schön nah herankommen lassen, dann sind ihre Schusswaffen für mich *quasi* kein Problem mehr … Ja, nee, ist klar.

Wir tragen alle Camouflage, optisch gibt es zwischen den Ex-Soldaten und mir keinen großen Unterschied, sie haben lediglich einen noch entschlosseneren Ausdruck und (noch) etwas mehr Bart im Gesicht als ich, doch wir wollen alle das Gleiche: Die Typen diesmal drankriegen.

Während wir uns in der drückenden Hitze der philippinischen Insel Palawan weiterbewegen, verschwitzt, zerkratzt, voller Moskitostiche und Schürfwunden, durstig und Auge in Auge mit einer realen Gefahr, stellt sich mir die Frage: Wie zur Hölle bin ich hier gelandet? Wie kommt ein 32-jähriger Meeresbiologe und Kriegsdienstverweigerer in die Situation, zusammen mit bewaffneten Extrem-Natur-Tierschützern für eine bessere Welt zu kämpfen?

Als Pete, ein im Maori-Style-tätowierter Glatzkopf, Ex-Ölbohrer und nun Umweltschützer und Tierrechtsaktivist der extremeren Art, mich anrief und fragte, ob ich der offizielle Fotograf und Kameramann von »The Operatives« werden wolle, dachte ich nur: »Na klar!«, obwohl das Stellenangebot rückblickend recht mittelmäßig klang: Unbezahlt, circa vier bis fünf Monate lang, *irgendwo* in Asien, auf Verbrecherjagd gehen – und wir sprechen hier nicht von Taschendieben und Trickbetrügern. Die Chancen, heil aus der Sache herauszukommen, lagen bei 50 Prozent, und wir würden nicht nur (hoffentlich) Tiere retten, sondern wahrscheinlich ganz nebenbei einen internationalen Konflikt auslösen.

Ganz logisch, meine Antwort lautete: »Pete, das hört sich fair an, ich bin dabei.«

Hätte ich gewusst, dass ich hier landen würde, völlig ausgelaugt und mit fast zehn Kilo Körpergewicht weniger als zu Beginn dieser Mission, dann hätte ich vielleicht etwas anderes geantwortet. Doch keiner meiner »Operatives«-Kollegen fragt mich. Und so bleibt mir nichts anderes übrig, als das zu tun, was ich immer mache: *weiter*.

Denn in Petes Team muss man lernen, dass es manchmal einen ganz großen Einsatz braucht, um Geschöpfen, die sich nicht wehren können, zu ihrem Recht zu verhelfen.

I

»THE OPERATIVES« – AUF GEFÄHRLICHER MISSION

In meinem Portfolio steht »Meeresbiologe und Forschungstaucher, Fotograf und Kameramann, Abenteurer und Umweltschützer«.

Ich hatte bislang nicht den Eindruck, dass da noch irgendetwas Entscheidendes fehlt. Gut, da könnte noch Pazifist stehen, denn bei allem, was ich tue, suche ich immer nach einer friedlichen Lösung mit Worten und ohne Waffen. Und doch passiert, wie so oft im Leben, das Unerwartete: Ich werde Teil einer Eliteeinheit, bestehend aus Ex-Navy SEALs, Ex-Marines und Ex-SAS (Special Air Service), angeführt von einem Ex-Ölbohr-Plattform-Ingenieur. Na gut, ich bin ja immerhin ein Ex-Zivildienstleistender …

Ich werde Mitglied von »The Operatives«, einer ebenso verrückten wie entschlossenen Truppe von »Öko-Kriegern«, die alle eine Gemeinsamkeit haben: Sie haben alle vorher etwas anderes gemacht. Sie waren im Krieg, haben die Erde ausgebeutet oder, wie in meinem Fall, Tiere gefangen. Begleitet von einem Dokumentationsteam, haben diese Menschen nun in Afrika, Mittelamerika und Asien den Kampf gegen Umweltkriminalität aufgenommen. Sie kämpfen mit vollem Einsatz gegen den illegalen Wildtierhandel, die Abholzung der Regenwälder und gegen die gnadenlose Ausbeutung der Meere – und ich bin mittendrin.

Für die zweite Staffel der weltweit in über 90 Ländern ausgestrahlten US-TV-Serie, fotografiere und filme ich über und unter Wasser und erlebe in vier Monaten und fünf Ländern mehr Abenteuer, als ich es mir je hätte träumen lassen.

Ich darf vor Ort einige der seltensten Tiere der Welt filmen, und wir können andere davor bewahren, in brutalen Fallen zu sterben, als Statussymbol, Kopfschmerz- und Potenzmittel zu enden oder ein trauriges Leben in Gefangenschaft zu fristen. Ein gigantischer Erfolg, der allerdings unfassbar viel Kraft, Blut, Schweiß, Geld und Tränen kostet. Aber der Reihe nach …

Philippinen – Schildkröten und Schuppentiere in Not. Und Ratten

Auf Petes Kommando springen wir aus dem fahrenden Auto und stürmen auf ein Gelände, auf dem bedrohte Waldschildkröten zum Verkauf angeboten werden sollen. »Worauf hab ich mich da bloß eingelassen?«, frage ich mich in der Millisekunde, bevor meine Füße mit 20 Kilo Gepäck auf dem Rücken und 15 Kilo am Körper verteilt ungebremst auf den staubigen, ausgetrockneten Boden irgendwo im Hinterland von Palawan krachen.

Letztlich bleibt die Konfrontation mit den skrupellosen Tierjägern aus, wir sind wieder einmal fünf Minuten zu spät. Fünf Minuten, die bedeuten, dass unzählige Schildkröten bereits abgeholt und auf dem Weg nach Vietnam, China und Japan sind, wo die Tiere bei Sammlern als Raritäten im Terrarium enden. Dabei gibt es von der seltenen Unterart dieser Waldschildkröte nur noch wenige Tausend Individuen. Da hätten einige Dutzend Exemplare schon einen bedeutenden Unterschied gemacht. Wir sind vermutlich sogar noch an dem Käufer auf seinem Moped mit den zwei blauen Wasserfässern an der Seite vorbeigefahren. Wir hatten es irgendwie im Gespür, das sagten die Blicke, die wir untereinander in dem schaukelnden Van austauschten – aber wir waren mit Vollspeed Richtung Deal und Zugriff unterwegs.

Die zehn Typen, einer davon mit einer abgesägten Schrotflinte, schauen wenig überrascht. Als hätten sie schon auf uns gewartet. Sie haben lediglich ein müdes Grinsen für unseren spektakulären Auftritt mit riesiger Staubwolke und quietschenden Reifen übrig. Sie wussten, dass wir kommen. Woher, das weiß niemand. Oder na ja, irgendwer wird's schon wissen.

Mein Herz schlägt wie verrückt beim Rausspringen aus dem Van. Dann geht der Puls runter. Frustration. Wir wurden wieder einmal aufs Glatteis geführt. Hier gibt es nichts mehr zu holen. Der Deal war tatsächlich bereits wenige Minuten zuvor gelaufen, die Beweise sind vernichtet. Wir finden nur noch ein paar feuchte Schalen, eingegraben im Boden, abgedeckt mit Zweigen und Palmwedeln. In den Schalen befinden sich ein paar Absplitterungen von Schildkrötenpanzern. Eindeutig, die Tiere waren hier. Zu Hunderten. Ich kann sie noch förmlich riechen.

Wir streifen durch das riesige, unübersichtliche Gelände und finden nach einigen Hundert Metern Marsch durchs Dickicht voller Dornen und Blätter, die einem schon bei kleinsten Berührungen im Vorbeigehen die Haut aufschneiden, eine frisch brandgerodete Schlucht. Der schwarze verbrannte Boden qualmt und knistert noch. Von den abgefackelten Bäumen ist nicht viel mehr als ein paar verkohlte Stümpfe übrig. Sie sind noch heiß. Das merkt Matt schnell, der sich völlig fertig nur kurz, eine Minute, sitzend ausruhen wollte.

Brandrodung, selbst von Sekundär-Regenwald, ist in dieser Gegend absolut verboten. Es ist ein trauriger Anblick, für jeden von uns. Keiner meiner Mitstreiter hat jemals zuvor eine frisch brandgerodete Regenwaldfläche gesehen, gespürt oder gerochen. Für mich ist es leider nicht die erste. Es ist der Inbegriff von Zerstörung, Hoffnungslosigkeit und Respektlosigkeit dem Leben und der Natur gegenüber. Entfacht mit einem einzigen Streichholz sind hier (Hundert-)Tausende Tiere gestorben, jahrhundertealte Bäume wurden unwiederbringlich zerstört. Wir sind nicht mit der Regenwald-Polizei hier, es bleibt bei bösen Blicken, Verwarnungen und den grinsenden Gesichtern der anrückenden Dorfbevölkerung über die lokalen Umweltschützer und ein paar weiße »Gringos« mit gutem Willen. Der Ausdruck in den Gesichtern der Operatives ist nicht in Worte zu fassen. Ich fotografiere und filme nicht. Aus Respekt. Was für ein Scheißtag. Mal wieder alles umsonst.

Eine Woche später sind wir endlich einmal rechtzeitig da und retten Hunderte kleiner Waldschildkröten aus den Fängen der Wildtiermafia. Wir stoppen zusammen mit unseren einheimischen Kollegen der Anti-Wildlife-Crime-Unit, einen Pick-up voller Schildkröten: 132 Stück. Außerdem nehmen wir am selben Tag noch eine Art Baumarkt hoch, der stark bedrohte Schuppentiere (*Manidae*) und Tropenholz illegal verkauft. So illegal wie der Aufenthalt des Baumarkt-Besitzers, ein junger Chinese, keine 30 Jahre alt, der nun für über ein Jahrzehnt in den Knast muss. Wobei er für den Besitz und Handel mit den Schuppentieren nur lächerliche zwei Jahre aufgebrummt bekommt. Ganze zwölf Jahre sitzt er dagegen für den Besitz von zwei Kettensägen. Andere Länder, andere (Un-)Sitten … Ich erinnere mich noch genau an den Blick seiner schwangeren Partnerin bei seiner Festnahme: wenig überrascht und dennoch verzweifelt. Jede Tiergeschichte, jeder Treffer im Kampf gegen das illegale Wildlife-Business birgt nicht nur tierische Tragödien.

Bei einer Verhaftung von Wilderern und Umweltkriminellen zieht sich nicht selten auch eine menschliche hinterher. Aber es war seine Entscheidung, schnelles, einfaches Geld zu machen. Etwas Verbotenes, Illegales zu tun. Das muss ich mir immer wieder selbst sagen, auch wenn ich genau weiß, so einfach ist es leider nicht. »It's hard to be legal, when you are hungry …« (Es ist schwierig, legal zu sein, wenn du hungrig bist …) war einer der Sätze von einem weißhaarigen Mann Ende 50 in roten Badeshorts auf den Stufen in den Gerichtssaal. Er war der Fahrer des Pick-ups mit den Schildkröten und einem Schuppentier auf der Ladefläche.

Moment mal, jetzt stand da schon ein paar Mal »Schuppentier«. Ich kannte weder das Wort »Pangolin« (Englisch für Schuppentier), noch hatte ich jemals ein solches Wesen gesehen, und das als Biologe, Säugetier-Fan seit über 30 Jahren, tierbelesen und voller Wissen über bedrohte Arten. Ich kannte das am meisten illegal gehandelte Säugetier der Welt nicht! Beschuppt, gepanzert, zahnlos, lange Zunge, spitze Schnauze, langer Greifschwanz, Knopfaugen, einem Gürteltier nicht unähnlich. Irgendwie wie eine Mischung aus verschiedenen Tieren. Gürteltier mit Ameisenbär vielleicht. Überwiegend nacht- und dämmerungsaktiv sind sie, ursprünglich im Verhalten und Aussehen, da schon ganz schön lang auf unserer Erde (fast 50 Millionen Jahre!) und irgendwie auch ein Tier mit Attitüde. Knuffig und dennoch zielstrebig und stark. Mit ihren Grabkrallen zerlegen sie ganze Termitenhügel und heben Ameisennester aus, ihre Leibspeise. Ihre einzige Speise.

Das ist vermutlich auch der Grund, warum ich sie nicht kannte. Ihre Ernährung ist in Gefangenschaft fast unmöglich, extrem teuer, aufwendig und kompliziert. Deshalb bekommt man diese Tiere (fast) nirgends in einem Zoo zu Gesicht. In meinen Kinderbüchern über Säugetiere fehlten sie einfach, in allen Dokumentationen, die ich gesehen habe auch. Im Studium hat mir nie jemand etwas über diese faszinierenden zahnlosen Säuger erzählt.

Über eine Million Schuppentiere werden jedes Jahr gefangen und in und nach Asien verkauft. Dort gelten ihre Schuppen als wichtige heilende Ingredienz in der traditionellen chinesischen Medizin und ihr Fleisch als Delikatesse. An dieser Stelle kurz zur Wirksamkeit: Ihre Schuppen lassen sich am ehesten mit der Struktur unserer Fingernägel und Haare vergleichen. Keratin, Horn, in mehreren Lagen. Medizinische Wirkung nicht nachgewiesen! Man könnte genauso gut seine eigenen Haare und Fingernägel verspeisen oder mal beim Hufschmied anrufen, ob man den Abrieb der Pferdehufe abholen kann.

Alle acht weltweit vorkommenden Arten, vier in Afrika und vier auf dem asiatischen Kontinent, sind vom Aussterben bedroht, und es ist seit 2016 höchst illegal, sie zu fangen und zu verkaufen. Dennoch passiert es weiterhin jeden Tag und bleibt meist ohne Ahndung. Sie sind eigentlich streng geschützt – aber das steht leider nur auf einem Stück Papier, nicht auf den Dienstmarken der Schuppentier-Polizei. Die existiert nämlich leider nicht.

Bei dem Einsatz auf den Philippinen konnte ich noch nicht ahnen, dass genau fünf Jahre später vermutlich fast jeder Mensch auf der Welt vom Schuppentier hören würde. Sie gelten neben Fledermäusen und Schleichkatzen als ein möglicher Zwischenwirt oder sogar Überträger für das Coronavirus.

An dieser Stelle wird besonders deutlich, wie wichtig eine zügige Abschaffung und strikte Ahndung des Konsums und des illegalen Handels mit Wildtieren ist. Wir Menschen sind einfach zu nah dran. In den Dschungeln dieser Welt lauern viele Gefahren für uns verweichlichte Städter. Giftschlangen, Schlingfallen und eben auch fiese Krankheiten. Der sich nach wie vor intensivierende Kontakt des Menschen mit Wildtieren ist der Auslöser für diese sogenannten Zoonosen. Die Übertragung von Infektionskrankheiten von Tieren auf den Menschen wird durch den immer häufigeren Kontakt gefördert. Der Rückgang der Lebensräume und das Eindringen des Menschen bis in die letzten unberührten Winkel tut sein Übriges. Wenn Corona vorbei ist – sofern das überhaupt möglich ist –, lauert das nächste dicke Brett nur um die Ecke. Die Frage ist, ob wir endlich anfangen, aus unseren Fehlern zu lernen. Eines beziehungsweise zweierlei Dinge zeigt das fiese Virus: Das Virus an sich ist nicht doof, es ist ausgesprochen klug, wie man sieht. *Ich* jedoch finde es saudoof, aber sehr schön. Egal wer man ist, es betrifft alle – jeden Erdenbürger. Und: Wir können alle, innerhalb kürzester Zeit *miteinander* arbeiten und die Welt in wenigen Tagen verändern. Bei dem ganzen Blöd-

sinn, der mit dem Virus kam, doch auch irgendwie ein schönes Zeichen.
#Klimawandel #Artensterben #Miteinander #Zukunft
#NurEineErde

Das wundersame, urtümlich beschuppte Tierchen liegt eingerollt und eingewickelt in ein Netz unter dem Verkaufstresen des jungen Mannes. Seine Kühltruhen sind voller toter Exemplare, wie wir feststellen. Matt, der Ex-Marine, nimmt das Tier im Netz und setzt sich inmitten der rumwuselnden Operatives auf den Boden, während Pete dem jungen Chinesen eher weniger höflich und Respekt einflößend laut erklärt, was jetzt auf ihn zukommen wird.

Matt schneidet das Netz ganz vorsichtig mit meinem Messer auf, und zum Vorschein kommt dieser gepanzerte kleine Kerl, ein Tannenzapfentier, schwach, aber voller (Über-)Lebenswillen. Es schaut uns beide mit seinen kleinen, glänzenden Knopfaugen an und schnüffelt mit letzter Kraft. Es wird still um mich und Matt. Wir beide sitzen auf dem Boden inmitten einer Halle voller Action. In diesem Moment existieren für mich nur Matt und das kleine Tier in seinem Schoß. Sonst nichts.

Ich denke nur daran, wie lange es wohl schon so unter dem Tresen gelegen hat. Ich suche ein Glas, fülle etwas Wasser aus meinem Camelbak (Trinkbeutel) hinein, ohne Ahnung, ob das Tier, das ich zu diesem Zeitpunkt noch nicht einmal einer Tiergruppe zuordnen kann, überhaupt Wasser trinken würde. Aber es trinkt. Zuerst hastig, später zaghaft. Matt sitzt bestimmt eine Stunde mit dem Schuppentier auf seinem Schoß. Die schwarzen Kampfhandschuhe mit den Carbon-Fingerknöchel-Schonern schützend um das schlafende, geschwächte Tier gelegt. Ich weiß an dieser Stelle nicht, ob wir gleich einen weiteren Kadaver auf die Ladefläche unseres Pick-ups werfen werden oder ob es wenigstens dieses *eine* Tier schaffen wird.

Das kleine Schuppentier schafft es und kommt in ein Wildtier-Rehabilitations-Zentrum. Wir können es nach einigen Wochen Reha abholen, um es an einem geheimen Ort mitten im Dschungel wieder in die Freiheit zu entlassen. Ein perfekter Ort. Besser hätte es sich das Tierchen nicht wünschen können. Dafür haben wir zuvor einen gut versteckten alten Baum mit einem Termitennest ausgesucht, denn die unbezahnten Schuppentiere sind genau wie die »Blaue Elise« aus den Paulchen-Panther-Cartoons: Sie lieben alles, was mit Ameisen auch nur annähernd verwandt ist, über alles. Der perfekte Platz also. Während das befreite Pangolin im ausgehöhlten Baumstamm schmatzt und grunzt, grinsen wir uns stolz an.

Es ist für jeden im »Operatives«-Team ein einzigartiges Gefühl, den kleinen Kerl, für den wir unser Leben riskiert haben, wieder freizulassen. Ex-Marine Matt, der das Pangolin freilassen durfte, setzt seine Sonnenbrille auf und dreht sich kurz weg. Eine Fliege im Auge, bestimmt. Matt hat in den zwei Monaten zuvor nicht ein einziges Mal sein Gesicht verzogen.

Ich bleibe noch stundenlang allein im Dschungel zurück und lege mein Ohr an den warmen, rauen Baumstamm. Ich kann ihn hören. Schmatzend, schnüffelnd, glücklich. Ich hoffe, das Schuppentier kommt noch mal aus seinem Versteck heraus und ich könnte noch ein paar Fotos schießen. Fehlanzeige, wie so oft gehe ich mal wieder leer aus. Aber ich bin zufrieden. Der kleine Kerl sitzt nun in seiner neuen Behausung voller Futter. In Freiheit. Das ist das Einzige, was zählt.

Manche sagen natürlich: »Was macht es für einen Unterschied, gerade einmal einen einzigen Vertreter seiner Art zu retten?« – »Robert, bist du irre? So viel Kohle, Zeit und Energie für ein einzelnes Lebewesen?«

Na ja, für genau dieses eine Schuppentier macht es einen großen Unterschied, denke ich mir, während ich in der Nacht fast 20 Kilometer zurück »nach Hause« laufen und trampen muss. Mit meinem schweren Kamerarucksack. Wobei »zu Hause« in diesem Fall auch ein sehr weiter Begriff ist.

In den vier Monaten in Asien schlafe ich vorwiegend in, sagen wir mal, »rustikalen« Unterständen, auf Booten, im Sand, im Auto, auf Ladeflächen und an ganz anderen, unangenehmen Orten. Wenn wir ausnahmsweise mal nicht unterwegs sind, besteht mein Zuhause allerdings aus einer Bambushütte am Mangroven-Schlick-Strand. Zugegeben, das klingt wie ein romantischer Südseetraum, doch in Wahrheit teile ich mir die Hütte mit mehr Mitbewohnern, als mir lieb ist. Tausende krankheitsübertragende Moskitos sind dabei noch das Harmloseste.

Manche Ratte nutzt unsere sechs Quadratmeter Hütte als Toilette. Jeden Tag. Zum Glück fressen die Kakerlaken das meiste davon, scherzen meine drei Mitbewohner und ich jeden Morgen über die schwarzen stinkenden, schmierigen Knödelchen auf den zerbrochenen Fliesen unter dem Waschbecken. Irgendetwas muss dran sein, am Rattenkot; die Kakis tragen ihn voller Wonne weg.

Ein riesiges Rattenweibchen, fast katzengroß, versucht eines Nachts sogar, mein auf dem Boden liegendes T-Shirt durch einen Schlitz im Bambusboden zu klauen. Ich schaffe es gerade noch, mein Shirt zu retten, auch dank meiner grellen Taschenlampe, die genau wie mein Messer immer griffbereit neben meinem Kopf liegt. Die Ratte verzieht sich laut schimpfend.

Etwas weniger besitzergreifend, dafür aber umso lauter, sind all die Landeinsiedlerkrebse (*Coenobitidae*) im unteren Stockwerk. Zusammen mit dem staubtrockenen Laub der Seemandelbäume machen meine unbeliebten Nachbarn mit ihren leeren Schneckenhäusern am Hintern mehr Lärm als ein Kindergeburtstag. Am schlimmsten sind die Einsiedler, die ihren weichen Hinterleib in eine leere Coladose gezwängt haben. Super laut und metallisch im Abgang. Dazu kommen die bildungshungrigen und schwachstromsüchtigen Ameisen, die ihr Nest in meinem Laptop angelegt haben. Genauso wie es

Douglas Adams und Mark Carwandine in ihrem Buch *Last Chance to See – Die Letzten ihrer Art* beschrieben haben – meinem absoluten Lieblingsbuch! Ich erlebe es jetzt am eigenen Leib. Eigentlich ganz lustig, aber eben auch ein teurer Witz auf meine Kosten. Einen neuen Laptop bekommt man ja nicht für einen Apple und ein Ei.

Nur am Rande will ich die Bataillone an Bettwanzen und Flöhen erwähnen, die von mir kaum mehr übrig lassen als geschwollene rote Pusteln. Überall. Ja, wirklich überall. Da bin ich fast dankbar für die mittelgiftigen Skorpione in meinen Stiefeln, die mich morgens beim Anziehen gleich hellwach werden lassen. Immer ausschütteln vor dem Anziehen – alte Dschungel-Überlebensregel. Eine wirklich wichtige Regel, stelle ich immer wieder fest, wenn ich unbedacht in meinen dunklen Rucksack greife, nachdem er einige Zeit auf dem Dschungelboden stand. Da lauert dann oftmals eine sechs- oder achtbeinige Überraschung.

In den Nächten kann ich mich zum Glück auch immer auf die 30-Zentimeter-Geckos unter der Hüttendecke verlassen. Vor allem darauf, dass sie ausschließlich zwischen Mitternacht und Morgengrauen ihre durchaus lautstarken Rangkämpfe austragen und dann gerne mal aus vier Metern Höhe genau auf mein Gesicht klatschen. Herabgestoßen vom laut krächzenden Kontrahenten. Zum ersten Mal genau so passiert in Nacht eins vor Ort! Ein schöner Einstand, nach 56 Stunden Anreise und Jetlag so groß wie Dirk Nowitzki.

Die Geckos, von denen hier die Rede ist, gehören zur besonders großen Art Tokeh (*Gekko gecko*), mit immerhin über 30 Zentimetern Länge, blaugrau, rot-orange-gefleckt. Wenn so ein buntcamouflagiger Kaventsmann mitten im Tiefschlaf auf meinem Gesicht landet, bin ich wacher als nach einem Liter Espresso. Aber toll finde ich *Gekko gecko* trotzdem. Ich meine, was gibt es Cooleres, als seine Füße mit ungefähr einer Milliarde Mini-Härchen (sogenannten *Spatulae*) zu besetzen und so eine riesige Oberfläche herzustellen, die aufgrund der Van-der-Waals-Kräfte sogar ein 300-Gramm-Reptil kopfüber an der Decke hält? #SpidermanStyle

Natürlich sind diese Lamellengeckos, wie gefühlt 90 Prozent (realistisch sind es »nur« ca. ein Drittel, aller die wir kennen …) aller anderen Tierarten, vom Aussterben bedroht. Warum ist das so, warum sind so viele Tierarten bedroht oder auf dem besten Wege dahin? Weil sie natürlich wieder einmal gegen irgendetwas helfen oder für irgendetwas gut sind. Lunge, Niere, Haut, Aids, dies, das … ohne jeglichen wissenschaftlichen Beweis jagt man die Kerlchen weltweit, besonders die großen Exemplare. Ich denke über den Verkauf der beiden Blödmänner an meiner Decke nach. Angeblich bekommt man mehrere Tausend Dollar für extrem große Exemplare, die ja bekanntlich *besonders* heilend sind … Ich habe früher sogar mein Geld damit verdient, Tiere zu fangen und zu verkaufen. Ich könnte es gut … Dazu später mehr. Aber zwölf Jahre Knast riskieren, 60 000 Dollar Strafe, nur für *eine* Nacht Schlaf? Nee. Außerdem will ich ja Tiere schützen. Auch die doofen.

Entsprechend hält sich mein Schlaf in diesen Gefilden bei 35 Grad in der Nacht und extrem hoher Luftfeuchtigkeit über Monate in sehr engen Grenzen. Da schlag ich mir die dunklen Stunden lieber mit Timelapse-Fotografie (Zeitrafferaufnahmen) und der Bearbeitung von Bildern und Videos um die Ohren. Oder ich finde mich selbst immer wieder schlaftrunken auf der Suche nach Strom und einem Generator, um meinen Koffer voller Batterien zu laden.

Es dauert sowieso meist nicht lange, bis ich vom Teamchef der Operatives aus der Hütte gebrüllt werde. »Robert! We are leaving in ten!« Zehn Minuten bis zum Abfahren. Zehn Minuten, um Kameras, Blitze, Akkus, Unterwasserkamera-Ausrüstung, Tauchkram und alles andere (Über-)lebenswichtige an den Start zu bringen.

Für jede Gelegenheit und mehrere Tage natürlich, denn was

uns wo und für wie lange erwartet, bleibt meist ein Geheimnis des Einsatzleiters … Sehr beruhigend.

Ich muss also 24/7 abfahrtbereit und auf alles vorbereitet sein. Die Marines und Seals stopfen ihr Nötigstes an Klamotten und Essen in einen leichten Rucksack. Bei mir dagegen ist »das Nötigste« mein komplettes Kameraequipment das ich bei der feuchten, salzigen und gern auch staubigen Luft ständig pflegen und reinigen muss. Das hat mich über die Jahre zum Packexperten gemacht, denn neben den Kameras muss ich ja auch immer Proviant, Schutzausrüstung, Werkzeug, Taschen- und Stirnlampen, Laptop(s), Festplatten, Lesegeräte, ein Erste-Hilfe-Set & Medikamente, meine Unterwasserkamera und meine Apnoe-Tauch-Ausrüstung am Mann haben. Da kommen schon mal schnell über 100 Kilo zusammen. Ich selbst begnüge mich mit einem winzigen 30-Kilo-Rucksack voller Kameraequipment und genau einer frischen Unterhose, das muss reichen, auch mal ein oder zwei Wochen lang. Denn eins steht fest: Wer mit 30 Kilo Gepäck 20 Kilometer durch den Dschungel läuft, rennt und klettert, stellt beim Abendbrot keine Fragen mehr. Besonders, wenn es zur Belohnung dann nur einen kleinen, ekligen, knochigen Fisch und drei Dutzend Reiskörner gibt. Lecker!

Kein Wunder, dass ich unterwegs mit den Operatives über die Monate fast 15 Kilo abnehme und häufiger ans Aufgeben denke als an eine Badewanne und frisches Brot. Ja, Brot, das vermisse ich auf Expeditionen immer schon nach kurzer Zeit und tatsächlich am meisten. Nach meiner Rückkehr esse ich immer als Erstes ganz langsam eine Scheibe Mischbrot. Es ist jedes Mal eine Offenbarung für mich und meinen Gaumen.

Trotzdem: Das Handtuch würde ich nie werfen! Es wurde eh längst geklaut, diesmal wirklich von dem riesigen schwangeren Rattenweibchen mit den prallen Zitzen unter meiner Bambushütte, das darauf wahrscheinlich gerade selig schläft oder den neuen Rattennachwuchs auf die Welt bringt. Oder beides. Ich hatte nur ein Handtuch dabei. Wegen dem Packmaß. Mist!

MAXIMUM

mares
55
Instinct Camo Brown
mares

Eine wirklich schlimme Nacht

Die Tage mit Pete und den Operatives sind immer lang. Frühes Aufstehen, unerbittliches körperliches Training, Einsätze besprechen. Mal verschwinden zwei vom Team über Nacht, mal fehlt Pete oder einer unserer Informanten eine ganze Woche. Dann geht es plötzlich ganz schnell. Aufsitzen, es geht los!

Es ist 23:50 Uhr … Wir verlegen einen großen Teil des Equipments aus dem Basislager der Operatives in Richtung Norden und fahren einige Stunden über gefährlich kurvige und enge Pisten durch die Nacht. Warum durch die Nacht? Na ja, sagen wir es mal so: »Ein Haufen durchtrainierter, vollbärtiger weißer Männer, 25 bis 35 Jahre alt, angeführt von einem tätowierten Glatzkopf Anfang 50, in zwei völlig überladen Jeeps, mit Booten auf den Dächern …« Selbst in den verrücktesten asiatischen Ländern sind wir nicht gerade unauffällig. Wir bewegen uns deshalb genau wie militärische Spezialkräfte meistens nachts. Einfach, um nicht aufzufallen.

Der Plan dieses Mal: Dynamit- und Cyanid-Fischer auf frischer Tat ertappen. Beide Aktivitäten sind illegal. Dynamit-Fischer machen es sich besonders einfach. Sie versenken selbst gebaute Minibomben (kleine Plastikflaschen mit Sprengstoff und Zündschnur) an Riffen, es macht einmal ordentlich »Bumm!«, und dann kann man ein paar Sekunden später einfach alle Fische an der Oberfläche aufsammeln. In einem gewissen Umkreis wird dabei alles plattgemacht, was Kiemen hat und zusätzlich werden natürlich jahrhundertealte Riffe zerstört. Über »Beifang« muss man hier gar nicht reden. Alles stirbt. Ganz einfach.

Es ist eine massive, nicht selektive Zerstörung, und die Wiederbesiedelung auch in den schnell wachsenden tropischen

Riffen dauert viele Jahrzehnte. Unter Wasser hinterlässt die Bombe wie an Land, ein Feld aus Nichts, hier eben mit Kalkbröseln. Man erkennt einen Dynamit-Fischer meist ganz gut: an den fehlenden Gliedmaßen und dem niedrigen IQ. Denn diese Art zu fischen, ist die kurzsichtigste und zerstörerischste aller Methoden. Der Lebensraum, Nachwuchs, die Elterntiere, einfach alles ist am Detonationsort unwiederbringlich verloren. Und so eine Detonation ist laut, man erregt also unweigerlich Aufmerksamkeit.

Oft müssen die Bombenfischer relativ nah unter Land bleiben. Im offenen blauen Nichts der Hochsee verpufft die Druckwirkung einfach sinnlos. Das Land ist allerdings dicht besiedelt, irgendwer bekommt es immer mit …

Eine Alternative zur lautstarken Fischerei ist die lautlose Fischerei mit Cyanid. Dabei legen die Fischer noch selbst Hand an. Sie verwenden Natriumcyanid, eine eng mit Zyankali verwandte, höchst toxische Verbindung. Den Cyanid-Fischer erkennt man an seiner gelähmten Gesichtshälfte, den lahmen Extremitäten, sensorischen Ausfällen oder leichten bis mittleren Sprachstörungen. Tauchen können manche der Jungs jedoch ganz gut.

Die Fischer benutzen meist weiche Plastikflaschen mit einem kleinen Loch im Deckel, die mit dem Gift befüllt sind. Man kann es im knietiefen Wasser watend oder Apnoe (mit angehaltenem Atem) tauchend oder auch versorgt durch einen Kompressor-Garten-Atem-Schlauch in 20 Metern Tiefe anwenden. Ein kurzer Spritzer, ein bisschen Fächeln der Giftwolke ins Riff oder zwischen die Steine, und in Sekunden sind die Fische betäubt oder tot. Vereinfacht gesagt, kann den Zellen im Fisch durch das dissoziierte Cyanid, kein Sauerstoff mehr zugefügt werden. Die Tiere ersticken quasi innerlich. Der Prozess ist allerdings manchmal reversibel. Allein die richtige Dosierung macht es aus und trennt in betäubte und tote Tiere. Hier kann man sich entscheiden: Entweder der Fisch kommt lebendig in den äußerst lukrativen internationalen Aquarienhandel* oder tot auf den Teller – guten Appetit! Das Geschäft ist recht lukrativ im Vergleich zu dem Hungerlohn, der sich mit »normaler« Netz-Fischerei verdienen lässt. Auch hier gibt es wieder zwei Seiten der Medaille. Was ist die Alternative, die dem illegalen Cyanid- oder Dynamit-Fischer zur Verfügung steht? Ein hartes Leben in Armut und Hunger, aber mit einem reinen Gewissen?

Wofür würden Sie sich entscheiden?

Zurück zu unserem Plan: Wir wollen die illegalen Aktivitäten der Fischer dokumentieren, Beweise sammeln. Das klingt, während ich es schreibe, eigentlich ganz einfach. Der tatsächliche Ablauf gehört bis heute zu meinem Top-Five-Höllennächten.

---

* 99 Prozent der kommerziell interessanten international angebotenen Salzwasser-Zierfische kann man nicht züchten. Sie kommen immer als sogenannter Wildfang aus dem Ozean. Die allseits beliebte und bekannte »Dorie« aus dem Film *Findet Nemo* zum Beispiel – der Paletten-Doktorfisch (*Paracanthurus hepatus*). Jedes Mal, wenn Sie Dorie in einem Aquarium sehen, können Sie sicher sein: Das Tier hat als Jungfisch in einem tropischen Ozean gelebt, wurde wahrscheinlich Zehntausende Kilometer transportiert und hat dabei die meisten seiner Mitgefangenen durch Stress verloren. Dann wurde sie irgendwo für 69 Euro gekauft, lebt jetzt in diesem viel zu kleinen Meerwasserbecken ohne ein paar Freunde der gleichen Art und stirbt dann relativ zügig an einer äußerst unangenehmen Veränderung, ja einem regelrechten Lochfraß im Gesicht. Diese Krankheit heißt MHLLE (Marine Head and Lateral Line Erosion). Schauen Sie sich bitte einmal bei Ihrem nächsten und hoffentlich letzten Aquarienbesuch die Fische ganz genau an. Ausgefranste Flossen, Verpilzungen, Löcher im Schuppenkleid, Läsionen und Deformationen etc. Die Liste, der für den Experten und adleräugigen Laien sehr offensichtlichen Krankheiten, die allesamt durch die nicht ozeangerechten, unreproduzierbaren Haltungsbedigungen entstehen, ist endlos. Man kann Fische (bis auf wenige Ausnahmen, wie z.B. Kois) niemals artgerecht halten. Es sind und bleiben für immer Wildtiere, die nur in Freiheit gedeihen. Das Geschäft mit exotischen Tieren ist nach Waffen-, Drogen- und Menschenhandel das viertlukrativste Geschäft der Welt, im illegalen Bereich. Wir reden über Milliardenumsätze. Vom kleinen Ein-Euro-Neonfisch (*Paracheirodon innesi)* aus dem Baumarkt bis zum 1,5 Mio. Euro teuren Walhai für die Einkaufspassage in Dubai.

Wir brauchen ein Basislager für unsere nächste Mission. Den ganzen Tag spähen wir Handelsplätze für marine Zierfische und Verkaufsplätze für Speisefische aus. Pete trifft sich mit Informanten. Auf der Suche nach etwas Unauffälligem zum Übernachten kommt uns aus nicht ganz uneigennützigem Antrieb heraus die Idee, uns doch einmal in der extremem Auffälligkeit eines richtigen Hotels zu verstecken. Wir sind bereits dreimal an der kleinen Hotelanlage mit Pool vorbeigefahren. Keiner wollte etwas sagen, aber alle dachten das Gleiche. Saubere Bettlaken und Handtücher, ein richtiges Kissen, kaltes, wenigstens kühles Wasser, vielleicht sogar mit Sprudel. Fließendes warmes Wasser aus einer echten Dusche. All das hatten wir monatelang schon nicht mehr. Mein Konto ist längst einige Tausend Euro im Minus, aber scheiß drauf, ich brauche das jetzt, wie jeder hier in diesem klapprigen, männerschweißverklebten Jeep ohne Klimaanlage und ohne TÜV.

Ich gehe freiwillig rein, um die Lage zu sondieren, frage möglichst unauffällig, recht touristisch, nach der Chance auf fünf Zimmer. Meine Geschichte: Ich bin mit meinen Kumpels im Urlaub, wir haben uns ein bisschen verfahren, es wird ja schon relativ zeitig dämmrig und wir wollen Bier! (By the way: Ich trinke kein Bier. Es schmeckt mir einfach nicht – ist aber immer ein guter Opener.) Kurzum, wir würden gern hier die Nacht verbringen.

Der dicke, blondierte langhaarige Typ, der mit seiner Bierdose, sonnenverbrannt, zartrosa und breitarmig am Rand des Pools baumelt, ruft mir mit ostdeutschem Akzent aus der Ferne zu: »Watt du yu want mei frend? I saw yu pässing bei, sri times aalredi!« – Na Spitze, *sehr unauffällig wir waren. Viel wir noch zu lernen hatten …* Bei ihm jedenfalls fehlt nur noch die 30 Jahre jüngere Philippino-Ehefrau namens »Honey«, um mein stereotypes Bild vom deutschen Auswanderer zu komplettieren, der hier auf den Philippinen mit seiner Billig-Hotel-Anlage seinen Lebensabend bei Sonne, Strand und Bier genießt …

Ich bitte ihn lässig, cool und touristisch um die Zimmer. Und höre meinen Heimatdialekt. Bingo! »Tut mir leid Jüngelchen (ich hatte damals noch keinen Vollbart), für dich und deine Kumpels da oben inne Jeeps, ich hab nüscht mehr frei. Sorry.«

F*ck!!!

Der Pool, das eiskalte Lemon-Gatorade im gläsernen Red-Bull-Kühlschrank, die weichen Handtücher auf den Sonnenliegen, all das zerrinnt vor meinem geistigen Auge in einer Sekunde wie eine Tüte Gummibärchen auf einem Autorücksitz im Juli. Ich kann die fragenden Blicke meiner Kollegen im Jeep über 100 Meter durch meinen Rücken spüren. »What the f*ck is he doing!?«

Er muss meinen entgleisten, extrem enttäuschten Gesichtsausdruck gesehen und Mitleid bekommen haben, denn er gibt uns ein unklimatisiertes, unfertiges Zimmer, nicht viel mehr als ein Rohbau. Ohne Dusche, kaum staubig, mit einem Doppelbett und fast 15 Quadratmeter klein. Wir sind zu acht, und *ich* werde sicher nicht im Bett schlafen. Mist.

»Die Richelle, meine Frau, macht euch das fix einigermaßen fertig!« Na ja, immerhin heißt sie nicht »Honey«. Mindestens 30 Jahre jünger ist sie trotzdem.

Jetzt muss man sich die Gesichter der Operatives vorstellen bei der Überbringung der Nachricht. »Hey guys, we got a room!« – »Only one?« Den Rest der Konversation mit den schlafdefizitären, ausgehungerten und verschwitzt-klebrigen Ex-Soldaten erspare ich Ihnen an dieser Stelle.

Die Anlage stellt sich aber als ganz gutes Basislager heraus. Wir können die zwei Jeeps einigermaßen geschützt vor Blicken Neugieriger parken, die Ausrüstung auf der Wiese hinter der Anlage aufbauen, und es gibt sogar einen direkten Zugang zum Meer, am hauseigenen blicksicheren Strand. Sieht alles optimal aus! Bis auf die Zimmersituation und die Gesichter der Jungs. Pete ist als Einziger irgendwie happy. Das ist eigentlich fast immer so.

Es wirkt fast surreal, als wir im schönsten Sonnenuntergang die zwei schwarzen Keppler-Kajaks aufbauen, unser Zodiac-Schlauchboot aufpumpen, den Außenborder anschrauben, die Infrarotlichtkanonen anbringen (um eine ganze Bucht bei Nacht mit für den Menschen unsichtbarem Licht auszuleuchten), die Nachtsichtgeräte und meine Tauch- und Kameraausrüstung einladen. Keiner spricht. Es ist irgendwie schön. Ruhig, fast besinnlich. Doch das soll sich sehr schnell ändern.

Wir wollen nach Sonnenuntergang direkt los. Die illegalen Fischereiaktivitäten sind nach Petes Informationen circa ein bis anderthalb Stunden Seeweg von hier entfernt. Ein Kinderspiel. Eigentlich …

Was nämlich noch anderthalb Stunden Weg entfernt ist, ist das verdammte Meer! Sorry, aber ich hätte wirklich kotzen können. Ich werde so wütend, wenn ich daran zurückdenke! Ich weiß noch nicht einmal, auf wen. Aber 100 Prozent fürchterliche Wut herrscht in mir bei dem Gedanken an den Beginn dieser Nacht.

Es gibt auch auf den Philippinen Ebbe und Flut. Die sind aber in der Regel relativ schwach. Also keine Unterschiede von mehreren Metern wie in der Bay of Fundy (21m!). Dumm ist nur, wenn man sich eine Hotelanlage mit der flachsten Bucht der Welt ausgesucht hat! Bei nur einem halben Meter Ebbe ist das Meer anderthalb Kilometer entfernt von unserem Strand. Ich kann es nicht mal sehen in dieser mondlosen Nacht, die wir uns ausgesucht haben, damit uns die Fischer nicht bemerken. Genau das wird für uns jetzt zum Problem.

Wir wussten nicht, wie weit das Meer entfernt sein würde. Unterbewusst weiß ich aber schon, was auf uns zukommt. Ein Riesenhaufen Mist. Elefanten, nein Triceratops-Haufen groß! All night long.

Es heißt also tragen. Ein Zodiac mit fast 250 Kilogramm Gesamtgewicht, 100 Kilo Ausrüstung, zwei Kajaks, Tauchflaschen, Bleigürtel usw. Wir waren bei der Ankunft in der schmuddeligen Hotelanlage schon relativ ausgelaugt von Monaten in der Hitze, dem dauerhaften Schlafmangel, dem ein oder anderen Durchfall durch verdorbenes Wasser und den eher dürftigen hygienischen Bedingungen und on top natürlich fertig von allen vergangenen Missionen.

Jetzt laufe ich in absoluter Finsternis, ohne Kopflampe (da man uns sonst sehen würde), mit einem zentnerschweren Zodiac auf meiner rechten Schulter, meiner 15-Kilo-Unterwasserkamera in der linken Hand, den 10-Kilo-Bleigürtel um die Hüfte geschnallt. In einem fünf Millimeter dicken Tarn-Neopren-Apnoe-Tauchanzug, durch scharfkantige abgestorbene Korallenbruchstücke und über einen stinkigen Faulschlammboden, der mit Seeigeln gespickt ist und einen immer wieder wie eine Unterdruck-Saugglocke bis auf Knöcheltiefe einsaugt. Den letzten Kilometer gehe ich einseitig barfuß, der Neoprensocken steckt wahrscheinlich heute noch dort. Zähne zusammenbeißen! So wie alle anderen auch. Ich erinnere mich noch ganz genau an das erste schmerzhafte Eindringen des ersten Seeigelstachels in die tieferen Schichten meiner circa einen Zentimeter dicken Hornhaut an der Ferse. Es folgen noch viele weitere.

Nicht nur Seeigel, auch Korallenbruchstücke dringen kanülenartig durch die aufgeweichte Haut meiner Füße, die ihnen kaum Widerstand entgegensetzt. Von oben drücken das Zodiac und der Bleigürtel um meine Hüften mit ordentlich Gewicht nach. Bis eben hatten mich wenigstens noch drei Millimeter dicke Neoprensocken vor Schlimmerem bewahrt. Jetzt bin ich verloren, zumindest auf der einen Seite. Würde ich in diesem Moment sagen: »Bitte kurz absetzen«, dann könnte mich das das Leben kosten. Apropos Leben: Hier in den Tidepools mit ihrem urinwarmen Wasser, die wir gerade durch waten, leben übrigens auch Steinfische (*Synanceiidae*), die giftigsten Fische der Welt. Mit viel Pech kann man an ihrem Gift jämmerlich und ziemlich schmerzvoll eingehen. Ein paar Jahre zuvor wurde ich auf einer anderen Mission in Schweden vom giftigsten Tier Europas (ein Fisch), dem Gewöhnlichen Petermännchen (*Trachinus draco*) gestochen. Aus Rache und zu Recht, denn ich habe dieses Tier und 24 seiner Artgenossen im Auftrag eines Aquariums gefangen … Jedenfalls eine der schmerzhaftesten Erfahrungen meines Lebens. Bislang. Monatelange Schmerzen, Gips, Nervenschäden, braucht kein Mensch!

Etwas Schlimmeres kann ich mir gerade als Missionsstart nicht vorstellen. Es ist eine Tortur, für alle. Schlimmer als jeder Navy-SEAL-Eignungstest. Mein Anzug ist an der Schulter von der Last des Zodiacs aufgerissen, und auch die anderen haben blutende Schürfwunden auf der jeweiligen Trageschulter. Abgesetzt haben wir nicht! Wir ziehen es durch wie ein SEAL-Team. Was für ein Schwachsinn! Ich bin stocksauer, behalte es aber für mich, da sowieso keiner einen Ton sagt. Ändern kann man es eh nicht. Verbessert hätte es auch nichts. Ich bin schon vor dem Start der Nachtmission völlig am Ende. Jeder andere im Team auch, das kann man sehen.

Wir müssen das verfluchte, voll beladene Zodiac anderthalb Kilometer weit bis in knietiefes Wasser tragen, bis wir anfangen können zu rudern. Allein das dauert schon anderthalb Stunden! Anderthalb Stunden weniger, um illegale Fischer zu jagen. Endlose Minuten, die wir eigentlich nicht haben.

An den Außenborder ist noch längst nicht zu denken bei dem flachen Wasser und den unzähligen Korallenblöcken. Wir müssen noch gut einen weiteren Kilometer rudern. Es war die schlechteste Einstiegsstelle der Welt, es kann einfach nicht wahr sein. Ich glaube jeder im Team hätte spätestens hier gern abgebrochen. Es wäre vermutlich auch sinnvoll gewesen.

Es gibt aber eben nur diese eine Chance. Denn die Nachricht verbreitet sich schnell, wenn es um ausländische Umweltschützer in einem schwarzen Speed-Boot geht. Das sieht man hier nicht allzu häufig. Einen Tag später hätte man von unserer Anwesenheit überall in der Region gewusst, und wir hätten keinerlei Chance mehr gehabt, jemanden auf frischer Tat zu ertappen. Zum Glück sind die Nächte in den Tropen lang. Etwa elf Stunden lang herrscht völlige Dunkelheit. Wir haben noch siebeneinhalb. Also gut. Es ist ja nur diese eine Nacht.

Es ist ein herrliches Gefühl, dieser laufende, laut gurgelnde, nach Benzin stinkende Zweitakter. Nachtsichtgeräte auf und Vollspeed durch die Finsternis in Richtung Fischer. Phillip reißt den Gashebel an der Pinne des Außenbordmotors in Richtung Hase, dem Gegenteil von Schildkröte, so ist das bei Außenbordmotoren gekennzeichnet. Eindeutig, idiotensicher.

Apropos Idioten: Keine zehn Minuten später hat sich ein dickes, glitschiges Seil der hiesigen Aquakultur-Farmen für Algen und Muscheln um den Propeller unseres Motors gewickelt. Diese Seile schweben so um die zehn Zentimeter tief unter der Wasseroberfläche, gekennzeichnet nur durch schwarze Bojen, die manchmal bis zu einigen Hundert Metern weit auseinandertreiben. Wer zur Hölle macht denn so was? Unmöglich, die bei Nacht zu sehen. Den Weg zwischen den Seilen hindurch kennen nur die Einheimischen. Ich sehe aber keinen Einheimischen in unserem völlig überladenen Zodiac mit Extratiefgang. Genau da liegt das Problem. Ich lerne in dieser einzigen Nacht unglaublich viel darüber, wie man Dinge *nicht* macht.

Außenborder aus und hochklappen. Ich schneide das Seilgewirr aus der Schraube, und weiter geht's. Hätte man uns bei Tage gesehen, dann hätte man vermutlich einen Kampfhubschrauber angefordert, um uns zu eliminieren. Ein schwarzes Zodiac rast übers Meer. Darin sitzen acht Typen, teilweise in Tarn-Neopren-Anzügen und mit Nachtsichtgeräten. An den Seiten sind zwei schwarze Kajaks wie Schutzschilde verzurrt, und im Heck steht eine selbst gebaute Infrarotlichtkanone … Im Boot: Pelicases, Zarges-Boxen, Camouflage überall. Es ist eng, feucht und der Inbegriff von unkomfortabel. Alles tut weh, die offenen Schultern, die Hände vom krampfhaften Festhalten an den Seitenleinen des Zodiacs. Die Arme sind verkrampft vom Festhalten der Kajaks. Eigentlich ist jetzt wirklich alles Scheiße. Schlimmer kann es nicht mehr kommen, denke ich.

Falsch. Die erste Leine im Propeller war nur eine von etwa 30 auf dem Weg zu den Fischern und circa 20 auf dem Rückweg, in denen wir uns verheddern. Der Weg führt genau durch unzählige Farmen, es gibt einfach kein Weg daran vorbei. Es ist zum Verzweifeln. Jedes Mal bedeutet das: Motor aus, hochklappen, rausschneiden. Es gibt keine andere Möglichkeit. Man sieht diese verdammten Leinen einfach nicht! Dass der Motor inklusive Schraube diese Nacht überlebt, grenzt an ein Wunder.

Völlig frustriert, fernab jeglicher Toleranzgrenze, kommen wir in »the zone« an. Motor aus, rudern. Gespräche einstellen, absolute Ruhe, Funkgeräte auf Flüstermodus, Infrarotlichtkanone an und suchen! Von Bucht zu Bucht.

Da! Da sind sie! Kajaks zu Wasser!

Ich verstaue meine Tauchausrüstung inklusive Kamera und Unterwasserlicht in meinem Fußraum und zwänge mich mit Phillip, dem Ex-Navy SEAL, lautlos in eines der Kajaks. Alle sind ganz still, jeder kennt seine Aufgabe, es gibt nichts mehr zu besprechen. Pete bleibt als Einsatzleiter an Bord des Schlauchbootes und überwacht die Operation. Im anderen Kajak paddeln Ex-Marine Tim und der französische EX-SAS-Soldat Stephane gemeinsam mit uns los. Es herrscht absolute Totenstille. Selbst das beinahe geräuschlose Einspitzeln unserer Paddel in das 28 Grad warme Wasser der Sulusee ist eigentlich zu laut. Das Salzwasser läuft am Griff meines Paddels herunter und brennt wie Säure in meinen offenen Händen und meinen Wunden an den Füßen und der Schulter. Egal – ich bin ein Ex-Zivi! Mit allen Wassern habe ich gewaschen!

Mehrere Kilometer patrouillieren wir paddelnd, suchend nach dem richtigen Boot für eine unbemerkte Annäherung, durch die Nacht. Meilenweit hören wir das Rattern der Atemluftkompressoren für die Versorgung der illegalen Taucher. Es sind viele. Bestimmt ein Dutzend.

In dieser mondlosen Nacht, mit einem Profil von nicht einmal 40 Zentimetern Höhe, pirschen wir uns ungesehen, lautlos bis auf 10, 15 Meter an die illegalen Fischer heran. Die sind schwer damit beschäftigt, im Schutz der Dunkelheit nach Nemos (Anemonenfischen/*Amphiprion*), Dories (Paletten-Doktorfischen) und ihren Freunden zu jagen, für das lukrative internationale Geschäft mit den Salzwasser-Zierfischen. So wie ich früher, nur noch illegaler. Ich weiß ganz genau, wie sich die Männer auf dem von uns observierten Boot fühlen. Sie sind im Jagdfieber, im Goldrausch!

Ich habe früher mein Geld damit verdient, Meerestiere zu fangen, zu transportieren und zu verkaufen. Das ist kein Highlight meines Werdegangs. Ich bereue es jeden einzelnen Tag. Es brauchte fast 20 Jahre, um meine Meinung über die Haltung von Tieren zu Hause und in Zoos und Aquarien um 180 Grad zu verändern. Aber es war auch wichtig. Nur so konnte ich einen sehr exklusiven Einblick in die Aquarienindustrie bekommen.

Es ist aufregend, so nah und völlig unbemerkt zu beobachten und zu dokumentieren. Wir filmen alles mit unseren nachtsichtigen Kameras im Infrarotmodus. Ich versuche, ganz leise zu atmen. Ich spüre meinen Herzschlag in den Fingern, am Hals und in meiner Brust.

Ich kann den Mann auf dem Boot kurz vor uns, der routiniert, ja geradezu gelangweilt, an dem Kompressor herumfummelt und ständig Schlauch gibt und wieder einholt, zwar nicht atmen hören, aber ich kann es sehen. Jetzt kommt der Moment, wo ich mir laut Plan die Taucherausrüstung aufsetze, lautlos und allein mit meiner Kamera ins dunkle Wasser gleite, auf fünf Meter Tiefe abtauche, in die Richtung des Versorgungsschlauchs des illegalen Tauchers tauche, dann an diesem vorsichtig abtauche und ihn in 20 bis 30 Metern Tiefe mit den plötzlich eingeschalteten Lampen meiner Unterwasserkamera auf frischer Tat ertappe und dokumentiere. Das alles, ohne dass er mich dabei mit seinem Tauchermesser absticht oder durch den Schock seines Lebens selbst an einem Herzinfarkt stirbt.

Ja, ich weiß, das klingt irgendwie dämlich. Besonders jetzt, wo ich es aufschreibe. Aufschreiben, das hätte ich vielleicht auch damals, wenigstens einmal machen sollen, als Pete und ich uns den Plan so überlegt haben. Einen Plan für danach haben wir nämlich nicht entwickelt. Was passiert nach dem hoffentlichen Auftauchen? An der Oberfläche wird die Hölle los sein. Haben die Waffen? Spearguns? Messer? Wie werden die Fischer reagieren? Jeder von uns hätte flexibel und instinktiv auf die Situation reagieren müssen.

Heute, einige Jahre später, mache ich es ganz anders. Viel besser vorbereitet, viel besser geplant – sicherer. Immer mit Back-up. Es waren aber auch mehr als fünf Jahre Missionen, Undercovereinsätze und einige gefährliche Situationen, die mich schlauer, vorsichtiger, erfahrener und vorbereiteter gemacht haben.

Zum Glück, und ich danke allen Meeresgöttern noch heute dafür, taucht der illegale Taucher in diesem Moment auf und übergibt ein paar Netze mit Tüten an den Mann auf dem Boot. Wir filmen alles. Es ist gegen das Gesetz. Bingo! Es dämmert auch langsam; wenn wir weitermachen würden, würde man uns sehen. Wir beschließen, hier abzubrechen. Nicht ganz so abenteuerlich wie gedacht, aber wir haben alles im Kasten, auf den Speicherkarten unserer Kameras. Wir lassen uns unbemerkt mit der Strömung zurückfallen und kehren zum Basisboot zurück. Wir sind alle irgendwie nur mittelmäßig zufrieden. Die ganze Quälerei mal wieder nur für ein paar läppische Aufnahmen? Na ja, immerhin wurden wir nicht entdeckt, haben Beweise gesammelt, inklusive Bootsname und Kennung. Und keiner wurde ernsthaft verletzt oder abgemurkst.

Vielleicht reicht das Material, wenn man es der verantwortlichen Behörde zuspielt, um ernsthaft etwas zu bewirken. Vielleicht verschwindet es auch im »blauen Regal«, wer weiß. (Blaues Regal = Seefahrer-Redewendung für »über Bord schmeißen«: »Ich stell das mal ins blaue Regal …«)

Umwelt- und Tierschutz ist häufig frustrierend, das habe ich in den 15 Jahren, die ich das schon mache, nur zu häufig erlebt. Viel zu häufig für meinen Geschmack. Oft kann man gar nichts tun, nur dokumentieren, manchmal nicht mal das. Nicht immer kann man den Hai vom Haken lösen, den Wal vom Strand schieben oder das Schuppentier im Dschungel freilassen.

Die Erfolge sind nur die klitzekleine Spitze des riesigen Eisberges, aber selbst dieser Vergleich hinkt. Denn immerhin schauen beim Eisberg 10 Prozent heraus, während 90 Prozent unter Wasser verborgen treiben. Ich würde sagen, beim Umwelt-Natur-direkte-Action-Tierschutz wie bei den Operatives oder anderen NGOs und Vereinigungen mit Hands-on-Style liegt die Erfolgsquote bei einem Prozent. Vielleicht noch weniger.

Apropos ein Prozent. Das ist übrigens die Menge an Plastik, die man aus dem Meer bzw. von der Meeresoberfläche holen und aufsammeln kann. Der Rest ist längst in die Tiefsee abgesunken. In Tieren oder der Wassersäule, irgendwo mitten im Meer. Ich lass das mal so stehen, und Sie machen sich an dieser Stelle selbst Gedanken, wie sinnvoll und zielführend es ist, ein Armband aus Meeresplastik für 30 Euro zu kaufen, um Organisationen und Marketingexperten zu unterstützen, die vorgeben, die Meere zu reinigen … Ein Fluss-Clean-up wäre da durchaus zielführender, denn die zehn größten Flüsse der Welt sorgen für den meisten Plastikeintrag in unsere Meere.

Deswegen ist es besonders wichtig, sich nicht unterkriegen zu lassen. Immer weiterzumachen. Die Erfolge kommen, es dauert manchmal nur sehr lang, ist ermüdend, traurig und gelegentlich hoffnungslos. Was man aber nicht vergessen darf:

Wir sind nicht die Einzigen, die so etwas tun. Ich habe mittlerweile so viele tolle, erfolgreiche Umwelt- und Tierschützer auf der ganzen Welt kennengelernt! Es sind meist keine Biologen oder studierte Wildlife-Manager. Es sind Tausende Idealisten, denen unserer Erde nicht egal ist. Die das Wohl unseres Planeten über ihr eigenes stellen. Oftmals verborgen, ohne Instagram-Account, Youtube-Kanal, Facebook-Page oder besonders extrovertiertes Sendungsbewusstein und Hochglanz-Website.

Es sind Menschen, die in Rhino-Protection-Units die letzten Habitate der Sumatra-Nashörner durchstreifen, um Fallen zu suchen, zu finden und zu zerstören. Menschen die in die direkte Konfrontation mit Wilderern geraten und manchmal dabei ihr Leben verlieren. Menschen, die Orang-Utans aus brennenden Wäldern retten oder sich undercover in Lebensgefahr begeben, um Missstände aufzudecken, von denen die meisten nicht mal die leiseste Ahnung haben. Ich habe höchsten Respekt vor diesen Menschen, die all das ehrenamtlich oder für lächerliche 100 Dollar im Monat machen. Sie sind das letzte Aufgebot im Kampf für aussterbende Arten, sterbende Wälder und misshandelte Ozeane. Die letzte Verteidigungslinie in einem Krieg. Im Kampf um unseren Planeten.

Das waren nur ein paar der Gedanken, mit denen ich versuche mich abzulenken, während wir durch den endlos wirkenden Aquakultur-Fangleinen-Dschungel zurückfahren. Ich liege vornübergebeugt auf dem wulstigen, auf und ab schlagenden Gummibug des Schlauchbootes und schaue voraus ins Wasser. Meine zerschundenen Zehen suchen krampfhaft Halt unter einer wackeligen Zarges-Alu-Box, damit ich nicht vornüberkippe, unters Boot gezogen und vom Propeller zerhäckselt werde. Phillip steuert das Gespann aus Zodiac, Kajaks, Lichtkanonen, Equipment und völlig desolaten Typen im Hasenmodus über den Ozean. Langsamer! Stopp! Gang raus! Motor hoch! Weiter! Rudern! Ein ständiges Spiel. Immer wenn man denkt, jetzt aber kommt bestimmt keine Leine mehr, kommen zwei weitere.

Wir kommen in praller Sonne so gegen zehn Uhr morgens am weißen Palmen-Sandstrand an. Es wimmelt bereits von Tourist:innen auf eierschalfarbenen, ehemals weißen, ausgegilbten Plastikliegen. Der Faulschlammgeruch der Nacht ist von warmem Salzwasser überspült. Schirmchendrink, Kippe, Hawaiian Tropic Tanning Oil, Lichtschutzfaktor zwei. Die übergewichtigen rosa-gebrutzelten Strandwale aus Deutschland, England und Australien mit 15 Quadratzentimetern Bade-Stoff-Material am Leib ziehen einen leichten Ölfilm hinter sich her, wenn sie durch das seichte, pisswarme Wasser waten.

Wenn sie doch wenigstens eine »Reef-Safe-Sonnenlotion« verwenden würden, die die völlig ausgemergelten und überstrapazierten Riffe vor den Philippinen nicht noch zusätzlich schädigt, denke ich leise. Oder laut? Ich weiß es nicht mehr.

Denn schließlich sind wir auch für diese Leute heute Nacht unterwegs gewesen. »Die Erde gehört uns allen zu gleichen Teilen. Jedem. Auch euch, verdammt noch mal!« Ich bin eindeutig im Hungerloch, bereits seit zwölf Stunden.

Wir geben ein völlig desolates Bild ab. Was mögen sich wohl all diese Menschen am Strand gedacht haben, während wir unsere schwarze Bootsfestung durch knietiefes Wasser watend an den Strand ziehen? Angelausflug? Terroristen? Die tragen ja auch oft Camouflage … Nein, keiner interessiert sich für uns, wirklich niemand! Die ungewollte Taktik, sich in der Öffentlichkeit zu verstecken, geht voll auf. Das kann ich mir absolut nicht erklären. Die Einheimischen sind längst weg. Die waren schon heute Morgen um halb sechs unterwegs. Zum Wurfnetzfischen, zusammen mit den Fischreihern und zum Aufsammeln des Plastikmülls, damit der Strand schön sauber ist für die Touris. Die kommen dann ab acht.

Wir laden seelenruhig ab, lassen die Luft aus dem Boot, verstauen das klamme, salzverkrustete und eingesandete Equipment in den Jeeps, um jederzeit abfahrtbereit zu sein, und machen Schnick-Schnack-Schnuck in der Big-Bang-Theorie-Version – Stein, Papier, Schere, Echse, Spock – um das einzige Bett. Meine Echse wird mehrfach von Scheren zerschnitten oder von Steinen zermanscht. Ein Scheißspiel!, denke ich noch, während Günther, die blondierte Witzfigur von Hotelboss, das letzte kalte Gatorade Lemon aus dem durchsichtigen Kühlschrank nimmt und genüsslich runtergluckern lässt. Ich habe fertig. Völlig.

A-10

Tubbataha – ein Riff und eine Erkenntnis

»Robert! We're leaving in five!«, heißt es schon zwei Tage nach der Höllennacht. Moment mal, wieso fünf Minuten, sonst hatte ich doch immer zehn Minuten! Ach, Mann! Doch diesmal hätte es eigentlich heißen müssen: »Nicola, Victoria, Robert – you're leaving in five.« Denn beim nächsten Trip stehen mir nicht meine Furcht einflößenden Stiernacken-Freunde zur Seite, sondern Team-Biologin Nicola und die Regisseurin von *The Operatives, Season Two.* Victoria. Es soll aber auch nur eine entspannte Exkursion auf das vorgelagerte »Tubbataha«-Korallenriff werden, wo ich über und vor allem unter Wasser die wieder halbwegs intakte Flora und Fauna der philippinischen Korallenriffe und wenn möglich einen Walhai (*Rhincodon typus*) filmen soll. Tubbataha ist zu diesem Zeitpunkt seit 15 Jahren ein Schutzgebiet, nachdem es jahrzehntelange gnadenlos ausgebeutet wurde. Wir werden einige Tage bei philippinischen Ozean-Rangern inmitten dieses Naturschutzgebietes leben. In einer Rangerstation auf Stelzen, mitten im Korallenriff. Der einzige trockene Ort im Umkreis von 150 Kilometern.

Selbst für einen bedingungslosen Wasserfreak wie mich klingt das nur bedingt nach »Leben«. Was mir aber viel mehr Sorge bereitet, ist die anstehende Überfahrt. Ich sag's, wie's ist: Philippinische Schiffe sind auf den ersten und auch zweiten Blick so hochseetauglich wie ein Ford Fiesta. Auch die Besatzung besteht oft eher aus Menschen, die vor allem Profis im Zigarettenrauchen sind und von Sicherheit und Seemannschaft irgendwie wenig zu halten scheinen.

Egal, Vernunft und Abenteuer werden einander immer ausschließen. Also packe ich für ungefähr 100 000 Euro Foto- und Filmequipment zusammen – habe ich erwähnt, dass es natürlich mitten in der Nacht ist? –, und wir nehmen zusätzlich noch einige Versorgungsgüter für die Ranger vor Ort mit an Bord. Hauptsächlich Reis, Zigaretten und Fischsoße. Ah ja …

Mal wieder barfuß, schwer beladen und nur von meiner Kopflampe beschienen (immerhin!), suche ich mir wieder meinen Weg durch knietiefen Schlamm und durch hüfttiefes Wasser voller Seeigel, Steinfische und scharfkantiger Korallenbruchstücke bis hin zum Zubringerboot, lade ab und wanke zurück zum Strand für die nächste Kiste, die nächsten Schnitte in den Füßen. »Aua« ist echt immer noch die passendste Abkürzung für Abenteuer.

Die Nacht hat natürlich auch etwas sehr Beruhigendes, denn ich schwöre: Bei Tageslicht hätte ich keinen Fuß auf unser »Exkursions-Schiff« gesetzt. Schon gar nicht beim Anblick der schwarzen Wolkenberge, die sich – für uns mangels Mondlicht kaum zu erkennen – hoch über der Wasseroberfläche auftürmen.

Als wir die Anker lichten, habe ich endlich Zeit, etwas zu Atem zu kommen. Leider nehme ich mir die Zeit nicht, sondern inspiziere lieber unser »Schiff« ein bisschen. Wobei der Begriff »Seelenverkäufer« durchaus passender wäre. Es stellt sich bald heraus, dass bewährte Sicherheitsvorkehrungen wie GPS, Schwimmwesten, Rettungsboot, elektronische Seenot-Rettungssysteme oder ein Notfallplan es heute leider nicht an Bord geschafft haben. Immerhin, damit fällt die »Sicherheitseinweisung« dann auch aus, und wir sparen kostbare Minuten. Minuten, die überlebensnotwendig werden könnten, denn ein aufziehendes Sturmtief kommt direkt auf uns zu.

Ich mach's diesmal ganz kurz: Wir schaffen es nicht, den Sturm zu umschiffen. Schon nach ein paar Seemeilen peitschen vier Meter hohe Wellen gegen ein roh aus Holzplanken zusammengezimmertes Etwas, das mit dem Wort »Nussschale« zu vertrauenswürdig umschrieben wäre. Also schaue ich den etwa zehn rauchenden Philippinos zu, die hektisch versuchen, den Generator wieder in Gang zu setzen, der die Pumpe betreibt. Pumpe? Ganz genau! Die braucht man, um Wasser aus dem Schiff zu pumpen. Weil es ja nicht dicht ist. Um genau zu sein: Das Salzwasser steht bis fast zum Motor hoch. Es kitzelt bereits die Bolzen, die den Motor im Schiffsrumpf verankern. Tendenz, genau wie mein Blutdruck: steigend. Wir haben keine Segel. Es ist Nacht, die Wellen schaukeln sich auf. Eine wirklich interessante Mischung. Ich habe nie verstanden, warum Menschen religiös sind. Jetzt verstehe ich es. Ich wüsste zu gern den Namen des philippinischen Meeresgottes, um ihn persönlich anzurufen.

Doch natürlich spricht hier niemand Englisch, Deutsch, Spanisch oder irgendeine andere Sprache, in der ich den Namen des Gottes oder wenigstens etwas über unsere aktuelle Situation erfahren könnte. Immerhin, die zehn glimmenden Zigaretten sind ein Zeichen der Hoffnung, dass noch nicht alles verloren ist. Aus jahrelanger Erfahrung und vielen Tausend Seemeilen kann ich allerdings sagen: »Es sieht nicht gut aus.«

Und dann muss Biologin Nicola, die bislang eng an Victoria gekuschelt auf den kargen nassen Holzplanken geschlafen hat (Müdigkeit ist das erste Anzeichen von Seekrankheit; die Mädels schlummerten bereits nach den ersten zehn Minuten!), auch noch dringend aufs Klo. Muss ich extra erwähnen, dass ein solches natürlich nicht an Bord ist?

Leider muss ich Nicola einen Eid schwören, dass niemand die sanitären, dennoch äußerst amüsanten Details des anschließenden Pinkel-Abenteuers erfährt, ich überlasse diesen Teil also Ihrer Fantasie. Nur so viel: Was wir beide da erleben, mitten in der sturmumtosten Nacht, beobachtet von zwei enorm belustigten Matrosen, auf einem der etwa 20 Zentimeter breiten Holzausleger, Arm in Arm, Nicola ohne Hose, an die splittrigen Holzstreben geklammert, ich an Nicola und in eine weitere Holzstrebe gekrallt, das Ganze bei vier Meter hohen Wellen und etwa 25 km/h Speed, 60km/h Wind und peitschender Gischt – das verbindet. Auf Lebenszeit.

Ich will niemanden unnötig auf die Drama-Folter spannen, deshalb das Wichtigste zuerst: Wir überleben. Irgendwie überstehen wir den Sturm, die Nacht und den süßlichen Dauerdunst der Gudang-Garam-Nelkenzigaretten. Der halb mit Meerwasser geflutete Motor läuft und läuft. Normalität auf diesem Schiff. Keiner außer mir wirkt ernsthaft besorgt. Mein fest verzurrtes Equipment ist immer noch an Bord, es dämmert in den herrlichsten Farben, und die See beruhigt sich so schnell, wie sie aufbrauste. Das liebe ich an den Tropen.

Im Sonnenaufgang an diesem einzigartigen Ort anzukommen, ist wirklich traumhaft – eine einsame Rangerstation auf Stelzen, die wiederum auf einer Sandbank mitten im Meer verankert sind. Doch der romantische Südseetraum geht in der Alltagspraxis schnell baden. Auf den wenigen Quadratmetern der Stelzenstation drängen sich 17 Ranger, um eines der letzten Naturparadiese Südostasiens zu beschützen. Notfalls mit Waffengewalt, denn das ist oft die einzige Sprache, die die illegalen Fischer verstehen. Sie dringen immer wieder, fast täglich, in dieses geschützte riesige Gebiet vor, um sich an den heute fast unberührten Fischbeständen Tubbatahas zu bereichern. Was können die Ranger in zwei kleinen Patrouillenbooten schon ausrichten, denke ich. Nein, weiß ich: wenig! Aber wenig ist immer noch besser als nichts. Wenn die strengen Naturschutzgesetze nämlich von niemandem kontrolliert werden, dauert es nicht mehr lange, bis auch dieser Ort von allem Leben verlassen ist. Ein Gesetz ist immer nur so stark wie seine Umsetzung. Ein geschütztes Gebiet ist also nur in Sicherheit, wenn auch jemand darauf aufpasst. Ansonsten sind unkontrollierte Meeresschutzgebiete nur Papiertiger. Es verhält sich wie mit einem Tempolimit ohne Blitzer … Es ist sinnlos.

Wir werden für die stürmische Überfahrt mit einem üppigen Frühstück belohnt: Reis und Fisch. Oder alternativ nur Reis.

Oder nur Fisch. Ach, Mann … Also lobe ich den tranigen Snapper auf meinem Teller vor versammelter Mannschaft ausgiebig und bete sogar vor dem Essen, wie die Ranger. Und das als Atheist und Nicht-Fisch-Esser. Keine Ahnung, ob man dafür in die Hölle kommt. Oder zwischen Himmel und Hölle, in den Good place … Egal. Wenn ich auf all meinen Reisen eins gelernt habe, dann das: Sobald ich mich im Verhalten einigermaßen meiner Umwelt anpasse, ab und zu lächle und gelegentlich einen Witz auf eigene Kosten mache, bricht das Eis schnell. Dazu noch meine Versuche, die landestypische Sprache zu sprechen, und schon schließen mich die meisten Menschen überall auf der Welt ins Herz.

Das ist mir sehr wichtig, denn nur dann fühlt sich jemand respektvoll behandelt, nur dann verhalten sich die Einheimischen natürlich und erzählen früher oder später ihre Geschichte. Und das heißt für mich: gutes Foto- und Videomaterial. Ich gehe niemals sofort mit der Kamera auf Menschen los. Ich setze mich immer erst dazu und lerne sie kennen. Dadurch habe ich nicht nur viele Menschen sehr natürlich fotografiert, sondern viel wichtiger, auch zahlreiche Geschichten erfahren, die diese Menschen ausmachen. Und darum geht es schließlich.

Nach dem Frühstück siegt meine aufgeregte Neugier. Ich baue mein Unterwasserkamera-Equipment zusammen, um perfekt für die nächsten Tage präpariert und jederzeit bereit zu sein. Man weiß ja nie, wann was genau passiert. Keiner spricht meine Sprache!

Die Philippinische See bietet mir hier wunderbare Motive zum Filmen und Fotografieren. Praktisch alles, was sich in so einem Paradies mitten im offenen Ozean tummeln sollte, schwimmt mir bereitwillig vor die Linse. Meeresschildkröten (*Cheloniidae*) und Muränen (*Muraenidae*), jagende Weißspitzen-Riffhaie (*Triaenodon obesus*) und Stachelmakrelen (*Carangidae*), Barrakudas (*Sphyraenidae*) und ein jugendlicher Walhai (*Rhin-*

codon typus), genau wie erhofft! Er ist der immerhin größte Fisch der Erde mit bis zu 14 Metern Länge. Er hat übrigens auch die dickste Haut aller Lebewesen – 15 Zentimeter! Frisst aber nur (Zoo-)Plankton, keine Panik. Die drei größten Haie (*Selachii*) der Welt (Wal-, Riesen- und Riesenmaul-Hai) fressen alle nur Kleinkram, genau wie die schwersten Lebewesen der Erde, Blauwale (*Balaenoptera musculus*) und Co. Wenn man also 33 Meter groß und 200 Tonnen schwer werden will, dann muss man nur vier Tonnen Krill-Krebschen (*Euphausiacea*) am Tag fressen. Zack, so einfach ist das. Blauwale sind im Übrigen nicht die größten Tiere des Planeten, zumindest längenmäßig. Viel Spaß beim Suchen im Internet. Ich bin gespannt, ob Sie die Lösung finden. Sie hätten allerdings auch die Möglichkeit, das Buch noch ein Stück weiterzulesen. Zur Lösung kommen wir noch.

Die mannshohen Schwämme (*Porifera*), die teilweise über 1000 Jahre alt sind, lassen mich immer wieder fast meinen Atemregler unter Wasser verlieren, weil ich den Mund kaum zubekomme bei der Vielfalt hier an diesem Riff. Nach rund 50 Tauchgängen habe ich alles im Kasten und bin einigermaßen zufrieden. Das Wichtigste war der Walhai, den brauchten wir unbedingt, um die Schönheit dieses Ortes mit großen und kleinen Geschichten zu erzählen. Von riesigen Fischschwärmen, Stachelrochen (*Dasyatidae*) über gesunde Steinkorallen (*Scleractinia*) bis hin zu einer schier endlosen Vielfalt an Makrotierchen. Wissenschaftlich werden an Biomasse 20 bis 30 metrische Tonnen pro Quadratseemeile als allgemeiner Indikator für einen guten Zustand eines Riffs angenommen. Nach einer Erhebung hat Tubbataha 87,2 zu bieten! Wahnsinn. Alles ist perfekt hier in Tubbataha. Fast alles …

Ich würde am liebsten vom Riff gleich an meinen Laptop springen, um das Material zu sichten. Ich spüre nur einen einzigen Wermutstropfen: Selbst an diesem beschützten Korallenriff mitten im Nichts fällt mir genau das auf, was ich auch in vielen anderen Gebieten der Erde beobachten konnte: Es gibt sehr wenige und fast nur kleine Haie zu sehen. Nicht einen einzigen ausgewachsenen Hai konnte ich in über 60 Stunden unter Wasser aufspüren. Ein deutliches Zeichen dafür, dass hier gefischt wird oder in der jüngeren Vergangenheit stark gefischt wurde – illegal.

Meine Vermutung wird mir nicht nur von den Rangern bestätigt, denn ich finde unzählige Angelhaken im Riff. Haken aller Größen (also für verschiedene Zielfische) und einige davon mit Stahlleinen vor die normale Angelschnur geknüpft. Diese sind speziell für Haie, die sonst mit ihren rasiermesserscharfen Zähnen mühelos die Plastikschnur durchbeißen würden. Hier im Meeresschutzgebiet dürfte ich all das Equipment eigentlich nicht finden. Denn wenn man es genau nimmt, handelt es sich hier um eine sogenannte *no-take-zone*. Fischen verboten!

Das Wort »eigentlich« ist das Wort mit der größten Einschränkung im deutschen Wortschatz. Ein Wort, das alles relativiert, eigentlich alles. Das hat meine Deutschlehrerin Frau Stehr immer gesagt. Sie liegt mir damit fast jeden Tag in den Ohren.

Über die nächsten Tage fangen wir vom Boot aus drei verschiedene Schildkrötenarten (es gibt weltweit nur sieben verschiedene Arten von Meeresschildkröten), die danach mit einem nummerierten Metallclip in einer ihrer Paddel »beringt« werden. Suppenschildkröten (*Chelonia mydas*), Unechte (*Caretta caretta*) und Echte Karettschildkröten (*Eretmochelys imbricata*) – alle bedroht. Wir fangen keine einzige *mit* einem Clip. Alles »Erstlinge«, ein gutes Zeichen, es scheint viele zu geben. Die Speicherkarten füllen sich, die Kameras laufen heiß. Es läuft wie am Schnürchen für uns und die Dokumentation.

Ich glaube, die Ranger spüren meinen Enthusiasmus für all das Getier sowie bei der Arbeit. Das fällt mir auch nicht schwer, ich bin ja als Meeresbiologe hier quasi im Himmel. Wir schlafen direkt auf dem Meer, denn die Station wird zweimal am Tag von der Flut überschwemmt; ich gehe den ganzen Tag tauchen, wir bringen Köderkameras aus (sogenannte BRUVs – Baited

Remote Underwater Video) und ich kann sogar fast Höllen-Nacht-Günther und das Lemon-Gatorade-Desaster vergessen.

Keiner der Ranger schnarcht. Ich kann einfach mal schlafen! Es gibt keine Mücken, keine Ratten, ein kühles Lüftchen zieht nachts durch den feuchten, glitschigen Gang der Station. Ein Wunder! Das Beten hilft tatsächlich irgendwie. Danke, Poseidon, Triton und Aquaman!

Am letzten Tag vor unserer Abreise bringen mich die Ranger zu einem Platz, den vor mir vielleicht zehn andere »Normalos«, betreten durften. David Attenborough zum Beispiel … WHAT? REALLY? »Yes, he was here with us, once!« (Ja, ja, der war einmal mit uns hier!) Jacques-Yves Cousteau soll sogar zweimal da gewesen sein, ist aber schon lang her …

Wir fahren fast eine Stunde übers glasklare, glitzernde Meer ins Nichts. Wie besonders kann ein Platz sein? Selbst die Ranger scheinen irgendwie vorfreudig. Dann kann man am Horizont einen kleinen hellen Streifen mit dunklem Gekräusel darauf erkennen. Wir kommen näher, und ich traue meinen Augen kaum. Ich habe schon viele sogenannte »Bird Islands« auf der Welt gesehen, von Argentinien bis in die hohe Arktis. In jedem Land gibt es so eine »Vogelinsel«. Aber diese Insel besteht zu 90 Prozent aus Vögeln und nur zu 10 Prozent aus Sand, nicht umgekehrt, wie ich es normalerweise kenne. Wabernde Schwärme in der Luft, wahnsinnig lautes Gekreische überall, der beißende Geruch von Guano (Seevogelkot), umherfliegende Federn wie in einem Schneesturm und um die Insel patrouillierende Tigerhaie (*Galeocerdo cuvier*), die sich als dunkler viereinhalb Meter langer Schatten im türkisfarbenen Meer abzeichnen – meine neue Trauminsel! Wobei Insel eindeutig zu viel gesagt wäre. Es handelt sich um einen circa einen Meter hohen Sandhaufen mit ein paar abgestorbenen Büschchen und etwas silbernem Treibholz, auf dem allerdings sage und schreibe 40 000 Seevögel nisten, schreien und kacken. Es gibt keinen freien Quadratzentimeter. Alles ist belegt mit den seltensten Vogelarten, die ich noch nie zuvor gesehen habe. Möwenverwandte Noddis (*Anous stolidus*), verschiedenste Seeschwalben (*Sterninae*), Brauntölpel (*Sula leucogaster*), Albatrosse (*Diomedeidae*), Fregattvögel (*Fregatidae*) – Ich flippe aus! Es ist eindeutig einer dieser National-Geographic-BBC-Unser-blauer-Planet-Momente. Nur zur schlechtesten Tageszeit, 12 Uhr mittags, im schlimmsten Licht und mit nur 45 Minuten Zeit, denn dann ist die Ebbe zu niedrig, als dass wir hier wieder wegkommen. Shit!

Ich versuche, wenigstens ein paar vernünftige Fotos und Filmsequenzen hinzubekommen. Aber nichts, was mir unter diesem Zeitdruck und mit diesen schlimmen Lichtbedingungen gelingt, wird der Schönheit und Exklusivität dieses winzigen Fleckchens Erde – sorry, Sand mit Guano, gerecht. Ich schaffe genau eine Runde um die paar Hundert Quadratmeter kleine Erhebung, sehe die Schatten die Insel umkreisen, Seeschwalben ihre Küken füttern, Brauntölpel flirten und wunderschöne Weißkappen-Noddis streiten. »Sie sehen sehr teuer aus.« Das hat Chris Cutler, ein befreundeter Biologe und Birder immer zu solchen Vögeln gesagt, die ein solch expensive-grey-brown-farbenes Federkleid tragen. Besser kann man es nicht beschreiben.

Ich würde noch ergänzen: Blutrote Zunge und weißer Lidstrich – dieser Vogel ist einfach immer perfekt gekleidet. Eine Naturschönheit, dieser *Anous minutus worcesteri*. Eine Art Design-Ikone unter den Seeschwälblingen. Egal, ob man gerade auf einer Vögel-Party ein Weibchen beeindrucken will, den Nachbarn aus dem Nest prügelt oder etwas Fischbrei in den Schnabel seines Jungvogels gleiten lässt (würgt): immer adrett.

Wenn Sie jetzt 45 weitere Vögel auf Ecosia (alternative Suchmaschine zu Google) nachschlagen, wird angeblich ein Baum gepflanzt. Mindestens. Sie lernen etwas, sind bestimmt fasziniert und pflanzen nur durch Tastendrücken einen Baum oder eine Mangrove – das ist doch super! Dann muss dieser Baum nur noch 100 Jahre alt und nicht von einer Ziege gefressen werden – und schon haben sie den CO_2-Abdruck einer Urlaubs-

Autobahnfahrt von Hannover bis an die Ostsee kompensiert. Prima!

Vögel werden eh total unterschätzt. Ich habe diese Tiere jahrelang völlig unterbewertet. Dabei sind sie so divers im Aussehen und Verhalten! So faszinierend und erstaunlich wie kaum eine andere Wirbeltierklasse.

Hier eine Auswahl für den Anfang: Helmkasuar (*Casuarius casuarius*), Kakapo (*Strigops habroptila*), Kea (*Nestor notabilis*), Elefantenvögel (*Aepyornithidae*), Streifenkiwi (*Apteryx mantelli*), Mollymauk (*Thalassarche melanophris*), Riesensturmvogel (*Macronectes giganteus*), Trottellumme (*Uria aalge*), Dodo (*Raphus cucullatus*), Honiganzeiger (*Indicatoridae*), Quetzal (*Pharomachrus mocinno*), Blaufußtölpel (*Sula nebouxii*), Waldrapp (*Geronticus eremita*), Bienenelfe (*Mellisuga helenae*) und Riesentrappe (*Ardeotis kori*) und eigentlich noch ca. 20 000 weitere … So viele kennt man aktuell ungefähr, es sind aber sicherlich noch mal so viele, die sich durch unsere Lüfte schwingen, ins Erdreich graben und bis in 500 Meter Tiefe in unsere Ozeane tauchen.

(In Deutschland haben wir so circa 500 verschiedene Vogelarten. Diese Anzahl an Luftakrobaten findet man teilweise allein an einem einzigen See in Kenia …)

Sie merken schon, ich habe mich verliebt, auf einer tropischen Insel, in eine riesige Truppe aus Guano schleudernden, saumäßig lauten Schönlingen mit Schnabel und Lidstrich.

Es gibt Momente im Leben eines Tierfilmers und Tierfotografen, da muss man die Kamera einfach mal weglegen. Es ist wirklich so wie in dem Film *Das erstaunliche Leben des Walter Mitty* mit Ben Stiller und Sean Penn. Schauen Sie sich den unbedingt an! Es gibt Situationen, die lassen sich nicht mit einer Kamera einfangen. Es wäre vermessen, es zu versuchen. Und es wäre schade, weil man sie dann nicht erleben, sondern verpassen würde.

Ich habe noch 15 Minuten, bevor wir los müssen. Ich lege meine Kameras weg und genieße. Zum ersten Mal seit ganz schön langer Zeit. Ich kann mich an das letzte Mal nicht einmal mehr erinnern. Ich setze mich in den warmen, klebrigen Sand und stecke meine Hände bis über meine Handgelenke in das Sand-Korallenbruch-Fischkacke-Gemisch. Nach unten hin wird es feucht und angenehm kühl. Abertausende Papageifische (*Scarinae*) haben in mühevoller Kleinarbeit jahrzehntelang Korallen gefrühstückt, die Polypen verdaut und ihre Kalkhäuschen zermahlen wieder ausgeschieden. Ich sitze auf einem Riesenhaufen Fischscheiße. So wie die Hälfte der Menschen weltweit, die Strandurlaub machen. Herrlich.

Ich atme tief ein, ganz tief. Vor mir schlägt das Meer leise, kleine Wellen an den steilen Strand. Ein großer Schatten wartet auf die noch ungelernten Flieger, die aus Versehen auf dem Wasser landen. Um mich herum kreischt, federt und flattert es heftig.

Es ist die schönste Lautstärke und der wundervollste Gestank aller Zeiten, hier auf diesem Kleinod mitten im Nirgendwo. Und ich möchte gerade auf keinen Fall an einem anderen Ort sein. Erkenntnis des Tages: Es ist ein Privileg, am Leben zu sein, hier auf dieser Erde zu sein.

SARV 3504

001

Sumatra – 79 – Last chance to see … maybe

Um auch mal etwas Schönes zu dokumentieren und nicht immer nur Wilderer, gekidnappte Tiere und zerstörte Regenwälder, schickt mich Pete auf die sechstgrößte Insel der Welt, mitten im Indischen Ozean. Unser Ziel: Ein Projekt zu dokumentieren und zu begleiten, das (vielleicht) einen Hoffnungsschimmer am Naturschutz- und Artenschutz-Horizont darstellt. Ich muss gestehen, ich bin dankbar für diesen Auftrag, denn mir reicht es gerade. Tagein, tagaus immer nur das Schlechte der Welt und vor allem das Schlechteste im Menschen zu sehen, kann auf die Dauer ganz schön anstrengend sein. Nicht nur körperlich … Es ist Zeit für ein bisschen mental healing.

Erstaunlicherweise gestaltet sich der Flug von den Philippinen nach Sumatra recht angenehm. So etwas bin ich gar nicht gewohnt. Normalerweise verlangt man von mir 250 Dollar für 500 Gramm Übergepäck, 3500 Dollar für 20 Kilo drüber. Man verliert immer mal wieder eines meiner Gepäckstücke oder setzt mich neben einen 200-Kilo-Mann, gern auch vor das Pärchen mit dem schlecht erzogenen Kind. Inzwischen besitze ich Noise-cancelling-Kopfhörer, eines meiner wichtigsten Flugzeug-Reise-Utensilien. Danke, danke, danke, Tim Cook! Tausend Dank!

Bei den Flügen quer durch Südostasien kam einer meiner Koffer jedes Mal mit einem Rad weniger auf dem Gepäckband an. Es waren vier Flüge insgesamt, und mein Koffer hatte vier Rollen. #AdamRiese. Ich gab ein jämmerliches Bild ab mit meinem 30-Kilo-Muschel-Koffer ohne Rollen …

Ich werde hier und da belächelt, wenn ich meinen frühsommerhimmelblauen Koffer, der von der Form her etwas an eine riesige Kinderbademuschel erinnert, hinter mir herziehen muss.

Pardon, schleifen muss. Immerhin ist er aus einer Art Carbon. Sieht man aber nur, wenn man ganz genau hinschaut. Ich wollte eigentlich besonders unauffällig sein. Wenn es nach mir ginge, würde ich nur mit unzerstörbaren Zarges-Alu-Boxen und Pelicases reisen. Es gibt dabei nur ein sehr großes Problem: Jeder weiß sofort, man transportiert etwas Wertvolles und es lohnt sich, dieses Gepäckstück verschwinden zu lassen oder zumindest mal zu öffnen. Meine Gepäckstücke sind schon das ein oder andere Mal für Tage oder sogar komplett verschwunden oder lagen geöffnet auf dem Gepäckband.

Mein Herzschlag beschleunigt sich jedes Mal, wenn anstelle der schwarzen Kabelbinder, die ich an den Ösen meiner Transportboxen angebracht habe, auf einmal weiße Kabelbinder zu sehen sind, oder gar keine mehr. Heutzutage habe ich GPS-Tracker in jedem Gepäckstück! Adios, ihr Heinzelmännchen-Diebe! Ich orte euch ab jetzt! Weltweit.

Im Prinzip empfehle ich dennoch einen unauffälligen Koffer, am besten in der Form einer Muschel. Mit vier Rädern. Solide Räder bitte! Mit so einem Ding beeindruckt man zwar niemanden am Gepäckband, aber man kann ja noch mit Dschungeltarnklamotten auf sich aufmerksam machen, wenn es unbedingt sein muss. Sodass eben jeder weiß, man(n) ist Naturfotograf und Abenteurer. Das machen eigentlich alle Abenteurer so. Ist im Prinzip eine Klasse für sich. Mit Bart, Bergsteigerschuhen, ausgeblichenen Outdoorhemden und sonnengegerbter Haut. Der Klamotten-Style als Abenteurer ist echt wichtig! Niemals vernachlässigen! Man könnte ja für einen *normalen* Touristen gehalten werden …

Genau wie der weiße Socken in Lowe-Trekking-Sandaletten tragende Deutsche mit Jack-Wolfskin-Gürteltaschen-Regenjacke-Outdoor-Look. Man (er)kennt ihn gut am Flughafen, den Deutschen. Ebenso wie die Rosa-Jogging-Fleece-One-Piece tragenden Influencerinnen aus der voll anstrengenden First Class, die ihr roséfarbenes Nackenkissen aus Weltraum-Polymer-Tech-

Schaum und recycelten Nylonfasern aus Geisternetzen auch am Gepäckband um den Nacken tragen und schon im Landeanflug alle Follower, fresh daily face routined informieren, dass man gleich, endlich an der Final Destination angekommen ist und nun das absolut reale, vegane, super nachhaltige Vanlife und travel adventure vor sich hat, bei dem man der Hektik und der Kälte Deutschlands einfach mal mit mehr Work-Life-Balance und self love entflieht. Na klar, alles mit 15 Prozent Rabattcode auf das scheiß Nackenkissen … Sollten wir alle echt mal machen, is voll schön. Und unbedingt kaufen!

Ich besitze kein Nackenkissen. Ich finde die albern. Wünsche mir allerdings auf jedem Flug, ich wäre nicht so zickig und hätte eins. Aus Weltraumschaum.

Ich frage mich auch vor jedem Flug, wann endlich mal der Tag kommt, an dem ich mit meinem massiven Handgepäck auffliege. Ich transportiere da jedes Mal gut und gern bis zu 40 Kilogramm, bei erlaubten fünf bis sieben Kilo, je nach Airline.

Mein Geheimnis bisher: Einfach so tun, als ob der Rucksack nichts wiegt und ihn locker flockig über der Schulter tragen. Die Schmerzen sind egal! Hauptsache, ich muss die Ausrüstung nicht als Gepäck einchecken. Zusätzlich trage ich meine »Fettwanst-Weste« mit 15 aufgesetzten Taschen. In dieser beigefarbenen Opa-Weste bringe ich fast 15 Kilo an Akkus, Kameraobjektiven und Festplatten direkt *an* meinem 80-Kilo-Körper unter!

Ich gleiche damit das, wie ich finde, unfaire Verhältnis zwischen der Körpermasse der Passagiere und ihrem Gepäck wieder aus. Manche reisen quasi mit insgesamt 250 Kilogramm Gesamtgewicht, wobei sie gerade mal einen 23 Kilogramm Koffer dabeihaben. Ich komme dann mit meinen 80 Kilogramm Körpergewicht und zwei Kilo Übergepäck und soll 500 Dollar zusätzlich dafür bezahlen. Das ist die personifizierte Unfairness!

Aber nicht mit Robert Marc Lehmann! Indem ich mich mit fast 130 Kilo ins Flugzeug begebe, stelle ich die interstellare

Ordnung wieder her. Heimlich. Commander Spock wäre stolz auf mich. Mein Handeln ist rein logisch. Ha! Da habt ihr es, ihr blutsaugenden Airlines mit euren dünne Leute benachteiligenden Regeln!

Allerdings gebe ich zu, die Sache mit der Fettwanst-Weste wird jedes Jahr schwieriger, denn ständig kommt mehr Equipment dazu. Von zu Hause aus gesehen, brauche ich das alles immer und unbedingt! Vor Ort kommt vieles davon zu 95 Prozent niemals zum Einsatz. 80 Kilo umsonst mitgenommen. Was heißt hier umsonst … 4300 Dollar Übergepäck bei einem 700 Dollar Flug. So bin ich zu Pete und den Operatives geflogen. »Reisen macht solch einen Spaß, nicht wahr Robert?!« Nein! Ankommen und da sein ist das Schönste am Reisen.

Bei dieser Expedition bin ich auf der Suche nach einem Tier, das ich unbedingt einmal in meinem Leben gesehen haben muss. Sonst kann ich nicht sterben. Eigentlich habe ich Pete damals nur wegen dieses einen Tieres zugesagt. Er hatte mich eigentlich schon bei: »Hey, Rob, do you …« Aber als ich hörte, dass es um diesen schweineartigen, behörnten, lila-braunen, behaarten, sanftmütigen Riesen ging, war ich nicht mehr zu halten. Er versprach mir damals, ich werde eines der seltensten Tiere dieses Planeten filmen und fotografieren können. Nun ist es endlich so weit! Zeit, das Versprechen einzulösen.

Die Chancen, in freier Natur auf dieses Tier zu treffen, sind gleich null. Deshalb haben wir uns für ein Reservat, ein sogenanntes Sanctuary entschieden. Ein letzter Zufluchtsort für diese Art Säuger. Mit ein wenig Glück könnte ich dort diesem Tier ganz nahe kommen. Ich lehne Zoos, Aquarien und Wildparks generell ab, besonders aber für Film- und Fotoaufnahmen. Artgerechte Haltung ist in meinen Augen ein Widerspruch in sich; nur in Freiheit lebende Tiere sind auch wirklich Tiere oder verhalten sich zumindest wie welche.

Artgerecht ist nur die Freiheit.

Was ist aber, wenn die Freiheit gefährlicher ist als ein Leben hinterm Zaun? Ich finde keine Antwort für mich und ich fühle mich auch nicht richtig wohl bei dem Gedanken, ein Tier zu fotografieren, das auch nur das kleinste bisschen eingeschränkt ist, sei das Gehege noch so weitläufig.

Das Reservat, welches ich auf Sumatra besuche, entspricht zumindest annähernd der Freiheit. Die Tiere leben hier im Dschungel und sind dennoch eingezäunt. Im Prinzip genau wie in den großen Nationalparks in Afrika, Indien und so weiter, nur dass das Gelände etwas kleiner ist. Aber deutlich größer als ein Wildpark. Es ist schwer, heute noch große Säuger ohne Zäune drum herum, in völliger, uneingeschränkter Freiheit zu fotografieren.

Immerhin gibt es hier auch keine hundertprozentige Garantie, das gewünschte Tier zu sehen, keinen Tourismus und auch kein Mückenmittel, das hilft … Es ist also wie im »richtigen« Dschungel. Mit Spinnen, Blutegeln und giftigen Pflanzen.

Nach einer stundenlangen Fahrt über holprige Dschungelpisten kommen wir an einen fast geheimnisvoll wirkenden Ort an – mitten im Nirgendwo des Dschungels. Leicht nebelig, völlig ruhig. Ungewöhnlich ruhig. Das ist absolut untypisch für einen Dschungel, der meist, entgegen jeglicher Wildnisromantik, nicht leise und zum Genießen ist. Hier jedoch herrscht absolute Stille. Totenstille. Das liegt leider an der Vorliebe der indonesischen Männer für die Haltung von Zier- und Wildvögeln, als Statussymbol. Viele Vögel gleich reich. Zumindest an Vögeln. Aus meiner Sicht eher reich an Idiotie.

Die Wälder auf Sumatra und in vielen anderen Teilen Indonesiens sind deshalb einfach stumm. Es gibt einfach kaum noch Vögel, mancherorts gar keine.

Dafür Hunderte Millionen Vögel auf den illegalen und legalen Wildtiermärkten Asiens. Auch solche Vögel, von denen es nur noch weniger als 80 Exemplare auf der Welt gibt. Ich habe es selbst fotografiert. In Jakarta. Verrückt.

Hier in der Zentrale des Refugiums sehe ich bewaffnete Ranger in adretten schwarzen Uniformen. Einige rauchen. Der ausgeblasene Rauch hängt schwer in der feuchten, warmen Luft. Es ist stickig. Fleißige Arbeiter überall. Diverse Pflanzen und Äste werden zu Bündeln gebunden und diese rasch mit Fahrrädern abtransportiert. Es herrscht ein emsiges Treiben. Aber ganz leise. Ich mag die Indonesier. Sie sind kein lautes Volk. Zurückhaltend, freundlich, aufgeschlossen, leise. Schön!

Nach einer endlos langen Vorstellungsrunde, dem Überprüfen der Visa, Genehmigungen und Personalien und natürlich dem Ausfüllen von mindestens 25 Seiten indonesisch-bürokratischem Regelwerk müssen wir unsere Telefone abschalten, die Ausrüstung desinfizieren und die GPS-Systeme an den Kameras ausschalten. Keine Fehler darf man sich hier erlauben, Wilderer sind klug, sie kennen alle Tricks, genau wie Viren.

Kurz darauf steige ich wieder in einen Jeep, und wir fahren entlang des doppelwandigen Elektrozaunes zu einem riesigen Eisentor und einem kleinen überdachten Areal von einigen Dutzend Quadratmetern. Ich steige aus dem Jeep und blicke aufgeregt und sehr erwartungsvoll durch den Zaun. Mein Herz schlägt mit 180. Meine beiden Kameras sind hungrig im Anschlag. Akkus voll, Speicherkarten leer, Linsen geputzt. Ich bin perfekt vorbereitet. Auf alles! Auf diesen Moment habe ich ein halbes Leben lang gewartet. Seitdem ich zum ersten Mal von diesem Tier in einem Buch gelesen habe.

Der Tierarzt Dr. Zulfi, Rahman, Chef der RPU (Rhino Protection Unit) und Tierpfleger DeDe gehen zuerst durch das Eisentor, das selbst einen T-rex zurückhalten könnte. Aber Moment mal! Dahinter ist kein Zaun mehr … Nur ein kleiner, verrosteter millimeterdünner Draht, der parallel zum Boden auf 30 Zentimeter Höhe verläuft. Die Viecher hier drin sind doch ziemlich groß und potenziell für den Menschen gefährlich!?

»Ruhe jetzt! Sie kommen zum Tyrannosaurus-Gehege!« Das ist mein Lieblingssatz aus Michael Crichtons *DinoPark* bzw.

dem adaptieren Film *Jurassic Park*. Robert Muldoon, der Wildhüter, sagte ihn mit starkem Nachhall, und alle waren still. So wie ich. Jetzt. Meine Oma musste zweimal mit mir ins Kino. Ich war ja erst zehn Jahre jung, als der Film rauskam, und der war ab zwölf. Seitdem habe ich dieses Meisterwerk mindestens 20-mal gesehen.

Ich war übrigens ein einziges Mal beim Fasching, als Kind: Wildhüter. Kurze Lederhose, Karohemd, Wanderstiefel, Fernglas um den Hals, rotes Halstuch, Cowboyhut mit einer angeklappten Seite und viel Enthusiasmus. Ich war acht. Kinder können sehr grausam sein. Keiner der Geheimagenten, Michael Jacksons und Ninja-Turtles verstand den Beruf eines Rangers. Niemand.

Ich fühle mich exakt wie in meinem Lieblingsfilm, ich bin im Jurassic Park. Die Location passt, das Momentum auch. Ich trage kurze Cargopants, aufgeschürfte Schienbeine, Wanderstiefel, ein olivfarbenes, ausgeblichenes Dschungel-Outdoorhemd, Halstuch und einen Hut. Na ja, ein Basecap, aber in der Farbe Sand. Umgekehrt auf meinem Kopf. Ich bin quasi Robert Muldoon … Okay, Lehmann. Velociraptor im Anmarsch!

Da – ein Knacken der Äste im dichten Gestrüpp! Der Ranger sagt mir noch schnell, ich soll mich kleinmachen und auf die Knie gehen. Das passt mir eh, denn ich möchte das Tier auf Augenhöhe fotografieren. Bilder von oben wirken für mich immer arrogant. Zu weit von unten, lassen sie das Objekt zu präsent erscheinen. Es geht um die Begegnung mit dem Tier auf selber Ebene. Wie im echten Leben eben. Bewaffnet mit meiner 400er-Tele-Linse harre ich der Dinge, die sich da auf uns zu bewegen. Für alle Nichtfotografen: 400er = langes, schweres »Foto-Rohr« für Tiere, die weit weg sind. Man kann nicht rein- oder rauszoomen. Man müsste selbst zum Zoom werden und sich eben weiter weg oder näher heranbewegen. Aber das darf ich ja nicht.

Die Kamera steht auf 14 Serienbilder pro Sekunde, man

weiß ja nie, vielleicht habe ich nur eine Sekunde. Ich fühle mich wie ein Scharfschütze, jeder Muskel ist angespannt. Der Schweiß läuft mir von der Stirn ins Auge, wo er sich mit Mückenschutz und Sonnencreme vermischt. So ergibt sich eine besonders für Fotografen ungeeignete Emulsion, die einem fast das Augenlicht nimmt. Das nehmen die in Guantanamo bestimmt auch. Egal. Es passiert eh nichts. Ich spüre, wie mir kleine rote Ameisen am Knie hochkriechen und in eine Richtung in meiner Hose verschwinden, die mir nicht gefällt. Kann man eigentlich keine fünf Minuten im Dschungel hocken, ohne dass man gebissen, gestochen oder von Blutegeln in der Leiste ausgesaugt wird?

Es ist alles so dicht bewachsen, man sieht nichts, es ist dunkel. Wie soll denn da ein riesiges 800-Kilo-Tier durchpassen?

Okay, so also … Der Dschungel teilt sich, und ein weibliches voll ausgewachsenes *Dicerorhinus sumatrensis* trampelt direkt auf mich zu. Es ist noch viel schöner, als ich es mir immer vorgestellt habe. Viel, viel schöner!

Das Tier ist voller Schlamm und kommt geradewegs auf mich zu. Wie war das mit dem Zaun? Was ist das indonesische Wort für STOPP? Ranger Rahman flüstert leise: »Don't move!« Ach ja, wenn man sich nicht bewegt, dann sieht einen der T-rex ja auch nicht … Logisch!

Das Sumatra-Nashorn steht keine 30 Zentimeter vor mir und schnüffelt behäbig am Boden. Es saugt die Luft um mich herum regelrecht durch die zwei riesigen Nasenlöcher vom Boden weg. Es wirkt, als wollte es meinen Geruch in sich aufsaugen. Tja, die 400-Milimeter-Linse ist nun so ziemlich das schlechteste Objektiv, das man sich für diese face-to-face-Situation vorstellen kann. Wo genau ist mein Fisheye-Objektiv für Nahaufnahmen?

Ich hätte eh nicht abdrücken können. Ich war viel zu fasziniert von dem Anblick dieser Kreatur und dann noch so nah! Näher geht nicht mehr! Einmalig. Unbeschreiblich. Wie es riecht und atmet, schnauft. Ich fühle mich wirklich wie im Dino-Film, als Dr. Alan Grant und Dr. Ellie Sattler auf den kranken Triceratops treffen. (Für alle Nicht-Dino-Fans, im Prinzip eine Art Nashorn-Dinosaurier.) Ich tue mich wirklich schwer, Momente wie diesen zu beschreiben. Es geht einfach nicht. Das ist auch der Grund, warum ich mir heute so sehr wünsche, dass alle Menschen durch meine Augen sehen oder in den Erinnerungen der letzten 20 Jahre herumstöbern könnten. Dann würde sich vieles auf dieser Welt ändern. Davon bin ich überzeugt.

In dem Moment unseres Zusammentreffens ändert sich viel bei mir. Ich verstehe alles. Dafür brauchte es ein 33 Jahre altes Rhino und nicht einmal 15 Sekunden Kontakt. Ich verstehe jetzt, warum Menschen ihr Leben riskieren, um eine bestimmte Tierart vor dem Aussterben zu bewahren. Warum sie alles aufgeben, was einen Menschen ausmacht oder was sich die meisten Menschen wünschen. Familie, ein gutes Einkommen, Anerkennung, Gesundheit, Lebensglück.

Ich stehe hier mit Menschen, die auf Dschungelpatrouillen regelmäßig Wilderer treffen und von diesen angegriffen werden. Menschen, die ihr Leben diesem einen Tier widmen und es täglich 18 Stunden lang betreuen. Fernab ihrer Familie. Menschen, die wirklich alles versuchen, um die letzten Individuen dieser Art doch noch zu vermehren und zu erhalten. Für einen Hungerlohn. Mit schlechter Ausrüstung. Ohne großen Support. Ohne Instagram-Seite, ohne Hochglanz-Website mit Spenden-Button. Ohne Kampagnen in der Fußgängerzone. Ohne klimatisierte Büros, in denen Dutzende BWL-studierte Kampagnen-Manager die neuesten catchy Highlights vorstellen, um noch mehr Spenden zu generieren, mit denen man sich dann wieder ein Jahr selbst verwalten kann … Ich glaube, es ist klar, dass ich kleine Organisationen mag. So wie hier. Wo das Geld dort ankommt, wo es gebraucht wird. Wenn es denn überhaupt Spenden gibt.

Wir alle starren auf ein Tier, das die meisten Menschen niemals zu Gesicht bekommen werden. Es gibt sie nicht mehr in Zoos. Dort ging es ihnen schlecht. Sie haben in Gefangenschaft sehr gelitten. Stand heute, gibt es noch 79 von ihnen. Das letzte Sumatra-Nashorn außerhalb der Insel ist 2019 in Malaysia an Krebs gestorben. Es gibt sie jetzt nur noch auf Sumatra. Nur hier. An mehr oder weniger drei letzten Standorten. Weit verstreut. Sie könnten sich gar nicht gegenseitig finden. Oft liegen Hunderte Kilometer, Straßen und Städte zwischen ihnen.

Das alles macht mich extrem demütig. Ich bin immer noch sprachlos über die Schönheit dieser Kreatur und über die Situation.

Zu Hause in Deutschland erzähle ich Kindern in den vielen Schulen, die ich pro Jahr besuche, immer begeistert von den Nashörnern und wie wichtig es mir ist, dass diese noch sehr lange über unseren Planeten stapfen. Ich habe dabei immer von sechs Nashornarten auf unserer Erde berichtet. Breitmaulnashorn (*Ceratotherium simum)*, Spitzmaulnashorn (*Diceros bicornis*), Panzernashorn (*Rhinoceros unicornis*), Sumatra-Nashorn (*Dicerorhinus sumatrensis*), Java-Nashorn (*Rhinoceros sondaicus*) und Nördliches Breitmaulnashorn (*Ceratotherium simum cottoni*). Seit dem 19. März 2018 sind es nur noch fünf Arten. *Ceratotherium simum cottoni* ist biologisch ausgestorben.

Ausgestorben heißt *für immer*.

Es geschieht in einer Pause zwischen zwei Schulvorträgen in Heidelberg. Erst die Kleinen, dann die Großen. So mache ich das immer. Den Sechs- bis Zehnjährigen erzähle ich um neun Uhr noch von sechs verbleibenden Arten Nashörnern auf zwei Kontinenten. Den Großen muss ich um halb zwei berichten, dass »Sudan«, der letzte Nördliche Breitmaulnashorn-Bulle, im Alter von 45 Jahren gestorben ist. Wieder eine Art weniger auf unserem Planeten.

Die Kids, selbst die Obercoolen, selbst die Desinteressierten, selbst die, die mich noch nicht verstehen können, weil sie erst vor wenigen Monaten in Deutschland angekommen sind, schauen mich an. Ich blicke in fast 800 Augen, und alles ist still. So wie im Dschungel von Sumatra. Ich kann mich nicht zusammenreißen; ich weine. Viele Schüler:innen und einige Lehrer:innen können es sich auch nicht verkneifen.

Ich kannte Sudan persönlich. Als ich in Kenia als Safariguide gearbeitet habe, habe ich ihn zweimal im Ol Pejeta Conservancy gesehen. Ganz allein stand er da, alt, schwerfällig, mit einem Pfleger und zwei bewaffneten Rangern. Mir war damals seine Rolle, seine Situation nicht bewusst. Ich wusste nicht, dass er der letzte männliche Vertreter seiner Art ist. Das wird mir erst bewusst, als mich die Nachricht seiner Euthanasierung erreicht. In einer Schul-Mittagspause. Er schafft es damit sogar einen Tag später in die Tagesschau nach Deutschland. Um 20:12 Uhr redet die Nachrichtensprecherin Susanne Daubner das letzte Mal über den Bullen aus Afrika. Als letzte Meldung des Tages, vor der Wettervorhersage. Hochdruckeinfluss mit einem Tief im Anmarsch.

Übrig bleiben nur ein paar Bilder (einige davon sehr bewegend, z.B. von Brent Stirton), ein Nachruf, traurige Pfleger und Ranger, seine Tochter und Enkelin und ein bisschen eingefrorenes Sperma. (Es existieren einige eingefrorene, im Labor erzeugte Embryonen. Jedoch nur ein letztes unfruchtbares Weibchen (Enkelin Sudans), das diese austragen könnte. Ein Wettlauf gegen die Zeit, die Natur, gegen Corona, Reisebestimmungen, Genehmigungen, Kühlketten, Wilderer, Finanzierungen etc.) Und am Ende die Frage, ob man die Art in Zukunft vielleicht doch per künstlicher Befruchtung und Leihmutterschaft zurückholen kann. Unter Hochdruck müssen jetzt die Wissenschaftler:innen arbeiten, denn es bleiben nur die beiden Weibchen und die Erkenntnis: Man ist noch nicht so weit bei Nashörnern mit der künstlichen Befruchtung, und das Verfahren ist teuer. Sehr teuer. Ein Tief ist im Anmarsch. Nicht nur am 20. März 2018 …

Seine Hörner hatte man Sudan vorsorglich abgeschliffen. Der einst stolz bewaffnete Bulle trug nur noch zwei abgerundete Stümpfe auf seiner Nase. Wilderer sind bei Nashörnern immer nur auf dieses luxuriöse Statussymbol mit *angeblich* medizinischer Wirkung aus. Das magische Horn. Ein Großteil der Hörner landet in Vietnam, erzählte man mir dort. Denn noch immer glaubt eine Mehrheit der vietnamesischen Bevölkerung an die Wunderwirkung des Horns bei Krebserkrankungen und Hangover. Man gibt lieber 30 000 Dollar für eine Krebstherapie mit Nashorn-Horn aus und stirbt, als 10 000 Dollar für eine konventionelle Chemo mit ganz guten Chancen. Ich kann das sagen, schließlich war ich 14 Monate lang Zivi auf einer Kinderkrebsstation.

Was für ein sinnloser Wahnsinn, seine Gesundheit einem Irrglauben auszuliefern, anstatt auf wissenschaftliche Erkenntnisse und modernste Medizin zu bauen. Die restlichen zehn Prozent Horn landen in Tresoren und auf Schreibtischen in China. Bei Geschäftsmeetings, als Statussymbol und Investment.

Und, liebe Kinder, woraus besteht das Nashorn-Horn? Frage ich jedes Mal in jeder Schule. Es kommt immer wie aus der Pistole geschossen: »Aus Fingernägeln!« Auch von Kindern der ersten Klasse. Streng genommen ist das absolut richtig. Wieder einmal das altbewährte Keratin, zusammengeklebt aus Tausenden Filamentfasern, die ein ganzes Leben lang wachsen. Genau wie unsere Fingernägel und Haare.

Medizinisch genauso wirkungslos – nachweislich! Wie bei den Schuppentieren. Sie erkennen das Muster der Ignoranz und Dummheit, der Tradition? Weil es eben schon immer so war. Einige Traditionen oder traditionell medizinische Ansätze gehören dringend geändert. Das schaffen allerdings nur neue Generationen. Junge, kluge, gebildete Köpfe. (Deshalb finde ich meinen Schulansatz so wichtig.) Ich kenne einige kluge, enthusiastische Köpfe in Vietnam, die schaffen das schon. Die Frage ist nur, ob rechtzeitig. Der Glaube an das Wunder durch das Horn ist nämlich so tief verwurzelt in der Seele der Menschen, dass es verdammt schwer wird, einen neuen Blickwinkel zu öffnen. Wenn deine Eltern, Freunde und alle Verwandten an das Rhino-Wunder glauben, ist es wie ein Kampf gegen Windmühlen.

Aber es gibt sie, die jungen, gebildeten Kämpfer. Deshalb verliere ich auch an dieser Stelle die Hoffnung nicht. Ich glaube an meinen Kumpel Minh Chau Cao aus Vietnam und seine NGO »Wildhand«. Die schaffen das mit viel Arbeit, Herzblut und Enthusiasmus. Ganz bestimmt!

Wir lernen ja gerade im postfaktischen Zeitalter, dass einige, sogar recht viele Menschen lieber glauben, statt wissen. Dabei müsste es doch gerade umgekehrt sein. Wir werden eigentlich immer intelligenter und vernetzter. Wir sind eigentlich immer nur einen Klick von der Wahrheit entfernt. Oder eben von der Lüge.

Da war es wieder, dieses Wort: *Eigentlich*. Frau Stehr, meine Deutschlehrerin hatte so was von recht. Leider.

Wenn man Nashörnern das Horn absägt und sich die Schnittstelle anschaut, findet man ab und zu auch eine in der Form eines Herzens. Dieses fehlt offensichtlich vielen Wilderern, wenn sie ein Nashorn erschießen oder zumindest anschießen. Es sind ja keine ausgebildeten Scharfschützen mit Topbewaffnung. Oft laufen sie mit selbst gebauten Gewehren oder ausgemustertem Zeug herum, Ehemaliges von den Russen. Das Tier lebt manchmal noch oder ist mit Opioiden bewegungsunfähig gemacht worden, wenn man aus Zeitmangel die Kettensäge oder Axt ansetzt und dem Nashorn das Gesicht abschneidet oder abhackt. Die Schüsse waren laut, die Kettensäge ist es auch. Man muss sich beeilen.

Die Kälber lässt man immer leben. In ein paar Jahren haben auch die große Hörner. Und so muss man sich einmal in die Lage eines Wildhüters, Rangers, Tierarztes oder freiwilligen Tierschützers versetzen, der zum Tatort kommt, das röchelnde

Muttertier mit abgehacktem Gesicht in seinem eigenen Blut liegen sieht und daneben das völlig traumatisierte und halb verhungerte Nashorn-Kalb.

Menschen.

Es sind Momente, wo man aufgeben möchte. Alles hinschmeißen! Scheiße, alles sinnlos.

Viele tun es nicht. Sie machen weiter. Weil es keine andere Option gibt. Es sind vielleicht 25 Leute hier im Sumatran Rhino Sanctuary. Um uns herum Tausende Wilderer im Dschungel und weltweit Hunderttausende Händler, Käufer und Konsumenten. Es erscheint aussichtslos. Auch mir. Und ich frage mich beim Betrachten von »Bina«, einem der letzten Sumatra-Nashörner der Erde, ob sie eine Zukunft haben wird oder ob ich einer der letzten Menschen bin, die diese Tiere lebendig live erlebt haben werden. Ich weiß es nicht.

Die Gier nach dem Horn geht sogar so weit, dass Wilderer in Waisenhäuser für junge Nashörner einbrechen, die Jungtiere töten und »de-hornen«, die Helfer:innen und Beschützer:innen vor Ort schwer verletzen oder sogar töten.

In Europa gibt es keine echten Nashorn-Hörner mehr an Skeletten oder präparierten Rhinos in Museen, Sammlungen und Universitäten. Dort sehen Sie nur noch Repliken. Viel zu gefährlich, denn die Hörner verschwanden eins nach dem anderen – von Museum zu Museum.

Bei einem Kilopreis (am Ende der Handelskette) von bis zu 100 000 Dollar ist das kein Wunder. Das entspricht fast dem doppelten Kilopreis von Gold. Ein Horn wiegt zwischen einem und drei Kilo. Das lohnt sich. Sehr. Vielleicht nicht für die Wilderer, die die Tat direkt begehen. Diese armen Jungs werden mit wenigen Hundert Dollar abgespeist. Aber die Händler verdienen sich im Rhino Trade eine goldene Nase. #Ironie

An dieser Stelle frage ich mich gerade, ob es eigentlich auch Wilderinnen gibt oder ob dieser Schwachsinn, wie leider viel zu oft, eine rein männliche Erscheinung ist.

Wilderer brechen in Zoos ein, veräppeln ehemalige Kommilitonen von mir und verschaffen sich Zugang zur zoologischen Sammlung. »Er wollte nur eine DNA-Probe von Giraffenhaaren nehmen, sagte er …«, und weg war das Horn aus der Uni-Sammlung. Tja. Wilderer kommen nicht immer in der Gruppe und bewaffnet mit AK-47, Axt und Kettensäge. Manchmal sind sie eben auch getarnt als Austauschstudent, reingelassen von meinem Kumpel Basti … Ich sag es ja, Wilderer sind clever. Das müssen sie auch sein.

Nicht so clever sind die Käufer. Aufgrund der extrem hohen Nachfrage kann der Bedarf an Rhino-Horn gar nicht erfüllt werden, sodass ständig Fälschungen verkauft werden. Oft bekommen die armen Schlucker pulverisiertes Antilopenhorn, Büffelhufe oder Pferdehaar.

Ein Südafrikaner namens Mark Wilby hat es mit einer Aktion ziemlich gut auf den Punkt gebracht: Er ließ sich die Fußnägel extra lang wachsen, schnitt sie sich ab und versendete sie dann an die chinesische Botschaft. Nicht um anzuprangern. Er wusste einfach nicht, wohin er sie sonst schicken sollte. Ihm folgten Dutzende Menschen und taten genau das Gleiche. Eine gelungene Aktion, wie ich finde. Klicktivismus quasi.

Also, Sie wissen jetzt, was Sie zu tun haben …

Botschaft der Volksrepublik China
Brückenstraße 10
10179 Berlin

Sorry but not sorry, China …

Die Zahl der gewilderten Rhinozerosse hat sich leider im Jahr nach dieser Aktion in Südafrika auf über 1 000 Stück fast verdoppelt. Die Zeit drängt.

Viele Menschen, denen die Rhino-Geschichte nahegeht, suchen nach Wegen aus der Misere. Die Ansätze gehen von einer gezielten Rhino-Zucht, um das Horn zu verkaufen, bis hin zur

Herstellung von künstlichem Horn. Andere fordern endlich eine konkrete Umsetzung von geltendem Recht im Kampf um die Letzten ihrer Art. Bei Missachtung: drakonische Strafen. Punkt.

Die beiden Hörner der Sumatra-Nashörner sind winzig klein. Keine 500 Gramm wiegen beide zusammen. Dennoch oder vielleicht gerade deshalb ist ihr Preis fast doppelt so hoch wie der der »normalen« Rhinos. Überhaupt ist dieses Rhinozeros alles andere als »normal«. Es ist das urtümlichste und kleinste der verbleibenden Spezies. Vermutlich auch das seltenste. Vom einhörnigen Java-Nashorn gibt es aber auch nur noch weniger als 80 Tiere. Egal, wer hier an der Spitze der »Aussterbenden« steht, es sind allesamt Verlierer.

Sie zu retten wird ein Gewaltakt. Es sind Sensibelchen mit äußerst komplexer Physiologie. Wählerische Einzelgänger. Bina hatte mal einen Partner, doch der ist leider verstorben. Seitdem möchte sie keinen Kontakt zu anderen Männchen. Es kommt mir so vor, als ob sie eher in ihren Pfleger DeDe verliebt ist. Und er auch in sie. Er kennt Bina schon länger als seine Frau und verbringt viel mehr Zeit mit ihr, als mit seiner Familie. Er kennt sie besser als jedes andere Wesen, und sie ihn. Die beiden verstehen sich blind, wissen, wenn der andere schlechte Laune oder noch Hunger hat. Sie spürt alles. Sie könnte ihn zerquetschen, zertrampeln, zerdrücken, aber ihr sanftes Wesen hindert sie daran. Dennoch ist sie launisch, merkt DeDe mit einem Lächeln an.

Es stellt ihm jemand die Frage, ob er sich ein Leben ohne Bina vorstellen könnte. Das würde ich niemals wagen zu fragen, schon gar keinen muslimischen Mann. Bei solchen Gesprächen geht es um Empathie, Respekt und das Gespür für den richtigen Moment oder eben die richtige Frage. DeDe zögert. Er bekommt glasige Augen, fühlt sich unwohl. Dann fängt er an zu weinen und entgegnet: »Nein …« Er kann sich kein Leben ohne Bina vorstellen. Wie denn auch?

Ob der Versuch, die Sumatra-Nashörner zu retten, gelingt oder scheitert, werden wir in einigen Jahren sehen. Sie brauchen eine optimale Umgebung mit den richtigen Pflanzen, viel Ruhe und vor allem Schlammlöcher. Die lieben sie. Gefühlt verbringt so ein lila-rot-braunes behörntes und behuftes »Riesen-Dschungel-Schwein« zwei Drittel seines Lebens im Schlammloch. Den Rest mit Fressen und ein wenig herumstolzieren. Wegen der Verdauung. Es benutzt seine Minihörner zur ständigen Pflege und Erweiterung der Schlammlochumrandung, im Liegen. Nichts darf austrocknen. Meine Wildkameraaufnahmen (Kamera mit zwölf Stunden Laufzeit, befestigt an einem Baum) zeigen Bina liegend, wälzend, rollend und vor allem schlafend, dann wieder emsig schabend. Stundenlang. Mit Wonne.

Sie dulden keinerlei Störung. Die kleine GoPro (Action-Cam), die ich genau an ihrem Wasserloch platziert und bestens mit kleinen Ästen und Blättern getarnt habe, wird lässig mit dem Hinterlauf beim Einsteigen in ihr Lieblingsschlammloch umgekickt. Der Film zeigt später zwei Sekunden die schnüffelnde Bina und zwölf Stunden Himmel. Na, danke ... Ich hatte nur eine Chance für diese Aufnahmen. Apropos Lieblingsschlammloch: So finden Wilderer die Objekte ihrer Begierde am besten.

Die meisten Tiere des Dschungels müssen irgendwann zum Trinken an ein Wasserloch kommen, besonders in den regenarmen und heißen Monaten. Das weiß hier jeder. Der Tiger weiß, dass das Wildschwein jeden Morgen, Mittag und Abend zum Trinken kommt. Für ihn ist das Wasserloch eine Art Buffet. Einfach warten. Machen Tiger eh gern. Wasser mögen sie auch. Die RPU (Rhino Protection Unit), angeführt von Rahman, zeigt mir in den Tagen, in denen ich mit ihnen im Dschungel unterwegs bin, wie man Wasserlöcher findet, wie man im Dschungel überlebt und nicht in eine der Schlingfallen gerät. Außerdem, wie man Spuren liest und so erkennt, welche Tiere hier wann getrunken haben.

Ich fühle mich an mein Studium der Rechtsmedizin erinnert, als wir das Gipspulver mit Wasser anmischen, um damit die Fußabdrücke eines Sumatra-Nashorns und eines Sumatra-Tigers ausgießen. In der Zeit, in der die Abdrücke in der weichen Schlammzone vor dem Wasserloch trocknen, kontrollieren wir die Umgebung und finden, was wir gesucht haben und dennoch lieber nicht gefunden hätten: zwei snare traps. Eine am Boden, eine auf Kopfhöhe der Rhinos. Gut getarnt mit Blättern. *Ich* hätte sie nicht gesehen. Die Ranger machen Fotos, nehmen GPS-Koordinaten und zerstören die Fallen. Sie werden als Beweismittel mitgenommen. Anzeige gegen Unbekannt …

Dabei kennen die Ranger ihre Gegner ziemlich genau. Rahman hat schon mehr als 50 Wilderer gestellt und ins Gefängnis gebracht. Sein Kollege wurde schon mit einem Speer mit vergifteter Spitze angegriffen und schwer am Hals verletzt. Er zeigt mir den Speer und die riesige Narbe. Und natürlich die Überwältigungstaktik, mit der er sich retten konnte und den Wilderer zu Boden rang. Trotz Speer im Hals. Diese zähen Burschen sind wochenlang in kleinen Teams im dichten Dschungel unterwegs und sind die letzte Verteidigungslinie für die Rhinos und viele andere Tiere. Ich habe tiefen Respekt für diese Männer, und es macht Spaß, mit ihnen unterwegs zu sein. Ich lerne gern neue Dinge, neue Menschen und neue Blickwinkel (und Taktiken) kennen. Wir sprechen zwar nicht dieselbe Sprache, aber wir verstehen uns. Besonders abends am Lagerfeuer. Bei Suppe und Schweigen. Wir sind aus demselben Grund hier: aus Liebe zur Natur und zu den Sumatra-Nashörnern.

Als ich die menschlichen Fußspuren am Wasserloch entdecke, läuft mir neben Schweiß auch ein Schauer den Rücken hinunter. Nicht nur, dass neben all den Sambarhirschen (*Rusa unicolor*) und Schabrackentapiren (*Tapirus indicus*) auch Menschen hier waren … die Abdrücke sind frisch. Ich komme mit Giftschlangen, Skorpionen, Spinnen und Tigern im Dschungel ganz gut klar. Aber Menschen fürchte ich. Ein Wilderer kennt keinen Pardon. Man merkt auf einmal auch die Anspannung der RPU. Der Ton ändert sich. Abdrücke nehmen, dokumentieren, einpacken und los. Aus welcher Richtung kamen die Spuren, wohin führen sie? Hinterher! Doch wir finden niemanden. Wilderer sind nun mal Menschen, sie sind schlau. Die Spuren verlieren sich im Fluss. Ein Katz-und-Maus-Spiel, das die Rhino Protection Unit tagtäglich mitspielen muss und manchmal auch gewinnt.

Zurück zu den Sumatra-Nashörnern und meiner Filmarbeit. Ich berühre Wildtiere niemals. Das ist eine meiner Regeln. Ich hatte schon unendlich viele Möglichkeiten, alle möglichen besonderen Tiere anzufassen: Galapagos-Riesenschildkröten (*Chelonoidis nigra*), Orcas (*Orcinus orca*), Blauwale (*Balaenoptera musculus*), Giraffen (*Giraffa*), See-Elefanten (*Mirounga*), Strauße (*Struthio*), Pinguine (*Spheniscidae*), Meerechsen (*Amblyrhynchus cristatus*) und viele mehr. Ich habe es jedoch aus Respekt nie getan. Aber dieses Tier da vor mir, das will ich unbedingt anfassen! So nah! Nur einmal! Das ist mit Sicherheit meine einzige und letzte Chance. Ich tue es wieder nicht. Und ich habe mich geirrt. Ich werde in Zukunft noch eine Chance bekommen.

Das Nashorn-Weibchen dreht schnüffelnd und schnaubend ab und watschelt vergnügt zurück in den Dschungel. Wie eine besonders dicke, galante und leichtfüßige Frau. Mit erstaunlich viel Haar für ein Nashorn und einer ordentlichen Schlammpackung auf der nackten, makellosen Haut. Sie sieht wirklich schön aus. Perfekt geradezu. Man piepelt hier im Nashorn-Spa jede einzelne Zecke aus den Hautfalten der Tiere, zupft ihnen jeden Blutegel vom Bauch. Auf keinen Fall darf hier etwas schiefgehen. Die Dickhäuter dürfen nicht krank werden. Die Zecken mit ihren prall gefüllten Hinterleibern sind übrigens knallerbsengroß. »Krass!«, denke ich, als ich so um die 15 davon auf meiner Hand hin und her schüttle.

Weg ist das Nashorn, und ich habe weder ein Foto geschossen noch irgendetwas gefilmt. Dumm gelaufen. Ranger Rahman, Dr. Zulfi und Tierpfleger DeDe zucken nur mit den Schultern und grinsen. In etwa 30 Metern Entfernung stiefelt das Nashorn an einem relativ lichten Fleck wieder aus dem Dschungel und fängt an, gelangweilt an irgendwelchen Zweigen auf Kopfhöhe zu nibbeln. Ich drücke auf den Auslöser, als es mich verschmitzt und vorsichtig durch ein paar Blätter anschaut. Mit meinem 400er. Klick. Traum erfüllt, Versprechen gehalten. Danke, Pete!

Dieses besondere Bild von einem ganz besonderen Moment in meinem Leben sehen über 100 000 Kinder in meinen Vorträgen. Sie kennen nun die Geschichte von Bina und Sudan. Sie sind berührt, sie wissen um die Problematik. Sie wissen jetzt von einem Tier, von dem sie vorher noch nie etwas gehört haben. Und sie lieben es. Wollen es retten. Genau wie ich. Ich bin nicht mehr allein. Dr. Zulfi, Rahman, DeDe auch nicht.

Wir werden mehr. Und es ist uns verdammt wichtig. So wichtig, wie es jedem von uns sein sollte. Ein solches Tier erfüllt eine ganz bestimmte Rolle im Ökosystem, auch wenn diese nicht immer gleich offensichtlich ist. Es gibt diese Nashörner hier im Dschungel aus einem bestimmten Grund. Was passiert, wenn sie weg sind, weiß niemand. Ich möchte es auch nicht herausfinden. Ein Ökosystem muss man sich wie einen Jenga-Turm vorstellen. Wir haben schon ganz schön viele Jenga-Steine rausgezogen in den letzten Jahrzehnten. Überall auf der Welt. In allen Dschungeln, Meeren und Wäldern vor unserer Haustür.

Wissenschaftler fangen gerade erst an zu verstehen, welche Konsequenzen aus dem Artensterben resultieren (werden). Vielleicht viel zu spät? Systematisch wurden in den letzten 30 Jahren Taxonomen, Artenkundige also, an den Universitäten unterrepräsentiert. Ich habe es in meinem Studium an der Universität Kiel am eigenen Leib erfahren. Wir »Tierfreaks« wurden von den zukunftssicheren Molekulargenetikern, Zellbiologen und Biomedizinern regelrecht belächelt. Ich wurde als »Dünnbrettbohrer« und »Bambi-Biologe« beschimpft, von Professoren und Mitstudierenden. Die Konsequenz daraus ist: Die Forschung zum Artensterben beziehungsweise zur Erhaltung von Arten und Lebensräumen ist zu kurz gekommen. Das ist ein großes Problem. Zumindest wird es das ganz sicher werden.

Einige Verwegene wagen sogar zu behaupten, es sei katastrophaler als Covid-19, Finanzkrisen und Klimawandel zusammen. Es wird vermutlich unser größtes Problem in der Zukunft. Ich gehöre auch zu den verwegenen Behauptern. Das Problem daran ist, es ist schwer zu beweisen, schwer zu verstehen und noch schwerer greif- und darstellbar.

Eine Ölkatastrophe ist greifbar. Ein gestrandeter Wal auch. Das kann eigentlich jeder verstehen. Beim Klimawandel wird's schon schwieriger. Es sei denn, man lebt in Haiti und einem fegt der dritte Tropensturm des Jahres erneut das Dach und die Oma weg. Oder man hockt quasi auf einem »sinking paradise« – einer Insel, auf der man sich in den nächsten zehn bis 15 Jahren Gedanken über eine Umsiedelung machen sollte, weil man sonst schlicht und ganz einfach des ansteigenden Meeresspiegels wegen absäuft. Nur weil wir das hier in Westeuropa mit Dämmen, Pumpen und Häusern aus Stein (#DerWolfUndDieSiebenGeißlein + #Sturm) nicht sehen und fühlen, heißt das nicht, es existiert nicht.

Ich würde gerne mal ein paar Klimawandelleugner mit nach Grönland oder durch die Nordwest-Passage mitnehmen. Wenn man da bei 18 Grad am schmelzenden Gletscher steht, fragt man sich, wie man das große, wissenschaftlich belegte Ganze eigentlich negieren kann.

Aber was es genau für uns bedeutet, wenn Sumatra-Nashörner, Orang-Utans (*Ponginae*), Wildbienen (*Apiformes*) und Schwebfliegen (*Syrphidae*) endgültig von der Bildfläche verschwinden, werden wir alle erst dann wissen. Ich möchte es allerdings nicht herausfinden. Hinterher ist man ja bekanntlich immer klüger. Warum eigentlich nicht mal vorher? Nur dieses Mal. Nur ein einziges Mal!

»Well guys, we basically fucked it up …« (Leute, wir haben's grundsätzlich versaut …), war der Satz eines führenden Klima(-Wandel)-Forschers am Ende einer Klimaschutzkonferenz in Hamburg, an der ich teilnahm. Dann kam eine lange, für meinen Geschmack zu lange Pause. Alle schauten sich an, einigen Wissenschaftlern fiel die Kinnlade runter. Dann endlich die Erlösung: »But, it is man made, so man can solve it.« (Aber es ist menschengemacht, also können Menschen es auch lösen.) Puhhhhhhh. Wusste ich es doch, es ist noch nicht zu spät … Es ging um den Klimawandel. Den bekommen wir in den Griff. Das müssen wir. Aber das Artensterben? Können wir die Sumatra-Nashörner vor dem Aussterben retten? Und damit alles bewahren, wofür sie stehen?

Ein gesundes Ökosystem, Primär-Urwälder, Hoffnung und auch Knallerbsenzecken – erinnern Sie sich: Auch doofe Tiere muss man retten … Oder erzähle ich den Kids in zehn, 15 Jahren: Damals gab es noch fünf Nashornarten auf unserem Planeten. Heute sind es noch vier oder drei …

Das ist gar nicht so weit hergeholt, wenn man sich die Fakten, die nackten Zahlen einmal anschaut. Die Bestände der Rhinos gehen weltweit massiv und sehr rasant zurück. Wenn es so weitergeht, sind die meisten von ihnen in zehn bis 15 Jahren verschwunden. Dann gibt es keine Großsäuger mehr in Afrika. Keine Nashörner mehr im Dschungel. Keine Orang-Utans. Dann ist Schluss mit lustig. Ende Gelände. Im wahrsten Sinne des Wortes.

Ende Gelände, denn nicht nur die brutale Jagd auf angeblich »heilende« Tiere wie Nashörner, Tiger & Co., sondern vor allem der Verlust von Lebensraum wird vielen Arten auf diesem Planeten den Garaus machen. Aktuell über 120 Tierarten pro Tag. Viele davon unbekannt, noch nie von einem Menschen gesehen. Wir kennen ca. 1,5 Millionen Tierarten. Allein 500 000 sind Käfer – verrückt, oder? Es gibt vermutlich aber so um die zehn bis 15 Millionen verschiedene Tierarten, und uns bleiben so um die zehn bis 15 Jahre, um das Artensterben noch in den Griff zu bekommen. Ein ziemlich kurzer Zeitraum. Also müssen wir uns alle ganz schön anstrengen. Und mit alle meine ich ALLE.

Viele Menschen fragen sich bestimmt: »Was habe ich mit einem Sumatra-Nashorn zu tun? Wie kann ich eins retten?«

Alles! Sie haben alles mit diesem Tier zu tun. Nicht nur, dass es uns allen gleichermaßen »gehört« und dass wir deshalb dafür verantwortlich sind. Wir haben mit unserem (Konsum-)Verhalten einen großen Einfluss auf Regionen, die sich 10 000 oder mehr Kilometer weit weg befinden. Was wir hier in Deutschland oder anderswo in der »entwickelten« Welt einkaufen, hat immer einen Abdruck, eine Konsequenz. Ob nun Kohlendioxid durch Transport oder gerodete Wälder. Ob faire Bezahlung der Baumwollpflücker oder vergiftete Flüsse durch Färbung von T-Shirts. Wenn wir massenweise unzertifiziertes Palmöl genießen – und das tun wir exponentiell steigend –, dann schrumpfen in Indonesien die Wälder. Sie müssen Platz machen für Palmölplantagen, für uns und unsere Lieblingsprodukte: Schokocreme, Pizza, Chips und Tütensuppe.

Das hat zwei Effekte. Erstens verschwindet der Wald, der Lebensraum für die Rhinos und viele weitere Arten. Zweitens werden die Rhinos viel besser von Wilderern gefunden. Denn die Aufenthaltsorte der Tiere werden kleiner und kleiner. Das zu durchsuchende Gebiet besser durchsuchbar.

Die Erkenntnis, die mich in Sumatra noch nicht, aber wenig später auf Borneo (dafür umso einschneidender), endlich ereilt, ist:

Jeder Einkaufszettel ist ein Stimmzettel. Für oder gegen den Planeten.

Ganz einfach. Man hat die Wahl. Immer.

Sie können ab jetzt Produkte erwerben, die keinen »bösen«

Effekt auf Dschungel, Rhinos, Orang-Utans und Schwebfliegen haben. Das ist einer von ganz vielen Schritten in die richtige Richtung. Einer, der nebenbei Spaß macht. Einer, der Ihnen und Ihren Kindern, Eltern, Großeltern und Freunden guttun wird. Denn was gut für unsere Umwelt ist, ist auch immer gut für ihre Bewohner. Das sind wir und die Rhinos. Mit einem einzigen Unterschied: Sie treffen eine bewusste Entscheidung, jetzt, wo Sie Bina kennen, eines der letzten Sumatra-Nashörner. Für oder gegen sie. Für oder gegen sich selbst.

Bina ist schon alt. Fast 40. Sie könnte noch ein Kalb bekommen, theoretisch. Aber wenn die Fortpflanzungsorgane noch nie oder zu selten benutzt wurden, stehen die Chancen auf natürliche Fortpflanzung schlecht. Die Eierstöcke entwickeln häufig Zysten, teilweise werden sie komplett unbrauchbar. Es ist 30 Sekunden vor zwölf, nicht mehr fünf Minuten davor.

Dennoch. Es gab schon aussichtslosere Fälle bei anderen Tierarten. Der Europäische Bison (*Bison bonasus*), auch Wisent genannt, wurde in einer unaufhaltsamen Abwärtsspirale von Jägern, Wilderern und Soldaten innerhalb weniger Jahre auf nur noch neun verbleibende Individuen dezimiert. Alle heute lebenden Wisente stammen von zwölf in Zoos und Tiergehegen gehaltenen Wisenten ab. Eines der wenigen Projekte, in denen Zoos eine echte positive Rolle in Sachen Artenschutz gespielt haben. Von den Toten auferstanden. Eine sogenannte »near-miss-extinction«. Das war knapp. Heute gibt es sie wieder zu Tausenden in Europa. Über den Berg sind sie noch nicht.

Als im September 2017, nach über 200 Jahren, der erste Bison von Polen über die Oder nach Lebus in Brandenburg einwanderte, entschied man sich kurzerhand dazu, ihn abzuknallen. Gefahr im Verzug! Der 900 Kilo schwere Bulle war zuvor einige Jahre vollkommen friedlich durch Polen gewandert. Ein paar Stunden in Deutschland – aus. Ein Amtsdirektor ordnete den Abschuss an. Was der Wisent hätte alles gefährden können! Rinderherden, Straßenverkehr, oh mein Gott. Den Kopf schnitt man ihm als Trophäe ab. Deutschland ist wieder sicher! So wie damals beim Problembär »Bruno« und heute bei den Killer-Wölfen aus der Lausitz.

Sind wir eigentlich noch ganz bei Trost? Wisente gefährden weder Schafherden noch Hühnerställe. Sie springen nicht (oft) über Zäune und fressen auch keine Menschen. Okay, sie knabbern Bäume an und behindern ab und zu den Straßenverkehr. Ja und? Na ja, wir sind in Deutschland. Bauern, Förster, Jäger, Nachbarn, Autofahrer, alle regen sich auf. Ich frage mich schon, sind wir in Deutschland überhaupt bereit für eine Rückkehr der wilden Tiere? Also, ich schon. Und Sie?

Noch mal zurück zu den Sumatra-Nashörnern und meinem Aufenthalt auf der Insel. Im Laufe der nächsten Tage kann ich noch zwei weitere Tiere fotografieren und filmen. Ich habe damit fast 4 Prozent einer gesamten Spezies fotografiert! Irgendwie macht mich das glücklich und sehr traurig zugleich.

Die Nashörner heißen »Andatu« (Geschenk Gottes), ein junger Bulle, und »Ratu«, seine Mutter. Das »Geschenk« wurde am 23. Juni 2012 geboren. Das erste Kalb in menschlicher Obhut nach 124 Jahren in Indonesien, das fünfte überhaupt erst in Menschenobhut. Es ist ein Hoffnungsschimmer am Horizont. Deshalb bin ich ja auch hier. 2016 kommt noch ein weibliches 20-Kilo-Kalb zur Welt: »Delilah«. Sie und ihre Mutter »Ratu« treffe ich einige Jahre später durch einen Zufall. Sie schenken mir das schönste Gesangskonzert, das ich mir vorstellen kann. Das Sumatra-Nashorn heißt nicht ohne Grund auch »singing rhino«. Mein Team und ich waren zu Tränen gerührt. Eine Geschichte für einen Film, vielleicht? Ich will nicht zu viel verraten, aber … Es wird Sie sehr berühren.

Ich frage Dr. Zulfi, den leitenden Nashorn-Tierarzt, wie er die Zukunft der Tiere einschätzt. »Es steht schlecht«, sagt er. »Wir geben unser Bestes, aber das ist vielleicht nicht genug.«

Viele von Zulfis Kolleg:innen geben sogar mehr als nur ihr Bestes. Sie geben im Feuergefecht mit Wilderern ihr Leben.

Zulfi bricht in Tränen aus. Eine der schwierigsten Situationen, die ich jemals filmen musste. Aus Respekt möchte ich die Kamera weglegen, aber es sind genau diese Emotionen, diese Bilder, die Menschen zum Umdenken bewegen. Ich entschuldige mich später dafür, aber Zulfi hat volles Verständnis.

Ich bewundere die Arbeit aller Menschen hier. Ich bin froh aber auch sehr traurig, wenigstens drei der seltensten Säugetiere auf unserem Planeten noch gesehen zu haben. Als das Flugzeug abhebt, sehe ich riesige Waldbrände, Dutzende. Gerodete Flächen überall. Und endlose Palmölplantagen.

PS: An dieser Stelle habe ich noch eine kleine, aber wirklich gute Buchempfehlung zu den Nashörnern für Sie: *Nashörner – ein Portrait* von Lothar Frenz, aus der Reihe »Naturkunden«. Besonders die Geschichte von Jungfer Clara, einem Panzernashorn auf Reisen, das regelmäßig Bier trank und rauchte, ist zum Piepen. »Ein abscheuliches Tier weiblichen Geschlechts.« Lesen Sie es. Sie werden nicht enttäuscht sein, versprochen!

BADAK

Borneo – Waldmenschen

Die Palmölindustrie beendet, was die Wilderer vorbereitet haben. Und auch wenn beide ähnlich skrupellos sind, hat die Industrie all die strengen Tierschutz- und Umweltschutz-Gesetze nicht zu fürchten. Sie kann all das, was die engagierten Ranger Tag für Tag leisten, mit einem einzigen Brand auslöschen. Straffrei selbstverständlich. Eigentlich wollte ich im Flieger endlich etwas Schlaf nachholen. Doch die trockene Kabinenluft und die Wut schnüren mir den Hals zu. Also träum ich mit offenen Augen von einer besseren Welt, bis die klapprige Maschine auf dem Kota Kinabalu International Airport aufsetzt, zur vorletzten Station meines »Operatives«-Einsatzes: Borneo. Genauer gesagt, ein Orang-Utan-Refugium mitten im Dschungel, versteckt, fernab jeglicher Zivilisation und weit weg von Wilderern, Palmölplantagen Jägern, Brandrodung und Bordellen. »Orang« = Mensch, »Hutan« = Wald – Menschen aus dem Wald, möchte ich hier treffen.

Borneo-Orang-Utans (*Pongo pygmaeus*) sind die größten auf Bäumen lebenden Tiere der Erde. Etwa 50 000 gibt es noch auf Borneo, vom Sumatra-Orang-Utan (*Pongo abelii*) nur noch 14 000 auf Sumatra. Der Bestand ist seit 1900 um 90 Prozent geschrumpft. Wir reden hier über vielleicht nur noch zehn bis 15 Jahre mit Orang-Utans auf unserer Erde. Es ist wirklich brisant!

Diese rothaarigen Menschenaffen stehen uns sogar vielleicht näher als unser eigentlich engster Verwandter, der Gemeine Schimpanse (*Pan troglodytes*). Über diese Frage herrscht Uneinigkeit. Nicht bei der Genetik – hier sind die Schimpansen mit circa 98 Prozent Übereinstimmung unsere nächsten Verwandten. Orangs kommen auf »nur« 96,5 Prozent. Es geht um etwas anderes.

Also: Die Schimpansen haben nach uns den zweitgrößten Penis aller fünf Menschenaffenarten (*Hominidae*). Wussten Sie, dass so ein 200-Kilo-Silberrücken-Gorilla gerade mal einen drei Zentimeter langen Penis hat? Im nicht erigierten Zustand … fünf Zentimeter im erigierten Zustand. Er braucht eben nicht mehr. Er ist der unumstrittene Chef. Er wird sich eh mit den Weibchen paaren, das steht außer Frage. Bei den Orangs dagegen muss das Männchen die Weibchen schon irgendwie erobern. Es wird liebevoll geknutscht und in Missionarsstellung kopuliert. Mit Angucken.

Das machen weder Gorillas noch Schimpansen oder Bonobos (Zwergschimpansen/*Pan paniscus*). Ich denke, das klärt die Verwandtschaftsverhältnisse ein Stück weit. Im Übrigen: Dass Orangs auch Penisse haben, sieht man im Zoo selten bis gar nicht. Sie zeigen überhaupt selten natürliches Verhalten in ihren künstlichen »Lebensräumen« hinter Glas und Gittern. Sie drehen sich auffällig oft weg, also uns den Rücken zu, um etwas mehr Privatsphäre zu haben. Achten Sie bei Ihrem nächsten Zoobesuch mal darauf. Lassen Sie sich Zeit mit Ihren Beobachtungen. Sie werden überrascht sein und vielleicht sogar ein wenig Scham dabei empfinden. Besonders, wenn Sie die MENSCHEN-Affen filmen und fotografieren. So wie ich, wenn ich zu Recherchezwecken, teils verdeckt, in den Zoos dieser Erde filme und fotografiere. Mir geht es jedes Mal ganz schrecklich dabei, und ich schäme mich in Grund und Boden. Für uns andere *Hominidae*.

Zurück zu den Penissen. Dass Orangs doch welche haben, stelle ich fest, als Nicola, unsere blonde, attraktive Team-Biologin, die mich nach Borneo begleitet, einem männlichen Orang-Utan den Rücken zudreht und dieser auf seinem Baum anfängt wie wild zu stöhnen und zu masturbieren, bis seine Gesichtslappen vom Grinsen und Laute erzeugen regelrecht anfangen zu flattern. Peinlich! Jedenfalls für Nicola.

Karmele Llano Sanchez, die Direktorin von International

Animal Rescue (IAR) und ich finden es eher lustig. Sie sagt, das sei ganz normal. Die Männchen fühlen sich zu attraktiven Frauen hingezogen. Andersherum natürlich auch. Eine nüchterne, sehr pragmatische Betrachtungsweise dieser doch äußerst ungewöhnlichen Situation. An dieser Stelle hoffe ich schwer, nicht auf geschlechtsreife weibliche Orang-Utans zu treffen … #Kopfkino

Es ist die Intelligenz der großen Roten, die unter Wissenschaftler:innen immer wieder einen Streit darüber entfacht, wer uns denn nun nähersteht. Die streiten aber auch um vergleichbare Stärken des Zahnschmelzes, Hirn-Hemisphären und Gaumen-Öffnungen. Wenn ich mir junge Orangs anschaue, diese orange-haarigen kleinen, wenige Monate alten Wichte, wirken sie auf mich ganz genau wie ein Menschenkind. Ich sehe keinen Unterschied. Hilflos, unfähig allein zu überleben, zuckersüß und (be-)schützenswert.

Überall auf Borneo ist Rauch, der sich hier bei 40 Grad durch die unglaubliche Luftfeuchtigkeit quält. Er kommt von den unvermeidlichen Nelken-Zigaretten, vermischt mit dem Geruch von verbranntem Dschungel. Angekokeltem Wald. Schon wieder. Irgendwo ganz in der Nähe wird wieder brandgerodet. Man riecht, wie sich jahrhundertealter Wald in Luft auflöst. Für Ölpalmen. Für unsere Shampoos, für Schokocremes und unseren gar nicht so nachhaltigen Biosprit. Das ist neben vielen anderen Faktoren die größte Bedrohung für die Waldmenschen: Wenn es eben am Ende einfach keinen Wald mehr gibt, in dem sie leben können.

Vor 100 Jahren waren Sumatra und Borneo noch zu 90 Prozent mit Wald bedeckt. Heute bleibt nur noch ein Drittel davon zurück. Kohleabbau, Bergbau, der Handel mit Tropenholz, Wilderer, Jagd, traditionelle Medizin … Es ist eigentlich immer dasselbe Spiel, das am Ende auch immer nur einen Verlierer kennt: die Tiere. Hier die Orang-Utans.

Es gibt noch ein Kapitel mit den Waldmenschen, das ich bewusst nicht weiter als einen Spalt aufmachen möchte, weil es selbst mir zu schrecklich ist – und ich bin ja nach 15 Jahren im Umwelt- und Tierschutz einiges gewöhnt. Außerdem möchte ich nicht, dass Sie das Buch an dieser Stelle aus der Hand legen oder das Hörbuch abschalten und die Hoffnung an die Menschheit gänzlich verlieren. Es geht so tief in den menschlichen Abgrund, tiefer ist kaum möglich. Man braucht dafür einen eklatanten Mangel an Empathie, ausgeschaltete Menschlichkeit, einen Rasierer, Schminke, eine Kette oder Handschellen, keine Skrupel, ein Bett und ein abgedunkeltes Zimmer …

Und wieder: Menschen.

Wir sollten diese Tiere schützen! Stattdessen machen einige Menschen sie zu Sexsklaven, Zirkusboxern, Go-go-Tänzerinnen, Kuscheltieren, Haustieren und Zeugen für den angeblichen Artenschutz – gefangen zur Aufklärung der Kinder über den Bedrohungszustand in der freien Natur, auch »Zootier« genannt. Und vieles mehr … Sorry, ich werde wieder einmal wütend! Wütend auf die Menschheit.

Auch wütend auf mich selbst, übrigens. Denn wir zerstören *auch* aus Deutschland den Lebensraum dieser Tiere, indem wir Tag für Tag, völlig hemmungslos und uninformiert, immer mehr Palmöl konsumieren. Wir sind *mit* schuld daran, dass es den Waldmenschen am anderen Ende der Welt so schlecht geht.

Es fährt mir wie ein Schock durch alle Glieder, jede verdammte Nervenzelle meines Körpers, als ich die fünf kleinen Orang-Waisenkinder fotografiere, die sich aneinander festhalten, weil ihnen nichts anderes mehr geblieben ist. Eines meiner schönsten Fotos, sagen viele Menschen häufig. Es ist eher eines meiner wichtigsten, wenn ich die Geschichte dazu erzähle. Genau darum geht es mir. Darum geht es auch Karmele, als sie mir all die Gründe für das Verschwinden von *Pongo pygmaeus* aufzählt. Sie möchte mit ihrer Arbeit etwas verändern. Sich den Konzernen und Arschlöchern in den Weg stellen und sagen: »Halt! So nicht!« #IndependenceDayStyle. »Wir werden heute nicht untergehen!«

Ich schaue auf das Display meiner digitalen Fotokamera und betrachte das Bild. Belichtung, Schärfe, Kontrast, Goldener Schnitt, alles stimmt. Nur eins stimmt nicht. Ich realisiere endlich: *Ich* bin schuld … *Ich* wusste es nicht besser. Jetzt schon. So kann es nicht weitergehen. Es muss sich etwas ändern. Jetzt gleich! Seitdem habe ich meinen Konsum an Palmöl massiv eingeschränkt. Ich kaufe bewusst ein. Ich nutze die Technik, die Einkaufs-Apps von CodeCheck bis ReplacePalmOil, die mir das Ganze erleichtern. Ich habe es Hunderttausenden Kids erzählt, die wiederum ihren Eltern, Mitschüler:innen, Tanten und Cousinen davon erzählen. Es ändert sich etwas. Es ist leicht. Man kann es von jetzt auf gleich tun und es ist eine Verbesserung. Verbesserungen sind immer gut! Wir als Menschen sind durch unseren Verstand fähig, nicht nur Dinge zu zerstören, sondern auch ganz viele Dinge zum Positiven zu verändern.

Ich liebe die E-Mails von Eltern nach meinen Schulbesuchen. Sinngemäß sind sie sich manchmal sehr ähnlich: »Vielen Dank, Herr Lehmann! Mein Kind isst keine Fischstäbchen und Nutella mehr, wir dürfen nicht mehr in den Zoo, und ich muss jetzt ständig Insektenhotels bauen und Schmetterlinge bestimmen. Vielen Dank dafür!« Meine Antwort und mein Empfinden sind ebenfalls stets gleich: »Sie haben ein sehr kluges Kind. Herzlichen Glückwunsch!«

Es gibt kein einziges Gegenargument gegen eine positive Veränderung. Na ja, eines vielleicht. Ein Dilemma. Ersatz für Palmöl gibt es, aber um die gleiche Menge an Ölen von anderen Pflanzen zu bekommen, bräuchte man teilweise die vierfache Fläche. Scheißdreck! Die Lösung sind vermutlich Palmölplantagen. Aber! Wenn schon, dann auf dem nachhaltigsten irgendwie möglichen Weg! Mit Erhaltung der biologischen Vielfalt, ohne Pestizide und Brandrodung, ohne Affen erschießen, mit ’ner Menge Käfern und Vögeln in den Plantagen. Wir können von hier aus dazu beitragen, indem wir weniger Palmöl konsumieren und wenn schon, dann eben »richtiges« kaufen. Zertifiziertes. Wobei das Zertifikat auch keine konkrete Aussage darüber ist, ob Menschen nicht etwa ihres Landes beraubt wurden oder vielleicht Kinder in den Plantagen arbeiten. Die Siegel dazu sind auch häufig Schmu; vertrauen kann man nur einer eingehenden, ausführlichen Eigenrecherche. Aktuell gibt es leider nur weniger als 1 Prozent »nachhaltiges«, zertifiziertes Palmöl auf dem Weltmarkt.

Nichts ist schwarz-weiß. Das wäre schön. Eine einfache Lösung. So einfach ist das aber nicht. Das stelle ich immer wieder bei all meinen Expeditionen fest. Einfach ist es nie. Die Welt ist heute eben nicht mehr einfach. War sie das je? Na ja, vor dem Siegeszug des (vermeintlich) intelligentesten Lebewesens aller Zeiten vermutlich.

In der Auffangstation leben zurzeit rund 70 Orang-Utan-Kinder im Alter von einem bis zehn Jahren und einige wenige Jugendliche und Erwachsene. Das Sorgenkind unter den Jungtieren ist der wenige Monate alte »Budi«. Der Kleine steckt in Kinderwindeln und klammert sich den ganzen Tag schwach an einen übergroßen, orangefarbenen Teddybären – seinen Mutterersatz. Ein Bild, das mich genauso rührt wie Budis grausame Lebensgeschichte. Seine Mutter starb wie so viele Elterntiere im Feuer, das Menschen hier legen, um den bereits gerodeten Urwald zusätzlich vom »Unkraut« zu befreien. Diese Brände geraten immer öfter außer Kontrolle, was die insgesamt über 170 Feuer auf Borneo erklärt, die während meiner Anwesenheit hier lodern. Die halbe Insel steht in Flammen. Immerhin die drittgrößte der Welt.

Ein Orang-Utan ist eine sogenannte »creature of habit«, ein Gewohnheitstier. Sie mögen keine Veränderungen. Sie verlassen ihren Lieblingsschlafbaum zum Beispiel sehr ungern. Nicht mal, wenn eine Kettensäge am Stamm angesetzt wird oder ein Streichholz den Baum in Brand steckt. Die Muttertiere versuchen dabei ihren Nachwuchs um jeden Preis zu schützen und bezahlen dafür häufig mit ihrem Leben.

Sie können nirgendwo mehr hin. Der Wald ist weg, die Rückzugsgebiete zu klein. Sie finden in den Monokultur-Palmölplantagen keine Nahrung. Sie sind Störenfriede, werden vertrieben, erschlagen oder erschossen. Oft kommen Orangs mit schweren Brandverletzungen, Knochenbrüchen und Schusswunden hier in die Auffangstation. Oder Babys, die das Feuer und die Hetzjagd überlebt haben. Schwer traumatisiert und allein. Sie sind wie wir! Die kleinen orangenen Wesen wirken auf mich wie Kriegsflüchtlinge. Ich treffe hier auch Orang-Kids mit Kugeln, die noch in der Augenhöhle stecken. Zu schwierig zum Operieren.

Budis Mutter starb in diesem Krieg. Das Ergebnis sitzt nun direkt vor mir, getrennt durch eine Glasscheibe. Es gibt Momente, die mich wirklich tief berühren und mitnehmen. Dies ist einer. Ich hocke vor der Glasscheibe auf desinfizierten weißen Fliesen und schaue mir das Ergebnis unseres westlichen Konsumverhaltens an. Mir fehlen die Worte, und meine Aufnahmen (Fotos und Film) dieser Situation sind absolute Grütze. Ich hab einfach keinen Bock mehr, so etwas zu filmen und zu fotografieren.

Vor mir sitzt eine Handvoll Waldmensch, ein kleiner, knopfäugiger Orang-Utan in weißer Windel, der das Gesicht in seinem Teddy vergräbt. Budi hängt nicht zuletzt deshalb so sehr an seinem Plüsch-Beschützer, weil er noch ganz allein in Quarantäne bleiben muss. Sein Leben ist noch jung, und dennoch hat dieser kleiner Affe schon so viel mitgemacht. Die Eltern verloren und dann fast ein ganzes Jahr als Haustier, eingesperrt in einem winzigen Hühnerkäfig. Sein Körper malträtiert, seine Gliedmaßen deformiert von der Tortur unter Menschen. Der Leidensweg ist vielleicht zu Ende, aber Budi ist noch nicht über den Berg. Er ist ziemlich schwach. Man kann sich nur vorstellen, wie es in ihm aussieht. Hier gibt es keine Psychotherapie für *Hominidae*, so wie in deutschen Zoos. Hier müssen Liebe und Geborgenheit reichen.

Ich bin mir allerdings sicher, dass Karmele und ihr Team Budi durchbringen! Sie machen einen so gut organisierten und professionellen Eindruck. Wahnsinn! Ich bin total begeistert. Aber das müssen sie auch sein. 70 traumatisierte Kids in einem Dschungelkindergarten – Halleluja!

Auch hier arbeiten wieder Enthusiasten. Für einen Hungerlohn. Es ist nicht systemrelevant, nicht prestigeträchtig, niemand *braucht* Orang-Utans ... Falsch! Niemand *braucht* 17 verschiedene Schokocremes, Biosprit aus Borneo und Palmöl in Keksen. Wir *brauchen* Orang-Utans!

Es gibt sie, die Enthusiasten. Weltweit. Viele Menschen wollen gern helfen. Oft werde ich gefragt, wo man denn mal mit »anpacken« kann? Etwas (Gutes) »tun« kann? Helfen. Nicht nur spenden. Die Antwort ist leider extrem enttäuschend. Sorry schon mal dafür.

»Niemand, wirklich niemand, wartet in fernen Ländern und Artenschutzprojekten auf 18-jährige ungelernte Enthusiasten oder 45-jährige Midlife-Crisis-Menschen, die sich neu erfinden möchten, unbedingt mal einen Orang-Utan oder Wal streicheln und, na klar, auch ein paar Bilder für Instagram machen wollen. Natürlich nur als Erinnerung, nicht für die Likes. Kein Mensch, keine NGO der Erde braucht völlig fachfremde Überengagierte, die mit ihren Langstreckenflügen auch noch zusätzlich Kohlendioxid in die Atmosphäre blasen auf ihren Selbstfindungstrips ins xy-rescue-project ...!«

Wow! Ich hätte meine Worte vielleicht etwas neutraler gewählt, aber im Kern hat die Person schon recht, die mir diesen verbalen Rundumschlag gegen die freiwilligen Helfer:innen serviert. Na gut, die Frau hat viel gesehen und erlebt in Sachen freiwilliger Hilfe, denke ich mir. 30 Jahre im Animal Rescue Business. Nur so viel: Es war nicht Karmele, sie ist herzlicher, und es war auch nicht auf Borneo.

Um es etwas anschaulicher zu machen, bediene ich mich hier eines Beispiels, das ich zum ersten Mal in ähnlicher Form in einem Buch von Yuval Noah Harari gelesen habe. Es beschreibt die Situation einfach perfekt. Die Freiwillige, nennen wir sie einfach »Hanna«, hat die Dinge, die man als Freiwillige eben braucht. Hanna ist *frei* und *willig* etwas zu tun. So weit okay. Sie möchte gern etwas Naturnahes, Echtes, etwas Gutes tun. Etwas zurückgeben an Natur und Mutter Erde. Sie nimmt sich dafür Urlaub vom stressigen, grauen, kalten Alltag in Deutschland. Sie beschließt, zu ihrer »Freundin« mit dem von mir erfundenen Namen »Shia« nach Indonesien zu fliegen. Die beiden kennen sich von Facebook. Sie sind in derselben Vogelschutztruppe. Shia arbeitet vor Ort bei einer kleinen NGO, die sich mit Wiederansiedelungsprojekten des Gelbgebänderten Bali-Starlings und der extrem bedrohten Wassernasen-Fledermaus beschäftig. (Beide Tiere sind frei erfunden …)

Dafür braucht es vor allem Bruthöhlen beziehungsweise Nistkästen, da diese den beiden Tierarten in der freien Natur heutzutage fehlen. Der Mensch nimmt ihnen die natürlichen Rückzugsorte und Brutmöglichkeiten. Zusätzlich wurden beide Spezies bis an den Rand der Ausrottung bejagt, weil ihr geriebener Schnabel bzw. die linke kleine Zehenkralle gegen trockene Augen hilft. Sagt man.

Hanna wird bei Shia wohnen, und die beiden werden zusammen im Dschungel überall Nistkästen und Bruthöhlen aufhängen, Fledermäuse und Stare besendern, beste Freundinnen am Lagerfeuer werden, die Welt retten und *das* Tierschutzabenteuer ihres Lebens zusammen erleben.

Nach dem ersten Durchfall, einem zweitägigen Schüttelfrost und der Anpassung an den Jetlag kann die Arbeit für Hanna, die eigentlich Spaziergangswissenschaft (Promenadologie) und Bewegungskunst (Eurythmie) im Nebenfach an der Snoopy-Universität studiert, endlich losgehen. (Die Studiengänge gibt's übrigens wirklich, die Uni irgendwie auch …)

Arbeitsauftrag für Hanna: Nistkästen und Bruthöhlen bauen. Sie ist nicht sonderlich handwerklich begabt, aber egal, sie bringt ja die richtige Einstellung mit. Nach der ersten Enttäuschung über die ärmlichen Verhältnisse, das völlig ungeeignete Werkzeug und die Abwesenheit von Staren und Flugmäusen ist Hannas Wille dennoch ungebrochen, etwas zu verändern. An die Arbeit. Sie schafft es in sechs anstrengenden Stunden bei 39 Grad Celsius ohne Klimaanlage in dem engen, feuchten, schimmligen Hinterzimmer der kleinen NGO, fast zwei ganze Nistkästen zusammenzuzimmern. Die Instagram- und Facebook-Community ist super stolz auf Hanna! Die Likes fliegen nur so rein. Auch die interkulturellen Fotos und Storys mit Shia kommen voll gut an. Hanna wird besser im Zusammenbauen, und am Ende der Woche stehen da sage und schreibe 13 (!) neue Brutmöglichkeiten für die fast ausgestorbenen Tiere. Sie ist stolz.

Es gehört zu den Grundbedürfnissen eines Menschen, neben Familie, Gesundheit, Freunden und finanzieller Sicherheit, einen Sinn in dem zu sehen, was man tut. Das macht glücklich. Nach zweieinhalb Wochen muss Hanna weiter, sie will ja auch noch was von dem Land sehen, wo sie schon mal da ist. Vielleicht den lokalen Bauern bei der Reisernte helfen? Die haben bestimmt auch nur auf sie gewartet …

Sie muss bald wieder zurück nach Deutschland, das super stressige 20-Wochenstunden-Semester geht in fünf Tagen wieder los. Aber sie hat noch gar keine Stare beringt oder Luftmäuse gekuschelt und gerettet! Das hatte Hanna sich ganz anders vorgestellt. Aber gut, immerhin hat sie ihren Beitrag zum Artenschutz, zur Rettung der Welt geleistet und die Locals vor Ort, eine andere Kultur, echt voll gut kennengelernt. Beim Reis ernten, an dem wunderschönen Nachmittag, denkt sie sich, während sie *Unsere Erde* im Flugzeug schaut und nebenbei das 22-Dollar-Bord-Internet auf ihrem Smartphone mit dem Hochladen von all den schönen Erinnerungsfotos an eine echt wichtige Zeit für *sie* verdaddelt.

#VolunteeringForABetterWorld

So viel zu Hanna.

Eine Zimmereifachkraft verdient in Indonesien um die 300 Dollar im Monat. Jetzt stelle man sich mal vor, Hanna hätte bei sich und ihren Kommilitonen *einmalig* jeweils 20 Euro vom Feierngeh- oder Neue-Sneaker-Budget abgeknapst. Da kommen ziemlich schnell 300 Dollar zusammen, ohne dass es jemandem wehtut.

Ein Riesenbeitrag zum Artenschutz, denn Sunjah, der 23-jährige Zimmermann aus Kota Banjarbaru, hätte dafür fast 40 Nistkästen am Tag bauen können, in einem Monat also ungefähr 800, wenn er nur fünf Tage in der Woche arbeitet. Hannas Eltern hätten bestimmt auch noch einen Hunni fürs Material mit draufgelegt. 800 perfekte Nistkästen und Bruthöhlen statt 13 halbseidener. Sunjah hätte die Dinger fachgerecht zusammengebaut. Ganz anders als Hanna.

Tja, aber. Die 2500 Euro für Flug, Reisekosten, Essen und das nachhaltige Nackenkissen waren doch so wertvoll angelegt. Allerdings lediglich für das Ego von Hanna. Eine voll wertvolle Erfahrung für sie.

Sorry, again. Sie sehen wieder einmal ein wirklich böses Dilemma. Der Artenschutz mit Wildtieren im Tropendschungel braucht keine freiwilligen Fachfremdlinge. Er braucht vor allem einheimische Fachkräfte. Profis wie Argitoe Ranting, den Rettungs-, Reha- und Auswilderungs-Koordinator von International Animal Rescue.

Wenn Sie diesen Mann im Internet suchen, finden Sie ein Foto von Alejo Sabugo, der ihn dabei fotografiert hat, wie Argitoe während einer Rettungsmission einen Orang-Utan im strömenden Regen auf seinen Schultern trägt. Am Ende seiner Kräfte. Beide. Ich wünschte, ich hätte dieses beeindruckende Bild vor meiner Mission hier in Borneo gesehen. Dann hätte ich ihm noch mehr Respekt gezollt.

Jetzt jedenfalls üben wir beide, wie man Orang-Utans betäubt.

Er möchte mir zeigen, wie schwierig es ist, einen Waldmenschen vom Baum zu schießen, um ihn zu betäuben. Die Orangs kommen ja selbst in größter Not nicht freiwillig von ihren Bäumen runter, ihrer Heimat. Man muss ihnen einen Betäubungspfeil in den Hintern schießen und dann mit einem Feuerwehr-Rettung-Sprungtuch zur richtigen Zeit an der richtigen Stelle stehen. Es geht nicht anders.

Es ist windig, bewölkt, dennoch extrem heiß. Argitoe pumpt mit der Fußpumpe Druck ins Betäubungsgewehr, präpariert seinen Pfeil, im Prinzip eine Aufziehspritze mit Kanüle vorn und Flug-Stabilisierungs-Puschel am Heck.

Wir präparieren einen Orang-Utan-Dummy, eigentlich einen rosafarbenen Plüschhund in mittlerer Orang-Größe, in etwa 25 Metern Entfernung auf einem Pfahl. Ambitioniert! Aber das ist nun mal die durchschnittliche Höhe, in der man auf Orangs schießen muss. Neben der Distanz ist auch das Treffen nach oben, in die Baumkronen, auf ein bewegtes Ziel, mit einem Geschoss mit der Aerodynamik einer Schrankwand eine durchaus amtliche Herausforderung. Argitoe braucht drei Versuche, bis der Pfeil perfekt sitzt, und gibt mir dann das Betäubungsgewehr.

Ich »berechne« den Seitenwind im Kopf (in Mathematik hatte ich immer eine Fünf!), die bergige Kurve der Flugbahn und den Gewehrdruck. Ich beziehe alles mit ein, was ich damals im Rechtsmedizinstudium in Kiel über Waffen, Geschosse und Schießen gelernt habe. Dazu zweimal, dreimal ganz ruhig einatmen und die Luft anhalten, so wie im Apnoe-Kurs. Ich spüre meinen Herzschlag in jeder Faser meiner Muskeln. Ganz ruhig jetzt, Robert. Ganz ruhig.

Bevor mir eine Schweißperle in mein zusammengekniffenes, sehr fokussiertes Auge läuft, drücke ich ab. Treffer! Zu 100 Prozent ins Schwarze. Ich lege das Gewehr beiseite, gehe ganz langsam weg und sage im Clint-Eastwood-Stil: »I always need just a single shot.«

Das prustende Gelächter der umstehenden 20 Tierpfleger:innen, des Kamerateams, von Karmele und vor allem von Argitoe ist groß! Natürlich reiner Zufall, ein typischer Glückstreffer. Aber ich habe es für eine Millisekunde gut verkauft. Es ist einer der wenigen ausgelassenen, wenn nicht sogar der einzige Moment, in dem alle hier lachen und für 30 Sekunden mal vergessen, was sie hier eigentlich tun (müssen). »Robert, you need a job?« Hach, Argitoe, ich hab schon fünf, aber danke für diese Ehre!

Es gibt auch deutsche, französische und spanische Volunteers, Freiwillige, hier. Keiner der Freiwilligen darf jemals einen Orang-Utan anfassen, mit ihm kuscheln, ihn retten oder auswildern. Sie bauen Betonfundamente, reinigen Käfige von Affen-Kacka, schneiden Bäume und Sträucher zurück und schnippeln Obst. Wenig glorreich. Doch manche sind schon Monate hier. Sie kennen ihre Rolle im System und wissen, wie wichtig jede dieser Arbeiten ist. Wenn Ihnen ein direkter, echter Hands-on-Kontakt mit Geparden-Babys bei einem Volunteer-Aufenthalt zum Preis von 3000 Dollar pro Woche irgendwo in Afrika versprochen wird, dann kann das Angebot nicht seriös sein. Sie werden als Fachfremder (ich spreche nicht von zum Beispiel freiwilligen Tierärzt:innen oder Tierpfleger:innen) zu 99,9 Prozent niemals ein gerettetes Wildtier anfassen oder gar aus dem Dschungel tragen dürfen. Machen Sie sich keine Illusionen. Recherchieren Sie ganz genau! Gehen Sie nicht blauäugig einer »Voluntourism-Industrie« auf den Leim, die Gepardenmütter erschießt, die beiden Jungen mitnimmt und dann in einem »Sanctuary« (Zufluchtsort) großzieht, nur um an Ihr Geld zu kommen.

Natürlich können die beiden Geparden am Ende, wenn sie groß sind, leider nicht mehr ausgewildert werden ... Sie müssen bleiben, als »Botschafter ihrer Art«. Die zahlenden Tourist:innen und Influencer:innen aus aller Welt können dann ganz viel über die Ökologie, den Bedrohungsstatus und das

Verhalten der Geparden lernen, beim nachmittäglichen Cheetah-Walk (Geparden-Spaziergang) mit Fotosession.

Nur 150 Dollar pro Person und Stunde. Aber davon gehen 15 Dollar wirklich direkt in den Schutz der Geparden. Für den Bau eines zweiten, noch größeren Cheetah-Sanctuarys. Ich kann diesen Scheiß echt nicht mehr hören und sehen! Was für mich ganz offensichtlich Betrug und Tierquälerei ist, wird für viele naive Menschen zum gelebten Traum vom »Tiere retten«. Und wenn es nur eine Scheinnaivität ist, die man sich einredet, um nicht genauer hinsehen zu müssen.

Genauso verhält es sich mit vielen Hands-on-Elefanten-Sanctuarys und Wildtier-Streichel-Schutzprojekten für zahlende Gäste aus Übersee. Gehen Sie diesen Menschen nicht auf den Leim! Wenn es zu gut, zu schön klingt, um wahr zu sein, dann ist es eben nicht wahr. Klingt es nach harter, unbezahlter, undankbarer Arbeit, wo man keine Tiere sieht oder anfassen darf, nach Arbeit, die eigentlich keiner machen möchte – und das über Monate –, dann ist es vermutlich wahr.

Natürlich möchte ich nicht kategorisch die Möglichkeit auf nachhaltiges Artenschutz-Kuscheln mit Tiger-Babys ausschließen, es gibt sicher auch irgendwo Ausnahmen. Ich kenne nur keine. Und keiner, den ich kenne, kennt welche. Wenn Sie welche kennen, dann lassen Sie es mich wissen!

Argitoe ist seit über zehn Jahren bei International Animal Rescue. Das sind die Menschen, die der *echte* Artenschutz braucht. Argitoe hat weder eine schicke Insta-Seite noch einen Youtube-Channel oder eine professionelle Facebook-Seite. Keine Hochglanzflyer mit Spendenkonto. Für derartige Dinge hat man als Artenschützer in »solchen« Ländern weder Geld noch Zeit, bei 17 Stunden Arbeit am Tag an sieben Tagen in der Woche und häufig eher ehrenamtlicher Arbeit als bezahlter Stelle. Er spricht die Landessprache, er lebt dort, und er hat einen guten Draht zur lokalen Bevölkerung. Ohne die geht nämlich gar nix. Alles Dinge, die ein Volunteer niemals oder nur in absoluten Ausnahmefällen erreichen kann. Garantiert nicht in zwei kurzen Wochen.

Ich mache am Ende trotzdem ein Gruppenfoto als Erinnerung für mich. So wie Hanna. Ich freue mich schon auf den Moment, wenn ich es irgendwo hochlade und mich wieder einmal der gut gemeinte getriggerte Rat eines Tastaturhelden oder einer Tastaturheldin erreicht, es sei politisch, ethisch und menschlich nicht korrekt, einen auf »White Savior« im Ausland zu machen und den Locals zu erklären, wie man die Welt rettet. Ich werde ab und zu mit wirklich wirrem Zeug konfrontiert, ohne dass sich Menschen die Zeit nehmen, sich selbst zu hinterfragen und darüber nachzudenken, warum ein Bild eben ein solches Bild ist und was darauf wirklich abgebildet ist.

Die sozialen Medien sind in letzter Zeit ein schwieriges Terrain für mich. Ich habe mittlerweile bei den diversen Begrifflichkeiten den Überblick verloren, wer eigentlich zu wem gehört, und finde das sehr schade. Es ist für mich absolut richtig, sich darüber zu unterhalten. Aber bitte an der richtigen Stelle mit den richtigen Personen und aus den richtigen Gründen. Nazis, Ausländerfeinde zum Beispiel, wären da ganz gute Ansprechpartner für Diskussionen. Oder Grundschulen. Jeder muss umdenken. Zeiten ändern sich, und das ist gut so. Dennoch: Warum können wir nicht alle eigentlich einfach »nur« Menschen sein? Davon gibt es dann »Gute Menschen« und »Arschlöcher«. Die sind eh einigermaßen gleichmäßig über alle acht Kontinente verteilt. Fertig. Zwei Kategorien von Menschen.

Genetisch gibt es sowieso keine verschiedenen Rassen von Menschen (mehr)! Man müsste manchen Menschen mal erklären, dass wir alle, die wir hier auf diesem Planeten zusammen leben, einen einzigen gemeinsamen Vorfahren haben. Wir sind das Ergebnis von Millionen Jahren erfolgreicher Evolution. Unsere Eltern haben überlebt und sich vermehrt, davor deren Eltern und davor wiederum deren. Hoch tausend. Wir sind die Spitze von Milliarden Jahren Evolution. Alle heute

Lebenden. Das eint uns alle zu einer einzigen Art: *Homo sapiens.* Kein Stück mehr und keines weniger! Wir kommen alle irgendwie aus Afrika und haben aufgrund der Lichtsituation in Europa und eines komplizierten Zusammenhangs zwischen Vitamin D und Hautfarbe an Farbe verloren. Mehr nicht.

Den Einheimischen als Ausländer erklären, wie man die Welt rettet? Würde ich nie tun und auch anderen davon abraten, vor allem, wenn man aus Deutschland kommt, wo *artenschutz* kleingeschrieben wird. Sie, die Locals, haben es *mir* erklärt, und ich empfinde das als extrem großes, wertvolles Privileg. #Zusammenarbeit is the key to success – der Schlüssel zum Erfolg.

An dieser Stelle beneide ich meine Hündin Bina. Ja, sie heißt so wegen Bina, dem Sumatra-Nashorn. Beide Binas haben mit nix was am Hut. Artensterben, Rassismus, Klimawandel? Wissen die nix von. Für beide zählt nur: Schlafen, Schlamm, Essen und ein wenig Liebe. Ähnlich wie bei den Waldmenschen.

Budis halbstarke drei- bis sechsjährige Kollegen fetzen derweil gemeinsam und super aufgeregt durch ihre Schlafkäfige. Letztes Aufbäumen vorm Einschlafen; Eltern kennen das bestimmt. Die Metallgitter schützen sie nachts vor äußeren Einflüssen – zum Beispiel vor Menschen und Tigern, obwohl Letztere hier auch eher ausgerottet sind.

Endlich ist es sieben Uhr morgens, Zeit für die Schule. Die Primaten-Schüler:innen können es kaum erwarten, den Schulbus zu stürmen. Der besteht der Praktikabilität halber aus vier Schubkarren mit vier Fahrer:innen, die jeweils fünf bis acht Äffchen von A nach B bringen. Die Zu-spät-Kommer bestraft auch hier das Leben. Manche Orang-Utans müssen laufen – selbstverständlich unter lautstarkem Protest, denn »auf der Erde spazieren« kommt auf der Beliebtheitsskala dieser Affen noch hinter Bienenschwarmattacke und Tigern. Ein Orang-Utan läuft nun mal nicht auf dem Boden. Dafür sind sie nicht gemacht. Auch im tiefsten Dschungel findet man die

Waldmenschen niemals auf dem Boden, wo einfach viel zu viele Gefahren lauern. Raubtiere, Schlangen, Fallen, Menschen und so weiter.

Entsprechend werden manche Halbstarke getragen, andere klammern sich einfach ans Bein der Pfleger. Wie ich früher bei meinem Vater. Ich muss ganz schön oft lachen. Die Orangs gehen im Gegensatz zu unseren menschlichen Schulkindern jeden Tag in die Schule. Allerdings nur, wenn sie möchten, und so bleiben (neben Budi) auch heute wieder zwei Schulverweigerer im Käfig. Sie haben eher Lust auf Schabernack und ärgern Karmele und zwei Tierpflegerinnen bis aufs Blut. Es ist super witzig! Die beiden hetzen über die Schlafkäfige und schwingen sich in die nahe gelegenen Bäume. Dort bleiben sie immer genau zwei, drei Zentimeter weiter weg, als Karmeles Arm reicht.

Karmele wiederum versucht verzweifelt, sie doch noch mit Weintrauben zum Unterricht zu bestechen. Vielleicht sind sie aber auch nur neugierig, was ich hier so treibe, mit meinen ganzen Kameras. Die beiden Rabauken schielen nämlich immer wieder zu mir rüber, während ich natürlich alles fleißig dokumentiere. Karmele erklärt sich leicht genervt, aber auch sichtlich belustigt: »They don't normally do that, just when we have visitors …«

Ich hab's bereits erwähnt: Ich fotografiere normalerweise keine Tiere im oder auf dem Käfig, aber die Schulverweigerer sind ja quasi freiwillig hier, also mache ich eine Ausnahme. Die Affenschule unterscheidet sich in zwei weiteren Punkten vom menschlichen Bildungssystem. Jeder Affe kann so lange bleiben, wie er will. Und das Klassenzimmer ist der Dschungel. Der richtige und offene Dschungel. Nach circa 30 Minuten Fahrt in der Schubkarre kommen wir in die »Aula«, die Eingangshalle zum Dschungel. Kaum sichtbar führt ein kleiner Holzsteg in den dichten Dschungel Borneos. Und mit dicht meine ich dicht! Na super, quasi kein Licht zum Fotografieren … Hach, wie sehr ich den Dschungel doch liebe. Los Feuerameisen, los Blutegel, los giftige Pflanzen, die einen nur durch bloße Berührung ins Krankenhaus bringen. Der Spaß kann beginnen!

Erschwerend kommt hinzu, dass die Orangs so unglaublich mobil und auf Zack sind, dass ich eigentlich in jeder Situation das falsche Objektiv an der Kamera habe. Wenn ich dann den Morgentau dazunehme, der wie dichter Regen von den Bäumen tropft, fehlt zur vollständigen Herausforderung eigentlich nur noch der Dreck, mit dem die Rabauken-Affen mich ausdauernd bewerfen – ich vermute, um mir ihre Liebe zu zeigen. Ihre Freude über meine Anwesenheit. So regnen eigentlich ständig Waldboden, Kacka, Blattwerk und Äste auf mich runter, wenn nicht gerade ein weniger scheuer Vertreter versucht, meine Kameralinse abzulecken oder an meinem Kameragurt zu ziehen. Orangs sind übrigens deutlich stärker als Menschen, Schimpansen bis zu siebenmal so stark wie ein Mensch. In dem Zoo, in dem ich früher einmal als Lotse gearbeitet habe, galten die Schimpansen als die gefährlichsten Tiere im Falle eines Ausbruchs. (#protokoll7 – Polizei-Sondereinsatz.) Sie können einen Menschen mit Leichtigkeit töten.

Dabei hatten wir auch einen Elenantilopen-Bullen (*Taurotragus oryx*), die größte Antilope der Welt, mit blauer Zunge, Irokesenfrisur und 900 Kilo Körpergewicht und Trampeltiere (*Camelus bactrianus*). Die könnten auch viel Schaden anrichten.

Orang-Utans sind zum Glück friedlicher. Dennoch, das Potenzial hätten sie. Na ja, die Kleinen werden mir schon nichts tun, sage ich mir immer wieder. An Revanche ist natürlich nicht zu denken. Jeglicher Direktkontakt mit den Affen ist mir untersagt. Bevor das Team und ich überhaupt nur in die Nähe des Camps dürfen, müssen wir alle eine penible Untersuchung über uns ergehen lassen, die einige Tage dauert und gegen die eine Militärmusterung ein sonniger Waldspaziergang ist. Immerhin, ich weiß jetzt zu 100 Prozent: Ich habe weder Würmer noch Cholera oder Pest, meine Lungen, mein Blut und sogar mein Darm sind in bester Ordnung. Ein Wunder eigentlich nach den letzten Wochen mit den Operatives.

Selbst die Pfleger:innen tragen – wie wir – Einweghandschuhe und Mundschutz. Denn jeder unserer Keime könnte bei den Affen zu einer tödlichen Infektion führen. Auch andersherum. Das kennen wir nun ja ausgiebig, weltweit. Mensch-Wildtier-Kontakt = no bueno! Zu diesem Zeitpunkt war es noch etwas sehr Außergewöhnliches, eine Mund-Nasen-Bedeckung zu tragen; mein letztes Mal zuvor war glaub ich auf der Kinderkrebsstation als Zivi mit 18. Heute hat fast jeder Indigene tief im Dschungel schon mal einen Mundschutz getragen. Wir wissen jetzt, glaube ich, alle, warum und wofür.

Also, bis auf ein paar Ausnahmen. Viren sind allerdings keine Glaubensfrage.

Außerdem verdeckt die Maske unsere Gesichter und Gesichtszüge – schließlich sollen die Affen so wenig Kontakt wie möglich zum Menschen haben. Sie sollen sich nicht zu sehr an ihre Pfleger:innen und »Ausbilder:innen« gewöhnen. Denn am Ende der Reha sollen sie in Freiheit leben und Affen-Sachen machen. Nicht bei Menschen um Weintrauben betteln. Normalerweise würden sie alles von ihrer Mutter, ihren Tanten, ihren älteren Geschwistern lernen. Gelbes Blatt – Bauchaua! Grünes Blatt – gut. Boden – gefährlich, da leben Tiger! Eigentlich einfach, wenn man ein Orang-Utan ist. In einer Menschenschule dauert das ein wenig länger und erfordert extrem viel Leidenschaft und Geduld. Es kann ein ganzes Jahrzehnt dauern, bis es so weit ist und die Tür der Transportbox aufgeht. In ein neues Leben. In Freiheit. Wenn es dann noch Wald gibt.

Ich knie also mit Handschuhen und Mundschutz wie immer im Dreck und versuche, mit der Kamera die Orangs zu erwischen, die durchs Geäst jagen wie Tarzan auf Koks. Und weil das noch nicht herausfordernd genug ist, bekomme ich Besuch von meinen treuesten Freunden, den Feuerameisen. Wie zu erwarten war. Eine gewisse Konstanz im Leben soll ja gut sein.

Während sich die Ameisen mit größter Neugier unter den durchaus engen Bündchen meiner Unterhose durchkämpfen, wünsche ich mir nichts sehnlicher, als mit den Affen durch die Baumschule zu jagen. Aber jetzt mal im Ernst, warum müssen diese verdammten Ameisen eigentlich immer in die Hose kriechen, beißen, pinkeln, stechen, was weiß ich … Immerhin sehe ich auch einige Orangs mit den Ameisen kämpfen und denke: Geteiltes Leid ist halbes Leid. Aber ich glaube, sie fressen sie auch. Soll ich etwa … wegen der Proteine? Neeee!

Ich hätte jetzt gern irgendein Mittel gegen das Brennen und Jucken auf meiner Haut, aber darin unterscheide ich mich deutlich von den Orangs. Die wissen nämlich genau, was in solchen und vielen anderen Fällen zu tun ist. Als Erwachsene versorgen sich Orang-Utans selbst mit den nötigen Medikamenten aus der Urwald-Apotheke. Sie können Hunderte Pflanzensorten durch die unterschiedlichen Grüntöne voneinander unterscheiden. Kein Wunder, dass der Auswilderungsprozess bei Orang-Utans so viele Jahre dauert. Für mich sieht hier übrigens alles ziemlich gleich grün aus. Aber was weiß ich schon, ich als Meeresbiologe hab's ja eher mit Blautönen.

Dass die Halbstarken nicht ohne Grund mit ihren »Lehrer:innen« hier in der Dschungelschule sitzen, zeigt mir eine allzu menschliche Szene. Sie erinnern sich vielleicht noch gut an ihre erste Chilischote, das erste Mal *zu* scharf vielleicht? Ich weiß, was gleich passieren wird, als das junge Orang-Weibchen eine feuerrote Schote auf dem Waldboden findet und diese aufhebt. Die Kamera läuft und fängt eine großartige Szene ein:

Bild 1: Stolzes Herumtragen der Schote im Mund. Andere neidisch machen.

Bild 2: Sich so hinsetzen, dass alle sie sehen können und dennoch keiner an sie herankommt.

Bild 3: Abbeißen.

Bild 4: Realisieren: Irgendwas ist falsch!

Bild 5: Ach du Scheiße!

Bild 6: Könnte von Edvard Munch sein: »Der Schrei«.

Und schließlich der letzte Akt auf Bild Nummer sieben, der in den Armen einer Pflegerin endet … wie ein Menschenkind.

Ich tue mich schwer, ab jetzt noch »Affen« zu ihnen zu sagen. Es passt irgendwie nicht richtig. Es fühlt sich falsch an, innen drin. Es ist vielleicht wie mit den Indianern, Eskimos und dem Zigeuner-Schnitzel. Zeit, es mit anderen Augen zu sehen und sie auch anders zu nennen.

Budis Augen werde ich niemals vergessen. Ein einsames, schwer traumatisiertes Waisenkind, das noch viele Jahre in die Baumschule gehen wird, bis es alles für ein Leben im Dschungel gelernt hat. Er wird den Menschen in diesem Projekt noch viel Aufmerksamkeit, Herzblut und Weintrauben abverlangen.

Leider reisen wir weit vor Budis erstem Schultag ab, doch ich hoffe, er und ein paar Kumpels hangeln sich später mal viele Jahrzehnte frei und unbeschwert durch einen intakten Dschungel, dokumentiert von anderen Naturfotograf:innen, die dann mit Dreck beworfen werden. Man wird ja noch träumen dürfen … Manche Träume werden Realität. Es liegt im Prinzip nur an Ihnen, liebe Leser:innen. Und an Ihrem Einkauf(sverhalten).

In der nüchternen Realität frage ich mich oft, warum genau ich das hier eigentlich mache. Warum plündere ich mein Konto bis in die endlosen Weiten des Dispos und darüber hinaus? Warum setze ich mich den emotionalen und körperlichen Belastungen aus? Freiwillig? Wenn ich zu Hause erzähle, was ich alles erleben durfte, wenn den Kids in den Schulen und den Menschen an den Bildschirmen die Hintergründe klar werden, dann weiß ich es wieder. Alle meine Aktionen sind Teil eines viel größeren Ganzen. Das »Operatives«-Projekt ist ein universales Umweltschutz- und Dokumentationsprojekt, wie es zuvor noch kein Vergleichbares gab. Und ich bin mehr als stolz, Teil dieses Teams unerbittlicher Kämpfer für eine bessere Welt zu sein. Wir sind alle aus demselben Grund hier. Die Ex-Militär-Typen, Pete, genau wie die RPU-Jungs, Zulfi, DeDe, Argitoe, Karmele und ihr Team und all die Kämpfer:innen hinter den Kulissen, im Verborgenen: Wir lieben diese Erde und ihre tierischen Bewohner mehr als alles andere. Das ist es, was uns eint. Es gibt keinen Unterschied.

Kommen wir am Ende dieses Kapitels aber noch mal zu Hanna. Es ist wichtig, Gutes zu tun. Ich wünschte, mehr Menschen würden sich ehrenamtlich engagieren. Ob nun für ältere Menschen, Migranten, Obdachlose, Wälder oder Insekten, egal. Hilfe wird überall gebraucht. Hanna könnte hier anfangen, vom Freiwilligen Sozialen und Freiwilligen Ökologischen Jahr bis zum Tierschutzverein, ganz schön viel, direkt vor ihrer Haustür, ohne großen CO_2-Abdruck zu machen.

Klar, ein verprügelter Straßenhund aus Rumänien, der Igel mit dem abgefahrenen Gesicht durch die verdammten Rasenmähroboter oder Plastikmüll am Strand aufsammeln, das ist jetzt nicht super exotisch, und die Bilder sind am Ende nur 80 Prozent so geil wie aus Indonesien, aber eines muss man dabei bedenken. Ein mir sehr wichtiger Mensch hat einmal zu mir gesagt: »*Jedes Tier hat eine Seele, egal ob Elefant oder Hummel. Und die ist immer gleich schwer …*« Das klingt sinnvoll, finde ich.

Ich finde persönlich auch: Man muss Kindern nicht ökologisches Bewusstsein im Zoo mit eingesperrten Elefanten beibringen. Ich finde, das geht viel besser, wenn man zum Beispiel seinen Balkon mit einheimischen blühenden Pflanzen bepflanzt und dann die über 30 in Deutschland zu findenden Hummelarten mal durchbestimmt. Wenn man einem Kind dann auch noch erklärt: »Die Hummel hat eine 0,7 Quadratzentimeter große Flügelfläche und wiegt dabei 1,2 Gramm. Nach den Gesetzen der Aerodynamik ist es absolut unmöglich, bei diesem Verhältnis zu fliegen. Doch die Hummel weiß das nicht und fliegt trotzdem.« Ich glaube, dann werden Sie Kindern oder anderen Menschen eine viel wichtigere, persönlichere, schönere Erfahrung mitgeben, als wenn Sie mit Ihrem Eintrittgeld das Signal vermitteln: »Es ist okay, Tiere zu fangen, sie einzusperren, leiden zu lassen, sie zur Schau zu stellen und dann dafür Geld zu verlangen.« Aus meiner Sicht sind Zoos, Aquarien und Delfinarien längst nicht mehr zeitgemäß. Es ist an der Zeit, dass sich etwas ändert.

Hanna geht jetzt für die alte Dame aus ihrem Haus einkaufen, verschenkt Seedbombs mit einheimischen Gewächsen statt Pralinen, hilft jeden zweiten Donnerstag im Tierheim um die Ecke und möchte sich demnächst in der Jugendgruppe des örtlichen Vogelschutzvereins engagieren. Nistkästen und Bruthöhlen bauen für vom Aussterben bedrohte einheimische Singvögel und Fledermäuse.

INTERNATIONAL
ANIMAL

OVAID

Indien – Tiger retten mit Dixi-Klos

Irgendwie hatte ich immer Angst vor Indien. Groß, gefährlich, unübersichtlich, bunt, überbevölkert, dazu komisches Essen und eine hundertprozentige Durchfallgarantie. Na ja, die Realität nimmt solche Klischees grundsätzlich auseinander, und heute kann ich sagen: Alles Quatsch! Bis auf das mit dem Essen.

Klar, Geschmack ist total subjektiv. Ich mag einfach kein indisches Essen. Aber ich weiß inzwischen auch, dass alles zu verschmerzen ist, weil Indien dafür das bietet, was meine kühnsten Träume wie ein zweidimensionales Comicbild aus dem *Dschungelbuch* – einem meiner Lieblingskinderbücher – wirken lässt.

Ziel unserer »Operatives«-Mission war in diesem Fall Zentralindien, genauer gesagt die etwa 120 dort frei lebenden Bengal- oder Königstiger (*Panthera tigris tigris*). Das ist eine erschütternd niedrige Zahl, die einem Naturschützer besonders dann die Wuttränen in die Augen treibt, wenn man bedenkt, dass allein in Deutschland mehr als 200 Tiger in Privathaushalten »leben«. Bei Mami auf der Couch, oder bei René im Hinterhof – ja, richtig gelesen!

Wer *Großkatzen und ihre Raubtiere* (Originaltitel: *Tiger King: Murder, Mayhem and Madness*) auf Netflix schon gesehen hat, wird lachen. Der Typ namens Joe Exotic in der Dokumentarserie hatte allein 200 Großkatzen »zu Hause« in seinem Privatzoo in Oklahoma, USA.

Allein im Bundesstaat Texas, heißt es, gibt es mehr Tiger in Gefangenschaft als weltweit in freier Wildbahn. Ich erspare mir an dieser Stelle jeden Kommentar und verweise lieber auf die freie Natur, in die die größte und majestätischste Katze der

Welt gehört, denn dort ist sie vom Aussterben bedroht. Selbst wenn neueste Untersuchungen zeigen, dass die Zahlen doch etwas höher sind als gedacht. Dank Fotofallen wissen Experten von etwa 3800 frei lebenden Tigern weltweit. Etwa 2500 davon sind Königstiger. Es gab einmal Hunderttausende Tiger. Das ist noch gar nicht so lange her.

Da diese Kameras inzwischen sogar per Bluetooth und WiFi verbunden sind, erleben wir schon in der ersten indischen Nacht eine vielversprechende Überraschung. Wir sitzen beim Abendessen im Tigercamp. Ich stochere lustlos in einem Curry herum und sehne mich nach einer Scheibe Mischbrot, wie immer. Und nach 10 Grad weniger. Es hat 42. Harshawardhan Dhanwatey, einer der beiden Leiter vom Tiger Research and Conservation Trust (T.R.A.C.T.), nickt mir leicht zu, schließt die Augen dabei langsam, öffnet sie wieder und sagt in seinem indisch gefärbten Englisch (das ich so gern höre!) ganz ruhig, aber bestimmt: »Aaaah – there she is!« Eine riesige Königstigerin. Direkt hinter unserem Camp.

Meine »Operatives«-Mannschaft und ich starren fassungslos auf einen Bildschirm, der das Livebild einer Kamera liefert. Sie ist draußen vor der Hütte, keine 15 Meter von uns entfernt, auf ein kleines Wasserloch gerichtet. Wir sehen einen leibhaftigen Tiger, keinen Steinwurf weg, wie er mit dem Hintern zuerst ins Wasser steigt, aus der »Badewanne« schlabbert und sich für etwa zwei Minuten genüsslich abkühlt. Wir sind live dabei und schauen so gebannt zu, als würden wir die Mondlandung verfolgen. Dann steigt das ausgewachsene Weibchen aus dem Miniteich und verschwindet tropfend wieder in die schwärzeste Nacht. Harsh grinst mich mit hochgezogenen Augenbrauen an. Ich glaube, ich bin verliebt! Also, in den Tiger.

Momente vor einem Bildschirm beeindrucken mich selten, doch das gerade lässt fast meinen Atemreflex aussetzen. Mein Herz schlägt wie verrückt, gleichzeitig ergreift mich eine aufgeregte Vorfreude, gepaart mit einer fast meditativen Ruhe. O Mann, wie soll ich diesen Gefühlsmix beschreiben? Vielleicht als das Gegenteil von dem, was indisches Essen in mir auslöst?

Ich folge den beiden Tiger-Experten Harsh und Poonam, seiner Frau, nach draußen. »Atme tief ein und lausche!«, sagen sie mir, und plötzlich kann ich die Großkatze riechen und hören. Ihr Ruf tönt sonor durch den ganzen Trockenwald. Der Geruch, typisch wild. Raubtier. Schon das ist ein Wahnsinnserlebnis, ohne den Tiger überhaupt direkt gesehen zu haben. Ich möchte am liebsten draußen bleiben, doch drinnen wartet noch das mittlerweile kalte indische Essen. Hmm, super. Na, immerhin gibt's Reis. Zurück in der Hütte, leere ich meinen Teller vorbildlich – es soll ja nicht regnen, und Pech wollen wir auch nicht haben, denke ich, und könnte nicht falscher liegen …

Wir sehen in dieser Nacht noch ein Tigermännchen, einen indischen Leoparden (*Panthera pardus fusca*), einige zu Recht aufgeregte Axishirsche (*Axis axis*), eine trinkende drei Meter lange Königskobra (*Ophiophagus hannah*), die größte Giftschlange der Welt und einen Lippenbären (*Melursus ursinus*) am Teich. Geht's noch? Shir Khan, Balu und Baghira in Nacht eins? Ich bin dermaßen aufgeregt, dass ich kaum schlafe.

Egal, um 4:50 Uhr heißt es eh: »Robert, we're leaving in ten«, denn das »Operatives«-Team will im Tigergebiet ankommen, bevor die Sonne aufgeht. Fünf Uhr morgens heißt hier, in Zentralindien, übrigens, dass das Thermometer bereits 35 Grad Celsius zeigt. Ich fühle mich wie in einer Biosauna, nur mit Rucksack und angezogen in voller Dschungel-Ausrüstung. Das Wasser läuft mir schon aus allen Poren, bevor ich überhaupt in den extra für mich umgebauten Jeep steige. Harsh hat mir vorsorglich alle Sitze ausgebaut und das Geländer an den Seiten entfernt. So kann ich mich mit 100 Kilogramm Kameraausrüstung ausbreiten und zu beiden Seiten flexibel reagieren.

Ohne Hindernisse. »Wer braucht schon Sitze?«, werden mich nach zwölf Stunden Filmsafari meine Knie jede Nacht erneut im Bett fragen.

Ich organisiere mir beim Abfahren noch schnell eine Kühlbox mit fünf Kilo Eis und kleinen weißen Handtüchern, denn ich ahne nichts Gutes. Wir fahren los, und ich messe schon nach ein paar Kilometern 40 Grad Celsius. Indien hat schweres Fieber, wo soll das bitte noch hinführen? Na ja, am Zielort weiß ich es: zu 56,5 Grad Celsius! Der heißeste Sommer aller Zeiten in Indien. Viele Menschen werden in diesem Jahr ihr Leben an die Hitze verlieren. #KlimawandelLeugner sollten mehr in Indien Urlaub machen, finde ich …

Ich bin ganz gut mit Zahlen. Namen kann ich mir grundsätzlich nur sehr schwer merken, Zahlen aus meinen Kinder-Meeresbüchern oder von meinen Autokarten weiß ich jedoch heute noch. Heißeste jemals gemessene Temperatur auf unserem Planeten: 56,7 Grad im Death Valley, 1913. Hier und heute fehlen also 0,2 Grad Celsius zum Rekord. Diese Hitze ist unbeschreiblich. Es sei denn, man sitzt gerade angezogen in einer Sauna, dann weiß man, wie es sich anfühlt. Dennoch völlig unwirklich, draußen im Freien, so eine Gradzahl.

Bei diesen Temperaturen vernünftig zu filmen, ist Hochleistungssport. Ich verbrenne äußerlich, und gleichzeitig gare ich innerlich in meinem eigenen Saft. Dazu laufen die Sensoren meiner 4K-Kameras regelmäßig heiß, so viel gibt es zu filmen und zu fotografieren. Meine Kameras schicken ständig Überhitzungswarnungen aufs Display, und ich wickle sie in die eiskalten, feuchten Handtücher aus der Kühlbox. Alle zehn Minuten bekommen sie frische Wadenwickel. Meine gut gekühlten Finger an den Kameras arbeiten in perfekter Betriebstemperatur, doch der Rest meines Körpers köchelt und dampft.

So ein kühles Eis-Handtuch auf der Stirn ist natürlich extrem verlockend, doch die Kameras sind wichtiger als mein eigenes

Wohlbefinden. Die Trockenzeit macht ihrem Namen alle Ehre. Das einzig Gute an dieser Gluthitze ist, dass die Tiger trinken *müssen*. Irgendwann. Also fahren wir die etwa 20 Wasserlöcher in der Gegend ab, verpassen aber immer genau den Moment, wenn die Tiger ihre Zungen in das braune pipiwarme Wasser tauchen. Die scheinen ganz genau Bescheid zu wissen, die Katzen.

Meist sehe ich nur noch das Ende eines wedelnden Schwanzes oder höre ein kurzes unfreundliches Fauchen in unsere Richtung. Ein Katz-und-Maus-Spiel im wahrsten Sinne, nur dass die Maus langsam aussieht wie ein englischer Tourist am Malle-Strand: Ich bin krebsrot, komplett ausgetrocknet, und jede meiner Poren ist bis in die Tiefe mit rotem Feinsand eingestaubt, als ich endlich meinen ersten Tiger live vor die Linse bekomme.

Zuerst denke ich an eine Fata Morgana, es glirrt und flimmert eh alles auf meinen Aufnahmen durch die langen Brennweiten meiner Linsen und die vom Boden aufsteigende Gluthitze. Aber wir sind wahrhaftig erfolgreich! Innerlich brülle ich: »Tiger! Tiger!! Tiger!!!« Ich hibbele von rechts nach links auf der Ladefläche. Aber nur innerlich. Außen bereite ich meine Kamera so leise und ruhig es geht auf diesen großartigen Moment vor. Mein allererster Tiger jenseits des Camps, in echt, nicht in Infrarot auf einem Bildschirm. Er liegt keine fünf Meter vor mir im Schatten, unter einem Busch, neben der Piste und döst friedlich vor sich hin. Der Jeep rollt ganz langsam aus, und ich knie plötzlich auf der Ladefläche direkt vor einem etwa anderthalb Jahre alten männlichen Jungtiger. Was für ein cooler Moment! Mein erster echter Tiger! Ein besonders schönes Tier, ohne Makel. Einfach perfekt!

Es soll auch der schönste Tiger bleiben, den ich sehen werde. Ein männlicher Tiger mit sieben, acht oder neun Jahren ist ganz schön zerfetzt an den Ohren, meist mit tiefen Narben im Gesicht, abgebrochenen dunkelgelben Zähnen und ordentlicher

Fettschürze. So ein alter Tiger ist keine Schönheit mehr. Das Leben als Tigermann wird für das Jungtier hier kein leichtes sein. Noch etwa sechs Monate Schonfrist bei Mami wird er haben. Dann wird es ernst und stressig. Revier suchen, verteidigen, kämpfen, jagen, Menschen aus dem Weg gehen, dies, das, jenes.

Nachdem ich den Tiger fast eine Stunde lang so still und bewegungsarm wie möglich porträtiert habe, schlendert plötzlich auch noch seine Mama aus dem Dickicht. Und spätestens jetzt weiß ich, was mit Großkatze gemeint ist – was für ein beeindruckendes Tier! Noch ist sie ein ganzes Stück größer als ihr Nachwuchs. Die Zähne, die sie mir beim Gähnen präsentiert, sind so lang wie mein Daumen. Es erinnert mich an meinen Zoologiekurs »Wirbeltiere« an der Uni. Damals war ich extrem beeindruckt vom Schädel eines Köngstigers in meinen Händen, der den Grizzly (*Ursus arctos horribilis*) daneben irgendwie wie ein Kätzchen aussehen ließ.

Ich spüre keine Hitze mehr, keinen Schweiß, keine Moskitos oder Feuerameisen. Ich spüre nicht mal mein Herz, das ausdauernd gegen meinen Brustkorb hämmert und versucht, meinen Körper abzukühlen. Wieder einmal sehe ich ein Tier zum ersten Mal in meinem Leben in seinem natürlichen Habitat. Und immer ist meine Reaktion gleich: Ich bin absolut überwältigt! Egal, ob es der Waldelefant (*Loxodonta africana*) im Hochland von Kenia war, der Eisbär (*Ursus maritimus*) in der Nordwest-Passage oder der Große Tümmler (*Tursiops truncatus*/ Flipper-Delfin) auf den Azoren: Ich »kannte« all diese Tiere schon aus dem Zoo. Ich hatte sie alle schon Dutzende Male gesehen. Dachte ich zumindest. Besonders beim Tiger. Aber wenn ich dann das erste Mal die erhabene Schönheit dieser Großkatze in freier Natur sehe, die Eleganz, mit der sie durchs hohe Gras streift, immer wieder stoppt, schnuppert, sich duckt, alles genau beobachtet und sich eben verhält wie ein echter Tiger in seinem Lebensraum, mit duckenden Schultern, nervösem

Schwanz und 360-Grad-Ohren – dann macht das etwas mit mir. Dann wird mir plötzlich wieder klar, wie wenig dieses Tier, das da vor mir im Gras liegt, mit einem Tiger in Gefangenschaft gemein hat.

Ein Zoo-Tiger, der hinter Gittern seine Fangzähne in konfektioniertes Fleisch schlägt, auf künstlichem Betonstein neben einem Plastik-Wasserloch mit abgesägtem Baumstamm lebt, ist immer noch riesig und beeindruckend. Doch so ein Zoo-Tiger ist nur ein Schatten seiner selbst, eine eingesperrte Seele mit verblühten Instinkten, sonst nichts. Er ist kein Tiger. Er ist ein sinnlos Gefangener auf einigen Hundert Quadratmetern, wenn überhaupt. Es stimmt einfach nicht, dass Tiger in Zoos gezüchtet und dann ausgewildert werden, wie mir eine Lehrerin in Hamburg an einer Schule weismachen will. Sie ist sich absolut sicher, dass man Löwen und Tiger in Hagenbecks Tierpark züchtet, nach Afrika fliegt und dann frei lässt. Zusammen mit dem WWF! Es fällt mir schon schwer, ihr beizubringen, dass es keine Tiger in Afrika gibt. Zumindest keine frei lebenden. Es gab dort auch nie welche! Und es gibt auch keine anderen Groß-, Mittel- oder Kleinkatzen, mit denen man einen Tiger in Afrika verwechseln könnte. Na ja, sie glaubt mir nicht wirklich, ihre zweite Klasse schon. Man kriegt sie halt nicht immer alle.

Diese Tigermutter vor mir ist dagegen real, live in 3-D. Ihre Ruhe und ihre abwartende Neugier übertragen sich auf mich. Und ihre lebhaften Augen, ihre leuchtenden Fellfarben, ihre gewaltigen Pranken brennen sich so lebendig auf meine innere Festplatte, dass ich diesen Moment niemals vergessen werde. Diese Live-Momente sind es, die mir in kürzester Zeit die inneren Akkus aufladen, die mich Fisch mit Reis, stürmische Überfahrten, tierisches Elend und menschlichen Zerstörungswillen nicht vergessen lassen, die aber all den Strapazen einen Sinn geben. Die mir Kraft schenken für neue Strapazen. Es sind diese Eindrücke, die es mir schon vor langer Zeit unmöglich gemacht haben, jemals wieder einen Zoo als »normaler« Besucher zu betreten.

Die Tage in Indien vergehen wirklich wie im Flug, und ich kann nicht genug bekommen von den Tigern, den Lippenbären und all dem »Tigerfutter«, das sich neugierig vor meine Linse drängelt. Am meisten haben es mir neben den Tigern die Asiatischen Wild- oder Rothunde (*Cuon alpinus*) angetan, die wie groß gewachsene Füchse aussehen, mit wunderschönen scharfen Schlitzaugen. Wo immer ich sie treffe, wirken sie neugierig und tiefenentspannt – beides sichere Zeichen dafür, dass kein Tiger in der Nähe ist. Und das ist in dieser Region fast die Ausnahme.

Prinzipiell hat man in diesem Gebiet rund um Tadoba jederzeit die Chance, einer Großkatze zu begegnen. Sogar als wir zu Fuß durch das Revier streichen. Genau das ist allerdings gleichzeitig auch das Problem. Übrigens eine schönen Randinfo, die Poonam fallen lässt, während wir einen Berg im Zwielicht erklimmen, um letzte Landschaftsaufnahmen zu machen: »A couple of days ago, I met a tigress, right here …«

Die menschliche Population in der Region wächst, die Refugien für Tiger werden immer kleiner, Schutzgebiete sind selten. So treffen Mensch und Tier fast zwangsläufig irgendwann aufeinander. Der »Human-Wildlife-Conflict« (Mensch-Wildtier-Konflikt) ist präsent und immer nur eine Frage der Zeit. Es ist wie mit den Wölfen in Niedersachsen oder dem Bison in Brandenburg. Irgendwer wird sich schon über die schreckliche Gefahr, die von den Biestern ausgeht, beschweren …

Bei Tigern gibt es für eine solche Begegnung eigentlich nur zwei Optionen für uns Menschen: Sie geht entweder einigermaßen glimpflich aus oder tödlich. Dazwischen gibt es wenig. Ich treffe einige Menschen, die einen Tigerangriff überlebt haben. Es war eine Warnung, mehr nicht. Er oder sie wollte nicht töten. Er oder sie könnte es aber! Trotzdem wollen die Tadoba-

Bewohner:innen mit den Tigern leben, auch wenn sie Angst haben um ihr Leben und das ihrer Familien. Für sie gehören diese Raubkatzen zur Kultur; die Großkatzen waren schließlich zuerst hier. Außerdem wissen die Bewohner:innen: Solange man die Tiger in Ruhe lässt und ihnen genug Raum gibt, funktioniert das »Zusammenleben in respektvoller Distanz« sogar so gut, dass die Tiger sich an einigen Stellen merklich vermehren. Dafür wurden nicht zuletzt auch Menschen und ganze Dörfer umgesiedelt und Schutzgebiete erweitert. Und das geht genau in die richtige Richtung.

Denn wie schützenswert Tiger sind, weiß fast jeder Inder und jede Inderin. Die Tiere kurbeln den Tourismus an und der wiederum bringt Geld ins Land und bietet Jobchancen als Guide, Ranger:in, als Fahrer:in – und nicht zuletzt als Tierschützer:in. Menschen wie Harsh und Poonam zum Beispiel, die ihre alten Jobs (völlig fachfremd: Finanz- und Einrichtungsbranche) aufgegeben haben, um sich einzig und allein dem Schutz von Tigern zu widmen, seit über zwei Jahrzehnten.

Das Erstaunliche daran ist, dass die beiden dabei völlig normal und extrem sympathisch geblieben sind. Das ist bei Menschen, die seit über 20 Jahren Tierschutz machen, eher ungewöhnlich – die beiden sind wohl die angenehmsten und sympathischsten Menschen, denen ich bei meiner Arbeit je begegnet bin.

Der Erfolg von Harsh, Poonam und ihren engagierten Helfern in diesem Schutzprojekt spricht für sich. Die wachsende Tigerpopulation und die sinkende Rate von Angriffen auf Menschen geben den Tigerschützern täglich Aufwind. Dabei sind so riesig scheinende Konflikte zwischen Mensch und Tier manchmal mit einfachsten Mitteln und Ideen aus einem »Um-die-Ecke-Denken« zu lösen.

Die Menschen in dieser Region sind arm, extrem arm. Häufig haben Familien nicht einmal eine Toilette. Das kann man sich in Deutschland kaum vorstellen. Selbst der indigene Stamm der Huni Kuin, mit denen ich im Amazonas-Dschungel gelebt habe, hatte ein Klo. Na ja, also ein Loch im Boden halt …

Die Menschen müssen also ihre Notdurft draußen vor ihren Hütten verrichten. Auch nachts. Nachts im Tigerland allein auf dem Feld herumzuhocken, na ja, sagen wir es mal so: Das ist einfach keine sonderlich gute Idee! Manch einer wurde dabei vom Tiger geholt oder verletzt. Sie erinnern sich: Entweder oder. Sie kommen nachts vom Naturklo also entweder mit einem ziemlich großen Kratzer oder gar nicht wieder. Seien Sie froh, dass Sie nicht in Kenia aufs Feld machen müssen. Wenn man dort einem übellaunigen Leoparden über den Weg pinkelt, kann man im Prinzip auch gleich in eine Kettensäge fassen. Löwen schleppen einen wenigstens weg und fressen einen gemeinsam mit den Kleinen, ganz langsam, als Familie. Also sind mir die Tiger irgendwie am sympathischsten. Ganz oder gar nicht.

Die Lösung ist so einfach und naheliegend: ein Dixi-Klo. Bei uns bekommt man die für 39,95 Euro pro Stück im Angebot. Problem gelöst. Ich muss noch nicht mal erklären, wie.

Die Frage ist jetzt: Wenn man Dixi-Klos in Niedersachsen aufstellen würde, fürchten dann trotzdem noch 74,2 Prozent der Eltern um ihre Kinder, morgens an der Bushaltestelle? #BöserWolf #EinfachKeineRotenKapuzenTragen

Im Prinzip ist es der gleiche Konflikt, der nur entsteht, weil zu wenig Platz ist. Mensch versus Beutegreifer. Auch in Indien wird (lebenswichtiges) Vieh von Tigern geholt. Genau wie in Deutschland gefühlt Millionen Schafe von Hunderttausenden Wölfen gerissen werden. So kommt es mir zumindest laut medialer Berichterstattung und Facebook-Posts vor. In der Realität sind es um die 2000 bis 3000 Tiere mit »Wolfsschaden« pro Jahr. Einige davon sind sicherlich verwilderten Hunden, Wolfshybriden usw. zuzuschreiben. Während in Deutschland ein heftiger (Wett-)Streit zwischen lernenden Wölfen, Schutzmaßnahmen vorantreibenden Schäfern mit Elektrozäunen und

Herdenschutzhunden, Bauern, Jägern, Naturschützer:innen, Politiker:innen und Kita-Betreiber:innen entbrennt, der nur Verlierer kennt, redet man in Indien *mit*einander und findet Lösungen. Man denkt lösungsorientiert, statt sich auf Probleme zu fokussieren.

Diese Denkweise gefällt mir sehr. Harsh und Poonam bilden aus, sie informieren, sie reden mit ganzen Communitys bei Dorfmeetings, sie sind an Schulen unterwegs, sie beschäftigen Ranger, Guides und Konfliktlöser:innen. Sie kreieren Fonds für Notfälle und Entschädigungszahlungen, sie re-lokalisieren ganze Dörfer, retten Tiger in Not mit einer Rapid-Response-Unit, forsten Wälder auf, sind mit der Regierung in ständigem Kontakt. Sie sind mehr Wildtier-Mensch-(Konflikt)-Manager als alles andere. Sie sorgen dafür, dass niemand, weder Tiger noch Mensch, zu Schaden kommt. Ganz professionell, mit viel Erfahrung, Herzblut, Sachverstand und Empathie. Ich wünschte, das würden alle NGOs so machen.

Und wenn doch etwas Schlimmes passiert, sorgen sie dafür, dass gehandelt statt gestritten wird. Sie bewahren in ihrem Umfeld Frieden durch Verständnis und Aufklärung. Die beiden beschützen durch ihre Arbeit den Lebensraum der Tiger, ihre Nahrungsgrundlage (so ziemlich jedes Tier vom Blauen Pfau [*Pavo cristatus*] bis zum Riesenrind) und die Menschen, die am Ende dann wiederum die Tiger schützen. Wie geil ist das denn? Endlich mal ein Projekt, bei dem alles in die richtige Richtung geht.

Das tut mir gut. Mit Harsh und Poonam zusammen zu sein, tut mir verdammt gut. Ihre positive Energie treibt mich heute noch an. Deswegen liebe ich meinen »Job« so sehr. Ich lerne so unglaublich viel und gern von anderen Menschen. Vor allem Wege, wie man diesen Planeten am Ende doch noch retten kann. Balsam für meine Seele.

Harsh begleitet mich jeden Tag, obwohl er schon Hunderte Tiger gesehen haben muss. Das zeigt mir zumindest sein umfassender Tiger-ID-Katalog aus fast 20 Jahren Fotografie. Auch er hat seine Kamera immer im Anschlag und ist genauso heiß wie ich auf gute Tiger-Aufnahmen. Das liebe ich auch: Wenn jemand nach all den Jahren noch immer für das eine, sein Thema brennt. Er sieht jede Tigerspur immer vor allen anderen. Der Typ ist Mitte 50 und hat Augen wie ein Adler! Er liebt Rothunde genauso wie die Indischen Languren (*Semnopithecus*), Meerkatzenverwandte, und Bienen, die sich am Wasserloch um die letzten Tropfen mit Bussarden (*Buteo*) und – ausgerechnet – Eisvögeln (*Alcedinidae*) streiten. Bei 50 Grad Celsius.

Es ist wichtig, die Tiger zu schützen. Nicht vergessen: Jedes Ding ist für irgendetwas gut in der Natur! Tiger sind eine Schlüsselspezies, die alles im Nahrungsnetz mitregulieren. Von den Gaur (*Bos gaurus*), den größten Rindern der Welt – wir reden hier über 1,1 Tonnen Rind! –, über jegliche Antilopen und wilde Kammschweine (*Sus scrofa cristatus*), die den indischen Wald durchstreifen, bis hin zum Wald selbst. So eine gestreifte, drei Meter lange und 300 Kilo schwere Katze hat einiges zu sagen in ihrem kurzen Leben. Tiger haben kein langes Dasein. Das hat mich überrascht. Die meisten werden keine zehn Jahre alt. Da muss man sich ganz schön anstrengen, als Tiger auch seiner Rolle gerecht zu werden. Viel wachsen und fressen, Revier und Partner klarmachen, Junge großziehen, Menschen ausweichen, genug trinken bei 50 Grad und nebenbei noch das ganze Ökosystem regulieren. Tiger sein ist ein anstrengender, aber systemrelevanter Job. Ähnlich wie der Job der Wölfe im Yellowstone-Nationalpark oder die Aufgaben der Lachse in Kanada. Alles hängt mit allem zusammen. Everything is connected.

Wir machen es den Tigern insgesamt verdammt schwer! Dabei lieben alle Menschen Tiger. Ich kenne niemanden, der Tiger scheiße findet. Okay, Axishirsche (*Axis axis)* und Languren vielleicht … Aber selbst die Menschen, die ich treffe und die einen Tigerangriff überlebt haben, lieben die Tiger! Einige vielleicht einfach zu sehr. Typen wie Joe Exotic oder die Käufer:innen von Tigerwein. Oder die Trophäenjäger:innen von früher, die Wilderer oder die mit der Tigerkralle um den Hals oder dem Tigerhoden im angeblichen Aphrodisiakum. Die mit dem Tigerfell-Vorleger oder die Tigerfarm-Betreiber:innen. Dem Tigertempel in Thailand mit seinen korrupten, geldgierigen Mönchen hat man zum Glück unlängst den Garaus gemacht. Der war mir schon lange ein Dorn im Auge. Fotos für Touris mit sedierten Tigern zum Streicheln, 40 Tiger-Babys tot im Kühlschrank et cetera. Mir fehlen für so was echt die Worte!

Ein befreundetes Pärchen, das mir stolz Tiger-Selfies aus Thailand zeigt, versinkt vor Scham im Boden nach meiner Ansprache … So enden viele Gespräche mit mir. Ich bin ein anstrengender Gesprächspartner, glaube ich. Besonders, wenn man bei einem Meeting mit mir Thunfischsteak bestellt. In diese Situationen komme ich häufiger. Die verbale Ohrfeige meinerseits ist vorprogrammiert.

Eine nonverbale Ohrfeige würde ich gern mal an den ein oder anderen (Tiger-)Wilderer verteilen. Wie kann man nur diese diabolischen Schlagfallen (typische Bärenfalle, die beim Drauftreten mit ihren beiden bezahnten Seitenteilen zuschnappt) ausbringen, im Wissen, wie sehr das Tier, das da hineintritt, leiden wird?

Man muss schon ein ganz schön gefühlskalter Mensch sein, wenn man dem angeketteten Tiger, der sich fast seine Pfote abgerissen hat vor Schmerz und Panik, noch den Speer in den Hals rammt.

Dieselbe Ohrfeige hat meiner Meinung nach jeder Typ und auch jede Typin verdient, denen ich zum Beispiel in der Hamburger Fußgängerzone mit ihren beschissenen 1 000-Euro-Canada-Goose-Jacken begegne. Der Kojote (*Canis latrans*), der als schmucker Fellkragen an ihrer Kapuze hängt, hat jämmerlich in einer solchen Falle um sein Leben gekämpft, sich dabei alle Knochen gebrochen und das Fleisch von selbigen gezogen. Der Kojoten-Jäger kommt auch nicht einmal pro Stunde vorbei, um die Fallen zu kontrollieren. Der Todeskampf dauert manchmal mehrere schmerzvolle Tage.

Von den gequälten Gänsen, denen man die Federn bei lebendigem Leibe ausreißt, damit die neureichen extrem bergsteigenden Juppi-Städter bei 12 Grad und Nieselregen vor dem sicheren Erfrierungstod in der Hamburger Innenstadt geschützt sind, ganz zu schweigen. Und genau das, Schweigen nämlich, fällt mir schwer bei einer solchen Begegnung. Meinen Begleiter:innen war es am Anfang immer peinlich, wenn ich etwas gesagt habe. Ich spreche solche Leute immer an. Mütter mit Kindern, alle! Mittlerweile haben sich meine Freund:innen und Familie daran gewöhnt. Man hat es sicher nicht leicht mit mir, so viel steht fest. Es ist für mich aber einfach unmöglich, Stillschweigen zu bewahren, weil mich das alles einfach berührt. Ich habe die Quälerei teilweise live gesehen. Ich kann vieles davon einfach nicht akzeptieren und werde bis an mein Lebensende versuchen, ein Teil der Veränderung zu sein. Weil ich gar nicht anders kann. Weil es aus meiner Sicht nur logisch ist. Nicht einmal ein Inuit braucht heute noch einen Fellkragen! #KlimaKrise

Ich liebe Restaurants, die an ihrer Eingangstür Schilder haben, auf denen steht: »Mit Pelz haben Sie hier keinen Zutritt!« So gesehen in Zürich. Herrlich! Kindern erzähle ich diese Geschichte übrigens auch, genauso ungeschönt. Den Lehrer:innen rutscht dabei immer das Herz in die Hose. Und ich zeige ihnen ein Bild von meiner Hündin Bina. Ein besonders süßes natürlich. Sie wäre auch beinahe als Fellkragen geendet. Die Kids und ich sind uns immer einig: Kein Tier gehört *an* oder *in* eine Jacke!

Der verbotene Handel mit lebendigen Tigern und Tigerteilen, besonders Knochen (Kilopreis bis zu 2000 Dollar!), boomt noch immer. Weltweit. Sie ahnen bereits, warum: Status, Libido, Krankheit, traditionelle Medizin, Tigerwein (in Spirituosen eingelegte Tigerknochen), dies, das. Wie immer. Sie wissen auch, um welches Land es sich hauptsächlich dreht. Ich will nicht sagen, China ist immer der Buhmann, aber China ist nun mal fast immer der Buhmann.

Hier im indischen Bundesstaat Maharashtra ist gerade alles einigermaßen okay mit den Tigern, Gott sei Dank. Oder wohl eher: Harsh und Poonam sei Dank. Wir sitzen nach einem weiteren anstrengenden 55 Grad heißen Film-den-Tiger-Tag beim Abendessen, als der Anruf kommt: Eine Kuh wurde soeben von einem Tiger gerissen. Direkt um die Ecke, keine drei Kilometer von hier! Harsh schaut Poonam an, beide nicken sich zu und sitzen keine zwei Minuten später im Jeep. Als ob sie darauf gewartet hätten. Haben sie auch. »Das war klar.« Es war seit Tagen ein Tiger in der Nähe, das wissen beide. Zu nah.

Och, Manno! Ich hätte eigentlich mal Bock auf ein schönes, kühles Glas Weißwein gehabt oder so, zur Feier des Tages … Die Aufnahmen heute waren top! Aber Alkohol ist in diesem Bundesstaat eh nicht erlaubt. Und jetzt gibt es statt Wein eben Staub. Jede Menge. Danke, lieber Tiger-Gott.

Wir brettern zusammen mit drei T.R.A.C.T.-Mitarbeitern in zwei Jeeps durch die immer noch heiße, staubdunstige Nacht zum Tatort. Wie in einem Film. Der vordere Jeep rast im aufgewirbelten Staub und Gegenlicht voraus – genial sieht das aus! Aufgeregte Dorfbewohner:innen wuseln bei unserer Ankunft wie wild durcheinander. Laut sind sie. Sie umschwärmen sofort die Jeeps.

Ich wünsche mir ein wenig indonesischen ruhigen Einfluss nach Indien, bin aber auch irgendwie froh, denn der Lärm hält bestimmt den Tiger fern. Harsh und Poonam reden mit den Leuten, und innerhalb kürzester Zeit herrscht Ruhe. Schnell wird mir klar, warum. Ich vernehme das Wort »compensation« (Entschädigung). Genau wie in Deutschland, werden Viehbesitzer auch in Indien entschädigt, wenn ein Beutegreifer sich vertan hat, beziehungsweise mehr Bock auf leicht zu tötende

Kuh als auf vorsichtigen, schwer zu erlegenden Axishirsch hat. Das kann aber auch zu einem sehr, sagen wir mal »menschlichen« Problem werden mit dieser Kompensation …

Poonam und Harsh ist es sichtlich unangenehm, mir den Sachverhalt nahezubringen. Sie versuchen es sympathisch schmunzelnd mit ein wenig Ironie. Sinngemäße Zusammenfassung: Geraten Sie mit Ihren Familienmitgliedern nicht zu oft überkreuz. Besonders nicht in Regionen, wo es Tiger und finanzielle Kompensationen bei Unfällen gibt. Und ganz besonders nicht, wenn Sie alt (und eigentlich nur noch eine Last für die Familie) sind. Dann wird man schon mal nachts aufs Feld geschickt. Allein oder mit einer besonders schmackhaften Kuh in den Dschungel, ans Wasserloch. Die muss ja trinken … Ups! Der böse Tiger hat die arme Oma geholt. Zack, bumm, Kompensation. Für Kuh und Tiger. Adieu, nörgelnde Oma.

Ich bin ein wenig sprachlos. Harsh und Poonam sind nebenbei auch eine Art Anwälte, Richter und Ermittler. Wie viele Jobs kann ein Pärchen denn noch haben?

Die Kuh liegt vor einem ausgedörrten Gebüsch, ihre Leine noch um den Hals geschlungen. Kein brutales Gemetzel, irgendwie friedlich. Sie stand allein im Hinterland, ohne Oma, angepflockt. Sie konnte nirgendwohin. Leichte Beute. So wie die Ziege in *Jurassic Park*. Der Abstand zwischen den beiden großen, blutenden Löchern im Hals des Rindes beträgt fast zehn Zentimeter. Das war ein verdammt großes Tigermännchen. Die Abdrücke, die ich im Dschungel von Sumatra genommen habe, waren nur halb so groß wie die Tatzenspuren hier überall im Sand. Okay …

Die Löcher im Kuhhals stammen von den beiden großen, messerscharfen, über sechs Zentimeter langen Fangzähnen. Er hat sie am Hals gepackt und ordentlich zugedrückt. Sie erstickt. Gefressen hat er nichts. Ist alles noch dran an der Kuh.

Harsh und Poonam kennen den Tiger bereits und sehen besorgt aus. Es gibt hier keine Zäune im Schutzgebiet und auch nicht in der sogenannten Buffer-Zone rund um den Nationalpark, wo eben auch Menschen leben. Da kommt es zwangsläufig zu Konflikten. Zwischen Tigern und Kühen, zwischen Großkatzen und Menschen. Die Frage ist nur immer, wie man damit umgeht. Aktuell mit äußerster Vorsicht, weiser Voraussicht und Wildkameras. Wir bringen drei Kameras rund um den Kuhkadaver an. Harsh und Poonam mahnen liebevoll zur Achtsamkeit und Ruhe; dann verlassen wir den Tatort.

Schlafen? Kann ich noch, wenn ich tot bin. Aufgeregt sichte ich mein Material vom heutigen Tag. Top! Ich bin zufrieden. Noch vor Sonnenaufgang fahren wir wieder zu der Kuh. Sie liegt drei Meter weiter. Die Schleifspuren auf dem Boden sind deutlich. Es fehlt auch ein wenig Fleisch am Bauch, so um die 12 bis 16 Kilo. Das ist die Menge, die zwei Tiger am Tag etwa brauchen, erklärt mir Poonam völlig entspannt. Abgesehen davon, dass Sie sich das mit der Großkatze auf der Couch in Deutschland bei dieser Fleischmenge pro Tag noch mal gut überlegen sollten, realisiere ich erst zwei Sekunden später, was mich an dieser Aussage verwundert. »Zwei Tiger?«, frage ich Poonam. »Yes, Rob, two tigers. Brothers, probably.«

Eigentlich müssen Harsh und Poonam gar nicht mehr auf die Bilder der Wildkamera schauen. Sie wissen es schon. Es ist ein Brüderpaar, das schon vor einem Jahr für Ärger unter Viehbesitzern in der Nähe gesorgt hat. Tiger kommen und gehen. Eigentlich allein. Zu zweit eher selten, ungewöhnlich. Aber sie haben wohl früh ihre Mutter verloren und mussten sich zu zweit durchschlagen. Das verbindet. Sie kennen keine Grenzen, und darin liegt auch die Problematik. Man muss also versuchen, den Lebensraum der Tiger so groß wie möglich zu halten und ständig auszuweiten, anstatt ihn immer mehr zu beschränken. Wenn der vorhandene Raum mit Tigerrevieren gefüllt ist, wandern die Tiere, um sich neue Reviere anzueignen. Dabei müssen sie fressen, Straßen überqueren und Dörfer durchstreifen. Genau wie die Wölfe in Niedersachsen. Ich wünschte, wir hätten auch eine Poonam und einen Harsh hier bei uns, die dann Lösungen für die obligatorischen deutschen Konflikte finden.

Insgesamt fünf Tage lang fressen die Tiger an der Kuh, immer im Schutz der Dunkelheit. Wir besuchen den Platz auch jeden Tag, zweimal. Jedes Mal müssen wir die Kamerafallen umpositionieren, weil die Tiger den Kadaver immer wieder wegschleppen. Dort, wo die Kuh aufgebrochen ist, kriechen mittlerweile Tausende Maden über das vergammelnde Fleisch. Der Gestank ist auf meiner Skala irgendwo zwischen Wal-Blas (die Fontäne, die aus dem Atemloch eines Wals kommt – und die stinkt unglaublich, denn Wale putzen sich ja nie die Barten und fressen viel fischiges Meeresgetier; stellen Sie es sich ungefähr so vor, dass man einen verschlossenen Plastikmüllsack mit 100 toten Heringen die Sommerferien über in der Sonne stehen lässt und ihn dann öffnet) und dem Mann, der so circa ein halbes Jahr in der Badewanne gelegen hatte und dessen Obduktion ich in der Kieler Rechtsmedizin beiwohnen durfte/musste.

Einer der Tiger leckt die Maden genüsslich vom Fleisch der Kuh. Das zeigt das Infrarotvideo eindeutig. Das hätte ich niemals erwartet. Ich hätte wetten können, Tiger essen gern frisches Fleisch und kein vergammelndes Aas mit Maden. Aber wenn ich dann wieder an meine rumänische Straßenhündin Bina denke und was die so alles frisst, na ja, dann wird mir einiges klar … #ExtraProtein

Nach den fünf Tagen verschwindet das Bruderpaar. Zurück bleibt eine halb aufgefressene Kuh. Zum Glück kein toter Mensch und keine toten Tiger. Alles noch mal gut gegangen. Verstehen kann ich es allerdings, wenn verängstigte und verwitwete Menschen, die ihr einziges »*Nutz*tier« (ich hasse diesen Begriff im Übrigen sehr …) an eine Großkatze verloren haben, einen Tiger-Wald anzünden. Ich fotografiere nur wenige Tage später einen solchen von Menschen verursachten

Waldbrand (man sieht's an der ringförmigen Ausdehnung des Brandes) in der Schutzzone. Arbeit für Harsh und Poonam. Viel Arbeit.

Der Tiger ist unumstritten einer der Stars des (erfolgreichen) Artenschutzes. Neben dem Großen Panda (*Ailuropoda melanoleuca*), Delfinen (*Delphinidae*) und knuddeligen Baby-Elefanten (*Elephantidae*) hat er einen entscheidenden Vorteil: Er eignet sich nicht nur als optimales Logo, er sieht einfach verdammt gut aus (fanden ja die Trophäenjäger:innen damals auch, die maßgeblich für das Fastverschwinden des Tigers verantwortlich sind). Er vermehrt sich aber auch gut, wenn man ihn in Ruhe lässt, und bringt vor allem viel Prestige mit sich. Das macht es ihm eigentlich leicht auf Spendenseiten, in Dokus und auf Hochglanzflyern für die Fußgängerzone.

Ich rechne dieser Großkatze, dem Tiger an sich, ganz gute Chancen auf ein erfolgreiches Comeback aus. Allerdings habe ich mich schon oft verrechnet. Es gibt aber genau wie bei vielen anderen Spezies nicht nur *den* Tiger, sondern eine fast zweistellige Anzahl an Unterarten, die, jede für sich betrachtet, mit nur einem einzigen Blinzeln von der Erdoberfläche verschwinden könnten. Es gibt nur noch (oder auch wieder) 400 Armur-Tiger (*Panthera tigris altaica*) und 400 Sumatra-Tiger (*Panthera tigris sumatrae*). Immerhin habe ich schon Fußabdrücke von denen im Dschungel Sumatras gefunden. Vermutlich wird es das Einzige sein, was ich jemals von diesen wunderschönen Raubkatzen sehen werde.

Ich bete zwar nicht für den Tiger, so wie der Mann, den ich beim heiligen Tiger-Ritual fotografieren durfte. Ich wüsste auch nicht zu wem … Zum WWF? Zu Harsh und Poonam? Zu »Durga«, der hinduistischen Göttin, reitend auf einem Tiger? Zum Tierpark Hagenbeck? Zu Joe Exotic? Zu China? Alle spielen ihre Rolle im Tigerkreislauf. Everything is connected. Vielleicht fange ich an zur Menschheit an sich zu beten, oder zum fliegenden Spaghettimonster. Aber ich muss aufpassen! In

China wird schon nach Anhängern der Kirche des Fliegenden Spaghettimonsters gefahndet …

Apropos Spaghetti essen, die ich übrigens wirklich hasse. Alle anderen Nudeln esse ich. Was haben Sie denn nun mehr mit dem Tiger zu tun als Kellogg's Frosties und Kinderschminken? Na ja, so einiges.

Denken Sie an das touristische »Kuscheln mit Tigern« – Nein!

Kindern im Zoo erklären, wie schön Tiger in freier Wildbahn sind – Nein!

Tiger (oder im Ganzen: Wildtiere) in Zirkussen zujubeln – Nein!

Souvenirs aus »Tigermaterial« mitbringen und Tigerwein trinken – Nein!

Ungehemmt Produkte konsumieren, die den Lebensraum des Tigers zerstören – Nein!

Kindern mit tollen Tigerbüchern die Geschichte vom echten Shir Khan beibringen und anschließend eine tolle Tiger-Doku zusammen schauen und den Rangern im Dschungel, die Tiger mit ihrem Leben schützen, Geld spenden – Ja!

Ein Fazit zum »Operatives«-Projekt

Mein persönliches »Operatives«-Erlebnis lässt sich in einem Wort zusammenfassen: Veränderung.

Nach all den Rückschlägen und eher negativen Dingen, die ich rund um die Welt im Zusammenhang mit Tier- und Umweltschutz gesehen und erlebt habe, fanden die Missionen mit dem »Operatives«-Team am Ende einen rundum positiven Ausgang.

Dafür sind Harsh und Poonam ein ebenso leuchtendes Beispiel wie die Pfleger, Ärzte und Tierretter im Orang-Utan-Refugium auf Borneo, die engagierten Helfer um Sumatra-Nashorn-Arzt Dr. Zulfi, Tierpfleger DeDe und die RPU, die Korallenriff-Ranger auf Tubbataha und die Schildkröten- und Schuppentier-Schützer der Anti-Wildlife-Crime Unit auf den Philippinen. All diese Menschen mit ihrem Eifer, ihrem Mut, ihrem bedingungslosen Engagement schenken mir und der »Operatives«-Einheit so viel positive Energie und vor allem eines: Hoffnung. Nicht zuletzt sind in dem Team ja auch ehemalige Soldaten, die in Kriegen gekämpft und Menschen getötet haben. Die aber heute für eine bessere Welt und die Letzten ihrer Art kämpfen. Unbezahlt und unbemerkt. Dieses Mal mit einem Sinn.

Für mich ist Indien ein perfekter Abschluss der Missionen mit den Jungs und Mädels. Nach all dem Leid, das ich in Asien gesehen habe, aber auch nach einigen persönlichen Qualen und Entbehrungen, beende ich meinen Einsatz als »Auge« von »The Operatives« mit einem rundum positiven Fazit.

Ich fliege mit Zehntausenden schönen und schrecklichen, wichtigen Fotos und Videos, dazu mit noch mal so vielen Eindrücken und Erlebnissen heim. Dafür lass ich im Austausch immerhin 15 Kilo Muskeln und Fett auf dem asiatischen Kontinent. Irgendwo im Dschungel, auf Kajaks, Pick-up-Ladeflächen, »Booten«, Petes bescheuerter Rudermaschine und nennen wir es mal »Toiletten«, auch wenn es keine waren … Ich bin stolz auf meine Abenteuer mit den »Grünen Kriegern« der »Operatives«-Einheit, denke ich in der extraengen Economy Class mit 17 Zentimetern Beinfreiheit, bei »Sir, Chicken or Pasta?« Kleine Fische nach allem, was ich erlebt habe.

Zurück in der Heimat nutze ich die Möglichkeiten, bei denen ich selbst aktiv werden kann. Also ziehe ich wieder durch die Schulen und zeige den Kindern und Lehrenden meine Bilder und Filme. Ich erzähle meine Abenteuergeschichten, was mich freut und was mich traurig macht. Geschichten, die mich zum Umdenken bewegt haben. Ich gehe heute anders einkaufen. Ich habe mein Konto bei einer anderen Bank und beziehe meinen Strom von einem anderen Anbieter. Ich trage andere Klamotten, benutze andere Kosmetik- und Haushaltsprodukte. Ich mache mir Gedanken, die ich mir vorher nicht gemacht habe. Weil ich es noch nicht live erlebt hatte. Aber der Blick in das Auge eines Sumatra-Nashorns, eines von nur noch 79, oder der Ausdruck im Gesicht von Miniwaldmensch Budi haben alles in mir und an meiner Sicht auf die Welt verändert. Ich wünschte, jeder Mensch auf dieser Erde könnte das genauso erleben.

In den Schulen spüre ich ganz unmittelbar, wie ich die Kids entzünde mit meinen Erlebnissen. Feuer, die sich ausbreiten und vielleicht ein Leben lang brennen. Ich sehe die Veränderungen live, in Farbe, wenn ich das achte Mal an derselben Schule bin. Die Solarzellen auf dem Dach, der Schulkiosk mit Bioprodukten, kein Fisch mehr am Freitag, mehr vegetarische und vegane Gerichte in der Schulspeisung, Umwelt-AGs, penible Mülltrennung, der »Umweltschule des Jahres«-Award an der Wand, der Ökoteich mit Insektenhotel und der gestrichene Zoobesuch, ersetzt durch Wald- und Pilzführung … Es tut sich so viel nach meinen Besuchen. Das ist etwas Konkretes. Kein Wischiwaschikram und Wir-müssten-ja-mal-in-der-Zukunft-aber-die-Politik-dauert-eben-Scheiß. Machen Sie Ihre eigene Politik. Zu Hause, Familienpolitik. Mit Ihren Freunden, Bekannten und Verwandten. Mit Ihren Kindern und Eltern. 50 Prozent muss von uns Verbrauchern und Konsumenten kommen, den Rest überlassen wir der Politik.

Wir sind nicht allein auf diesem Planeten! Machen Sie sich das bitte immer wieder bewusst. Nicht, weil ich es hier schreibe, sondern weil Sie es tatsächlich müssen. Oder sonst …

Und natürlich auch, weil Kinder heute nur noch halb so viel Zeit im Freien verbringen wie Sie und ich damals. Wenn Kinder (und andere Menschen) die Natur plötzlich mit wachen Augen sehen und der Tierwelt mit weniger Angst, mehr Neugier und Respekt begegnen, dann war es das alles wert. Alles! Feuerameisen, Darmparasiten, Reis mit Fisch und indisches Essen inklusive.

2

WER FISCHE STUDIEREN MÖCHTE, MUSS SELBST ZU EINEM FISCH WERDEN

Das ist nicht von mir, das hat Jacques-Yves Cousteau gesagt. Und er trifft es auf den Punkt! Die nächsten Seiten beschäftigen sich mit dem Wieso, Weshalb, Warum? Es ist die mir am häufigsten gestellte Frage auf allen Kanälen: Wie kam es eigentlich dazu, dass du heute machst, was du machst?

Alles begann mit einem Buch

Beziehungsweise damit, dass wir es zerstörten. Wann immer ich zu Besuch bei meiner Oma Elfriede war, schnitten wir Fische, Wale und alle möglichen anderen Meerestiere aus diversen Bildbänden und Lexika aus und ließen sie anschließend in einem mit Wasser gefüllten Suppenteller schwimmen. Ich erinnere mich auch deshalb noch so gut daran, weil meine Mutter jedes Mal stinksauer war – und ich glaube, auch heute noch ist. Aus Sicht einer Lehrerin ist es natürlich ein Kapitalverbrechen, Bücher zu zerschneiden. Ich war jedoch sehr stolz auf mein buntes Sammelsurium aus Blauhaien (*Prionace glauca*), Goldfischen (*Carassius gibelio*), Buckelwalen (*Megaptera novaeangliae*) und Meerechsen (*Amblyrhynchus cristatus*). Alle fühlten sich wohl auf ihrem gefluteten Teller der Marke Kahlaer Porzellan. Hätte meine Mutter damals geahnt, dass das nur der Startschuss zu meinem jetzigen chaotischen Leben sein würde, sie hätte mich sicherlich gezwungen, jeden einzelnen ausgeschnittenen Fisch wieder zurück ins Lexikon zu kleben.

Zum Glück ließen mich meine Eltern meine Tierliebe jedoch am Ende ausleben. Nach etwa drei bis fünf Jahren täglichem Betteln am Stück. Was zur Folge hatte, dass ich die Geduld der ganzen Familie auf unseren Spaziergängen arg strapazierte. In dieser Hinsicht war ich wie fast jedes andere Kind: Ich hasste Spazierengehen! Keine Action? Kein vielversprechendes Ziel? Kein Abenteuer in Aussicht? Einfach nur durch die Gegend zu laufen? Das erschien mir schon damals, wie heute auch noch, als grobe Zeitverschwendung.

War aber irgendwo ein Tier zu sehen, dann sah die Sache ganz anders aus: ein sich windender Regenwurm (*Lumbricidae*) auf der Straße, ein orientierungsloser Grasfrosch (*Rana temporaria*) auf Wanderschaft, eine Schwalbe (*Hirundinidae*) mit gebrochenem Flügel – ich nahm jede Gelegenheit wahr, um einzugreifen und die armen Lebewesen zu retten. Für Tierbeobachtungen war mir kein Weg zu weit, auch nicht die anderthalb Kilometer bis zum Dorfteich. Dort gab es mit etwas Glück immerhin einige Dutzend Regenbogenforellen (*Oncorhynchus mykiss*) und eine Handvoll Karpfen (*Cyprinus carpio*) zu sehen – faszinierend.

Später führte mein Schulweg an diesem Teich vorbei, und ich blieb jedes Mal kurz stehen. Jahrelang, jeden Tag. Auch im Regen. Auch, wenn der Teich zugefroren war. Ich liebte Fische von Anfang an. Ihre eleganten Bewegungen, ihre Unnahbarkeit und ihre schlichte Schönheit – ich bewundere alles an ihnen. Stundenlang stand ich am Ufer des Teichs und stellte mir vor, wie das Leben da unten wohl ablief.

Selbst Fischessen wurden für mich zum Erlebnis. Ich sah dem Weihnachtskarpfen stundenlang dabei zu, wie er in der alten Zinkbadewanne herumschwamm, um zu »entschlammen«, und sezierte die Köpfe der Silvesterforellen nach dem Essen sorgfältig, um sie dann möglichst detailgetreu zu zeichnen. Ich wollte einfach alles über diese Tiere wissen. Gegessen habe ich sie allerdings schon damals nicht gern. Wie die drei Haie aus

Findet Nemo richtigerweise sagen: »Fische sind Freunde!« Und Freunde isst man nicht! So.

Folgerichtig wünschte ich mir, seit ich denken kann, zu Weihnachten oder zum Geburtstag immer nur eins: ein Aquarium. Es dauerte jedoch noch einige Jahre, bis meine Eltern dem Wunsch nachgaben. Vermutlich war es ein quengelbedingter Ermüdungsbruch ihrer Nerven, in jedem Fall aber eine verhängnisvolle Entscheidung. Denn endlich brauchte ich die Fische nicht mehr von oben im Dorfteich beobachten – ich konnte sie zu Hause auf Augenhöhe studieren, in einer mit großer Sorgfalt und Hingabe eingerichteten eigenen Unterwasserwelt.

Mein erstes Aquarium war winzig: 60 mal 30 mal 30 Zentimeter, 54 Liter Inhalt. Abzüglich Kies, Steine und Filter ergab das vielleicht 35 bis 40 Liter Wasser für meine neuen Haustiere. Ich besetzte es entgegen jeglicher Vernunft und Regel mit zehn Sumatrabarben (*Puntigrus tetrazona*), vier Skalaren (*Pterophyllum scalare*), zwei Blauen Antennenwelsen (*Ancistrus dolichopterus*), vier Panda-Panzerwelsen (*Corydoras panda*), zwei Siamesischen Rüsselbarben (*Crossocheilus oblongus*) und zwei Zwergkrallenfröschen (*Hymenochirus*) – Fische aus Südamerika und Asien, Frösche aus Afrika, Pflanzen aus Nordamerika und Australien, was für ein Sammelsurium!

Die Fischliebhaber und Aquarianer unter Ihnen rollen jetzt bestimmt mit den Augen. Für alle anderen: Es wäre so, als würde ich im Zoo ein 10 000-Quadratmeter-Afrika-Haus mit 42 Tigern, 180 Elefanten, 40 Jaguaren, zwei bis drei Eisbären und 160 Seehunden bestücken. Vielleicht noch ein paar Gorillas und ein Teich mit Orcas? Völliger Wahnsinn, ohne Sinn und Verstand.

Die komplett verantwortungslose Zoohändlerin verkaufte mir mit Freude alles auf einmal, obwohl man ein Aquarium mindestens zwei Wochen »einfahren« muss. Das Geld war ihr vermutlich wichtiger als das Wohlergehen der Tiere. Über Nacht hatte ich nun also 24 neue Freunde.

Ich gab ihnen Namen, sah sie fressen, herumschwimmen und nahm an ihrem Leben teil. Einige der Leben waren ziemlich kurz, was definitiv meinem Übereifer und meiner mangelnden Erfahrung geschuldet war. Die Frösche waren schon nach 24 Stunden aus dem Becken geklettert, und zwei der Sumatrabarben hatten nach nur einer Woche das Zeitliche gesegnet. Über die Jahre hatte ich einen ziemlichen Durchsatz an Fischen, ohne mir jemals wirklich Gedanken gemacht zu haben, wie es ihnen wohl ergeht. Am Ende stirbt so ein Fisch, der vielleicht vier Euro gekostet hat, und man spült ihn im Klo hinunter. Fertig. Keine enge Bindung, kein schlechtes Gewissen. Keine Fragen. Damals. So ergeht es rund 80 Millionen Zierfischen pro Jahr, allein in Deutschland. Die Dunkelziffer liegt sicher höher.

Die ersten Zweifel, dass Fische nicht nur »kalte« Lebewesen sind, kamen mir, als mein Skalar-Weibchen nach nur zwei Jahren starb und ihr treuer Begleiter daraufhin das Fressen einstellte und nur noch farblos in einer Ecke herumlungerte. Schon eine Woche vor ihrem Tod schwammen die beiden sehr eng nebeneinander, berührten sich ständig und ließen sich nicht aus den Augen. Ich wunderte mich noch und erwartete Nachwuchs, doch das Gegenteil trat ein. Als damals Zehnjähriger begann ich zu ahnen, dass auch Fische Gefühle haben und von Langeweile bis Trauer alles empfinden können. Was mich nur noch mehr für sie und ihre Welt einnahm.

Es folgte ein weiterer Meilenstein meiner persönlichen Fischbegeisterung: Mein Großvater Peter nahm mich zum ersten Mal mit an die Weiße Elster – zum Angeln. Dort fing ich meine ersten kleinen Weißfische. Sie zappelten in meiner Hand, während ich sie für ein paar Sekunden aus der Nähe betrachtete. Ich bewunderte ihre glänzenden Schuppen, ihre blutroten Kiemen, ihre lebendigen Augen und die unbeugsame Kraft ihrer muskulösen Körper und ließ sie schließlich wieder frei. Catch and Release nennt man das. Zu Recht verboten in Deutschland! Angeln zum Spaß, so wie es viele Angler betreiben und auch ich jahrelang, ist nicht gestattet. Zum Nahrungserwerb natürlich schon.

Was diese silbernen Winzlinge wohl gefühlt haben?

An einem Haken durchs Wasser gezogen, in der größten Stressphase ihres Lebens ihrem Lebensraum entnommen, den Sauerstoff entzogen, zappelten sie mit ihrer empfindlichen Schleimhaut auf meiner säurefilmüberzogenen Hand. Heute weiß man, Fische spüren Schmerzen, genauso wie Säugetiere.

Rückblickend und mit der heutigen Erfahrung ist mir klar, warum Menschen schweigende Fische nicht als fühlende Lebewesen einordnen. Aber nichts könnte ferner von der Wahrheit sein. Fische fühlen Schmerzen wie wir, sie empfinden Stress, Zuneigung, Langeweile, und einige erkennen sich sogar im Spiegel. Sie haben Kenntnis von sich selbst, sie wissen, dass sie sie sind – etwas, was sonst nur Menschenaffen (*Hominidae*), einige Krähenarten (*Corvidae*), Belugas (*Delphinapterus leucas*), Orcas (*Orcinus orca*) und der ein oder andere Delfin (*Delphinidae*) mit uns teilen.

Mein Großvater lehrte mich den Respekt im Umgang mit der Natur, aber auch mit Menschen. Er zeigte mir Rotfüchse (*Vulpes vulpes*), Rehe (*Capreolus capreolus*), Wildkaninchen (*Oryctolagus cuniculus*) und Wildschweine (*Sus scrofa*) und erklärte mir alles, was er über die Natur wusste und was er als Junge gelernt hatte. Wir bauten an besonders schönen Bäumen kleine Mooshütten aus Stöcken und Moosplatten, damit die Karnickel darin übernachten konnten. Bis ich 14 Jahre alt war, glaubte ich fest daran, dass Hasenartige (*Lagomorpha*) in selbst (oder von uns) gebauten Mooshütten schlafen …

Wir gingen auch oft Pilze suchen, das liebte ich sehr. Als wir einmal einen riesigen und wahrhaft perfekten Steinpilz (*Boletus edulis*) fanden, bat er mich, den 30-Zentimeter-Riesen stehen zu lassen. Ungläubig fragte ich: »Wieso das denn?« Und er sagte: »Na ja, schau, wenn ihn der nächste hier findet, was denkst du denn, wie der sich dann freut!« Das sagt sehr viel über diesen besonderen Menschen Peter Lehmann aus.

Die Erlebnisse mit meinem Opa waren die schönsten Momente meiner Kindheit, unvergesslich. Unter seiner Aufsicht entzündete ich mein erstes Lagerfeuer, von ihm bekam ich mein erstes Taschenmesser – ich habe es heute noch. Er brachte mir Schwimmen bei, und wir schnorchelten gemeinsam im Rofensee, wo ich – endlich auch mitten in der Natur auf Fischaugenhöhe – meine ersten Flussbarsche (*Perca fluviatilis*) zwischen den Schilfhalmen entdeckte und völlig hin und weg war.

Schon bald drehte sich bei mir alles nur noch um Fische, Angeln und Aquarien. Bereits als Jugendlicher finanzierte ich das Jenaer Angelcenter und die örtlichen Aquarienhandlungen nicht unerheblich mit, denn all mein Taschengeld floss in diese beiden Hobbys. Das örtliche Angelcenter fütterte meine Begeisterung mit immer schmackhafteren Ködern an bis zum Gipfel des Glücks: zwei handgefertigte Karpfen-Angelruten, 289 Deutsche Mark das Stück! Ich konnte nicht widerstehen.

Man ließ mich die Unsumme abstottern. Ich bekam zu der Zeit zehn Mark Taschengeld im Monat von meinen Eltern und weitere zehn Mark von meinen Großeltern. Das machte unterm Strich vierzehneinhalb Monate Verzicht – pro Rute! Und auch nur dann, wenn ich mir sonst nichts leistete. Also beschränkte ich mich nicht darauf, meine edlen Angelruten mit Babyöl einzureiben (das machen echte Profis mit ihren Profiwerkzeugen) und dabei ins Aquarium zu starren. Ich ging in den Sommerferien arbeiten – im Steinbruch, dem Zementwerk oder der Papierfabrik – und machte genau die Ferienjobs, die von anderen Schüler:innen gemieden wurden, weil Wetter, Dreck und körperliche Belastung einen aufzehrten, während man sich doch eigentlich fürs nächste Schuljahr erholen oder tolle Zeiten im Freibad verbringen sollte. Doch diese Jobs brachten einfach mehr Geld.

Am Ende der Ferien kassierte ich neun blaue Scheine, mit

denen ich, nach nebenbei bestandener Fischereiprüfung, sofort und ohne Umweg meine Schulden im Angelcenter beglich und den Rest bis auf den letzten Pfennig auch noch für Angelausrüstung ausgab. 30 Minuten mit 900 Mark sind eh zu lang …

Meine Eltern zweifelten an meinem Restverstand, als ich nicht einmal das letzte Ferienwochenende vor Schulbeginn zum Ausspannen nutzte, sondern mit meinem neu erworbenen Equipment morgens um vier das Haus verließ. Aber für mich waren zwei Tage Angeln wie sechs Wochen Urlaub. In der Natur sitzen, das Zelt, die Liege und den Gaskocher aufbauen, die Ruten ausbringen, das war alles, was ich brauchte. Tage vorher hatte ich vor der Schicht im Zementwerk schon die Köder vorbereitet, war an den See gefahren, hatte die Fische angefüttert und schnorchelnd geprüft, ob sie die Köder, die ich ausgelegt hatte, auch gefressen hatten.

Das war meine Welt: die Rohrdommeln (*Botaurus stellaris*) im Schilf, die Wildschweine am anderen Ufer, die Schwalben im Flug über der Wasseroberfläche, die (Wander-)Ratten (*Rattus norvegicus*) in meinem Zelt und die Nacktschnecken am Kochgeschirr, die Gewitter und Starkregen, die sich über mein Zelt ergossen. Ich liebe noch heute das Geräusch von Regentropfen auf einem Zeltdach. Das ist 360-Grad-Wildnis-Wellness für mich.

Natürlich machte mich meine Liebe zur Natur zum Außenseiter, denn ich ging mit meinen Angelklamotten auch manchmal in die Schule. Da galt es als wenig cool, wenn man Camouflage trägt und sich zum Fasching als Wildhüter verkleidet, mit Lederhose, Karohemd und Fernglas um den Hals, während alle anderen als Ninja Turtle, Super Mario, He-Man oder James Bond gingen. Ich belegte im Kostümwettbewerb jedes Jahr traditionell den letzten Platz. Niemand hat mein Kostüm verstanden. Aber mir war das egal. Camouflage ist bis heute meine Lieblingsfarbe.

Auch dass meine Eltern bis zuletzt keinen Computer hatten, störte mich nicht. Ich wuchs in einer Generation auf, für die

Handys, Computer oder Internet erst unbekannt und dann unerschwinglich waren. Jahrgang 1983 bedeutete im Osten wie im Westen: Wende, BMX- oder grünes Blitzfahrrad mit langem Sattel, und irgendwann ein Gameboy, obwohl man eigentlich schon zu alt dafür war.

In der Schule hatten die das Sagen, die einen Vater mit Personalcomputer hatten, mit 64 Kilobyte Arbeitsspeicher und Diskettenlaufwerk. Dann wurde X-Wing-Fighter oder Winter Games gespielt, bis man mit dem Joystick im Schoß und Chipskrümeln im Mundwinkel einschlief. Stundenlang, allein oder mit Freunden – alle waren auf einmal nur noch drinnen. Alle außer mir und ein paar wenigen. Dass heute Jugendliche nur noch halb so viel draußen sind wie ihre Eltern im gleichen Alter, halte ich für eine sehr bedenkliche und traurige Entwicklung, denn die Natur tut uns gut. Drinnen zu hocken ist nachweislich schlecht. Raus mit euch!

Angeln war nicht nur meine Leidenschaft – es weckte auch weitere Neugierde. Nach der Schule war ich regelmäßig draußen unterwegs und verbrachte viel Zeit an den unterschiedlichsten Seen und Flüssen Thüringens. Allein oder mit meinen Freunden.

Egal an welchem Gewässer: Immer wollte ich wissen, was da unter Wasser vor sich geht. Was treiben die Fische den ganzen Tag? Sind die gerade wach? Wer jagt wen? Wenn es für alle genug Nahrung gibt, wieso gehen mir manche trotzdem an den Haken? »Denken« die Fische sich etwas dabei, wenn sie mitbekommen, wie einer ihrer Kollegen plötzlich verschwindet, um ein paar Minuten später – nachdem ich ihn vom Haken befreit und zurückgesetzt habe – wieder zu ihnen zu schwimmen? Kommunizieren sie miteinander? Warnen sie sich vor in Ködern versteckten Haken und menschlichen Silhouetten? Fragen über Fragen, die in der Konsequenz letztlich dazu führten, dass mir Schnorcheln nicht mehr reichte und ich irgendwo einen Tauchschein herbekommen musste. Ich musste mit eigenen Augen beobachten, nach welchen Gesetzen die Unterwasserwelt funktioniert. Meine unzähligen Aquarien (es waren am Ende ein gutes Dutzend aller Größen) und all die Fischführer und Ozeanbücher, das Angeln und das Schnorcheln reichten mir nicht mehr. Ich musste im wahrsten Sinne des Wortes tiefer in die Materie eintauchen, mich schließlich selbst auf den Weg zu einer leibhaftigen Begegnung mit einem meiner Lieblingstiere machen: dem Hai.

Meine Eltern machten bezüglich der Wasser- und Stromrechnung durch die Aquarien bestimmt schon voreilig drei Kreuze im Kalender. »Endlich will er *ins* Wasser, anstatt ständig neues Viehzeug anzuschleppen.« Zu früh gefreut, Mutter! Es wurden mehr und mehr Viecher.

Meine Mutter betrat sogar mal fast anderthalb Jahre lang nicht mehr mein Zimmer, weil ich Gespenstschrecken (*Phasmiden*) in großen Stückzahlen züchtete. Manche von denen sehen dramatisch gefährlich aus, sie sind aber völlig harmlos. Also, liebe Jugendliche, wenn ihr eure Eltern easy aus dem Zimmer bekommen wollt: Phasmiden! Sagt einfach, die seien gefährlich wie Skorpione (*Scorpiones*). Mütter und Väter glauben so etwas. PS: Die meisten Skorpione sind auch nicht wirklich gefährlich …

Papierhaie, Musicals und Finnwale

Meine erste Begegnung mit einem Hai, abgesehen von den ausgeschnittenen im Lexikon, hatte ich bereits im Alter von sechs Jahren – allerdings wieder nur auf dem Papier. Mein Vater hatte mir ein Buch über Haie geschenkt, und von da an war es um mich geschehen. Ich blätterte fast jeden Tag in diesem (äußerst schlechten) Bildband, betrachtete die Fotos und mochte nicht glauben, dass diese wunderschönen Tiere blutrünstige Menschenfresser sein sollten.

In den Achtzigerjahren war es Mode, Haie sehr effektheischend darzustellen. Besonders Weiße Haie (*Carcharodon carcharias*), was wohl auch mit dem gleichnamigen Film zu tun hatte. Man köderte sie an und goss ihnen Rinderblut ins Gesicht, wenn sie ihre Schnauze aus dem Wasser streckten, um sie in dem Moment zu fotografieren, wenn sie mit weit aufgerissenen Mäulern, blutüberströmt zum vermeintlichen erneuten Biss ansetzten.

Blauhaie wurden sogar so lange provoziert, bis sie zubissen. Natürlich war der Taucher mit einem Kettenanzug geschützt, doch das Bild, die Situation sah unglaublich gefährlich aus. Ich liebte diese Fotos sehr, auch wenn ich mir die Quelle des Blutbads nicht erklären konnte und keine Ahnung hatte, unter welchen Umständen die Aufnahmen entstanden waren. Ich las alles über Haie, was ich in die Finger bekommen konnte. Welche grausamen Konsequenzen das schlechte Image für den Hai hatte, und dass der Haischutz einmal zu einem meiner größten Anliegen werden würde, ahnte ich im Alter von sieben oder acht Jahren natürlich noch nicht.

Bei Walen (*Cetacea*) und Delfinen war ich da schon weiter. So wandelte ich einmal mein Hausaufgabenheft in eine Unterschriftenliste um und zog in Jena, meiner Heimatstadt, von Haus zu Haus, um Unterschriften gegen das Abschlachten der Wale und Delfine zu sammeln. Ich hatte bis dato weder einen Wal noch einen Delfin gesehen. Doch ich wusste alles über sie und die Gefahren, denen sie im Ozean ausgesetzt waren, und ich wollte sie unbedingt schützen. Meine Unterschriftenliste wurde immer länger, ich wurde immer mutiger. Also klopfte ich schließlich bei Heike Drechsler persönlich an, der damaligen Leichtathletik-Ikone meiner Heimat und dem bis dahin einzigen mir bekannten Promi aus Thüringen.

Ich glaube, sie ist auch heute noch Thüringens einziger Promi. Heike Drechsler zögerte keine Sekunde und gab mir sofort ihre Unterschrift. Nur leider nicht in mein selbst gebasteltes »Rettet-die-Wale«-Heft, sondern auf eine ihrer Autogrammkarten … Mist.

Trotzdem: Der Einsatz für Tiere erschien mir nicht nur sinnvoll, sondern machte auch Spaß. Es gab so viele Möglichkeiten, aktiv zu werden. In der Schule war ich bald verantwortlich für den Ökoteich, diverse Stabheuschrecken-Terrarien und natürlich das Schulaquarium. Das hinterließ Spuren, wenn auch manchmal zweifelhafte. In meinen Zeugnissen stand in der Verhaltensbeurteilung immer wieder: »Robert handelt interessenbetont, engagiert sich allerdings sehr für den Teich und die Schultiere.«

Zugegeben, ich habe im Unterricht kaum zugehört, mitgemacht oder mitgeschrieben, sondern die Schulstunden überwiegend mit Zeichnen verbracht: Fische, Boote, Unterwasser-Forschungsstationen, in Camouflage. Was sollte ich mit Programmiersprachen anfangen? Mit der euklidischen Beweisführung der Primzahlen-Unendlichkeit? Jambus und Trochäus in der klassischen Lyrik? Ich war nicht mehr als ein unbeteiligter Zeuge dieser Lerninhalte. Mit meinem Leben hatte das alles nichts zu tun – im Gegensatz zu der aufgeschlagenen Angelzeitung und den Fischbüchern unter meiner Schulbank. Das ging Frau Müller, meiner Klassenlehrerin, schließlich zu weit. Mein Vater wurde in die Schule bestellt. Das Gespräch war allerdings kurz, denn zum Glück waren meine Leistungen, abgesehen von Mathematik, nie schlecht.

Im Gegenteil: Bis zum Abitur habe ich niemals richtig für die Schule gelernt – was besonders meine Mutter wahnsinnig machte, die als Lehrerin selbst täglich mit Kindern wie mir zu kämpfen hatte. Wie es sein konnte, dass ich das Abitur schließlich mit einem sehr guten Notenschnitt als zweitbester Junge meines Jahrgangs bestand, ist ihr nach all den Jahren immer noch ein Rätsel. Na ja, ich denke mal, die Einschätzung »handelt interessenbetont« traf es schon ganz gut. Vor allem Biologie als eines der Hauptfächer brachte mir viele wertvolle Punkte ein.

Dann begann der Ernst des Lebens. Zunächst einmal kam er in Form der Bundeswehr auf mich zu, denn Anfang der 2000er-Jahre gab es ja noch die Wehrpflicht.

Die Vorstellung, Soldat zu werden, störte mich nicht, denn ich war ohnehin der Outdoor-Typ, so oft wie es ging draußen, kannte mich richtig gut in der Natur aus, liebte das Abenteuer und die Tarnklamotten – und so dachte ich, ich könnte doch auch gleich Elitesoldat werden, und wollte natürlich dann zum KSK, dem Kommando Spezialkräfte der Bundeswehr. Wenn schon Bundeswehr, dann richtig, dachte ich mir. Ich ging also zur Musterung, wurde aber zu meiner großen Enttäuschung nur T2 oder T3 gemustert – weil ich eine Zahnspange hatte! Mein Argument, dass die Spange ja irgendwann wieder weg und dann alles in Ordnung sei, konnte die Kommission nicht umstimmen. Es zählte der Zeitpunkt der Musterung, erklärte man mir und wollte mich in ein Versorgungsbataillon nach Riesa stecken, gut zwei Stunden mit dem Auto von Jena aus Richtung polnischer Grenze.

Ganz. Bestimmt. Nicht!

Ich verabschiedete mich mit einem äußerst stillen »Ihr könnt mich mal, Freunde, so nicht!« und beschloss, den Kriegsdienst zu verweigern und stattdessen das genaue Gegenteil zu machen. 17 Jahre später landete ich durch einen Zufall dann doch noch irgendwie beim Kommando Spezialkräfte … aber das ist ein eigenes Buch wert. Vielleicht das nächste …

Ich bewarb mich also auf eine Zivildienststelle, gab aber sicherheitshalber gleich schon die Richtung vor: Ich wollte meine Zeit nicht mit langweiligen Tätigkeiten wie Essen ausfahren oder Laubfegen vertrödeln, sondern verlangte eine echte Herausforderung. Daraufhin bekam ich das Anspruchsvollste zugeteilt, was zivildienstlich möglich war: die Kinderkrebsstation.

Das war eine richtig gute Entscheidung! Denn es wurden insgesamt 14 Monate (ich habe freiwillig verlängert), die nicht nur sehr anstrengend und belastend waren, sondern auch viel mit mir als Mensch gemacht, mich geprägt haben. Ich habe in dieser Zeit viel Leid gesehen, aber auch viel gelernt. Natürlich hat es mich immer furchtbar mitgenommen, wenn Kinder gestorben sind. Ich konnte das nicht am Arbeitsplatz lassen, die Kleidung ablegen und nach Hause gehen, denn die Kinder waren ja vom Alter her gar nicht so weit weg von mir. Es gab sogar einige, die waren so alt wie ich oder etwas älter, weil sie rezidiv, also mit einer erneuten Krebserkrankung zurück auf die Station gekommen waren.

Aber wir Zivis und die Schwestern hatten einen sehr, sehr guten Umgang miteinander, ein gutes Arbeitsklima. Wir unterstützten uns, wo wir nur konnten, fingen einander auf, wenn es zu viel wurde – und das muss auch sein, wenn man so einen besonderen Job macht.

Vor meinem Zivildienst hatte ich vor allem eine ungeheure Neugierde auf die Natur und die Tiere, wollte sie erkunden und schützen. Auf der Kinderkrebsstation kam der Respekt vor dem Leben dazu, die Erkenntnis, wie schnell es zu Ende sein kann – selbst wenn ein Kind erst zwei oder drei Jahre alt ist und egal, was man tut, um ihm zu helfen. Das hat einen respektvolleren Menschen aus mir gemacht, vor allem aber auch einen Menschen, der keine Berührungsängste hat. Vor nichts mehr.

Ich hatte z.B. nachts auch auf der Epilepsiestation Dienst und musste die Kinder wach halten, damit frühmorgens ein EEG (Elektroenzephalografie – eine neurologische Untersuchung) gemacht werden konnte. Also haben wir zusammen Disney-Filme geguckt. Alle. Oft sind wir auch nachts spazieren gegangen, sofern das den kleinen Patienten möglich war. Ich war bei ihnen, wenn es ihnen schlecht ging, habe ihnen die Haare abrasiert und den Mädchen danach ein schönes Kopftuch ausgesucht. Es ist besonders hart für ein kleines Mädchen, die langen, schönen, hart erarbeiteten Haare zu verlieren. Der

Spruch »Immerhin ziept jetzt nix mehr beim Kämmen!« hat sie manchmal zum Lachen gebracht. Bei den Jungs konnte ich das immer noch als coolen Look verkaufen. Ich habe sie festgehalten und Trost gespendet, wenn Liquor (Gehirn-Rückenmarks-Flüssigkeit) bei einer schmerzhaften Lumbalpunktion aus dem Zwischenraum der Lendenwirbel entnommen wurde. Die Kanülen dafür waren elendiglich lang, dick und Furcht einflößend. Ich habe die Kids zu ihren OPs und Bestrahlungen begleitet. Und ich habe natürlich so ziemlich alle Körperflüssigkeiten abbekommen und aufgefangen, die es gibt. In allen erdenklichen Farben. Eine Chemo ist hart, besonders für ein Kind. Es war auch hart für mich. Das ist es heute noch. Aber das hat mir die Angst vor den schrecklichen Dingen im Leben genommen, selbst vor dem Tod. Ob ich auf kranke oder behinderte Menschen treffe, ich spüre nie diese Distanz, die so viele andere empfinden. Das habe ich vielleicht in dieser Zeit gelernt und bis heute beibehalten, auch in Bezug auf Tiere. Empathie pur.

Dann war auch dieser Lebensabschnitt vorbei. Anders als viele meiner Klassenkamerad:innen hatte ich mir während der Schulzeit keine konkreten Gedanken darüber gemacht, was ich mal werden wollte. Es war immer nur ein Gefühl in mir. Klar war, es musste mit Tieren zu tun haben. Tierarzt hatte »Tier« bereits im Namen, hörte sich damit näher an den Objekten meines Interesses an als Biologie, zu helfen hatte ich auf der Kinderkrebsstation gelernt – und so bewarb ich mich um einen Studienplatz. Tiermedizin hatte einen Numerus clausus von 1,8 – diese Voraussetzung konnte ich erfüllen. Man musste drei Studienorte angeben, und dann hieß es warten.

Plötzlich meldete sich ganz überraschend die FU Berlin (meine erste Wahl, weil Berlin einen ausgezeichneten Ruf hatte) mit einer Zusage! »Sie haben den Studienplatz, Montag fangen Sie an.«

Es war Donnerstag. Ich hatte drei ganze Tage Zeit, eine Wohnung oder ein WG-Zimmer zu finden, umzuziehen, alle behördlichen Angelegenheiten zu regeln – und das fand ich so extrem kurzfristig, fast schon unverschämt, dass ich dachte, nein, das tue ich mir nicht an. Und habe abgesagt. Es war wie damals bei der Bundeswehr, eine spontane Entscheidung aus dem Bauch heraus: »So nicht, Freunde, dann mache ich halt was anderes.«

Heute weiß ich, auch das war wieder eine hervorragende Entscheidung. Denn ich hätte vermutlich schnell festgestellt, dass dieses Studium überhaupt nichts für mich ist, meine Schwester hat nämlich Tiermedizin studiert. Es ist eines der härtesten und vor allem am stärksten verschulten Studienfächer überhaupt. Ich bin mir sehr sicher, ich wäre auch als Tierarzt nicht wirklich glücklich geworden.

Also, warum nicht wieder ganz meinen Interessen folgen und endlich Tauchen lernen? Und das gleich noch mit einem Ortswechsel verbinden und ins Ausland gehen? So kam ich auf die Idee, mich als Animateur zu bewerben, denn zum Tauchen braucht es Wasser, am besten Meerwasser, gerne eine Insel, von der aus man loszieht. Mit Kindern konnte ich gut, das wusste ich von der Kinderkrebsstation her, und als Animateur würde ich genug Geld verdienen. Meine Eltern wurden schier wahnsinnig, als ich ihnen meinen Entschluss mitteilte.

Doch gesagt, getan. Ich fuhr zum Casting von TUI 1-2-Fly nach Dresden und wurde angenommen, als einer von 15 unter 300 Kandidat:innen. Ich war dabei, weil ich mich in mehreren Runden durchsetzen und schließlich mit meiner Performance als *Tyrannosaurus rex* aus »Jurassic Park« beeindrucken konnte. Die Aufgabe lautete, eine berühmte Filmfigur nachzustellen, und mein T-rex war so überzeugend, dass sie mich genommen haben.

Danach durfte ich zu einem Lehrgang für angehende Animateure ins schöne Sauerland fahren, um alles zu lernen, was man für diesen Beruf so braucht. Mein Opa brachte mich mit seinem Ford Fiesta hin, lieferte mich ab, fuhr nach Hause – und brach vor der Wohnungstür zusammen. Der mit großem Abstand wichtigste Mensch in meinem Leben war tot!

Meine Eltern kamen am nächsten Tag persönlich vorbei und überbrachten mir die schlimme Nachricht. Das war ein großer Schock für mich. Ich war der Letzte, der ihn lebend gesehen hatte, und hatte nur einen Gedanken: Ich mache weiter. Ich schaffe das und ich gehe auf meine Insel, um zu tauchen. Ich war ganz sicher: Mein Großvater hätte nichts anderes gewollt, er hätte nicht zugelassen, dass ich aufgebe.

Also habe ich die Zähne zusammengebissen und mich auf die Kurse konzentriert, bin Kinderanimateur geworden und zudem Schwimmlehrer für Kinder, lernte Musicals, Tanzen, urlaubsträge Menschen zu lustigen Spielen zu animieren und vieles mehr, alles innerhalb von nur 14 Tagen. Danach galten wir als perfekt vorbereitet und wurden auf die zum Teil alles andere als einfachen Gäste losgelassen.

Während der Ausbildung weiß man nicht, wo man arbeiten wird. Man kann sich das Hotel oder die Anlage nicht aussuchen, sondern wird am Ende vom Reiseveranstalter eingeteilt. Ich sehe noch genau die Gesichter derjenigen vor mir, die in die Uckermark mussten, und die Gesichter derjenigen, die in die Karibik durften. Ich erwischte irgendwas dazwischen, ich kam nach Fuerteventura, in den 1-2-Fly-Club in Corralejo, eine Anlage für etwa 1 000 Gäste im Nordosten der Insel. Ich hätte es schlechter treffen können. Der Tauchschein rückte in greifbare Nähe.

Ich machte, wofür ich bezahlt wurde, beschäftigte die Kinder, spielte mit ihnen und brachte ihnen Schwimmen bei, sogar immer wieder Kindern mit Behinderungen, die weder Arme noch Beine richtig gut bewegen konnten, die aber trotzdem Rückenschwimmen bei mir lernten. Das reicht fürs Seepferdchen! Meine Stelle als Kinderanimateur war voller Action, aber nicht ganz der Action, nach der ich mich sehnte. Zumal der Job ja nicht endete, wenn die Kleinen im Bett waren. Denn für die

Animateur:innen beginnt dann erst der Stress. Ich habe bestimmt zehn Musicals auswendig gelernt, Texte und Choreografien für »Mamma Mia!«, »Cats« (boah, hasse ich Cats!), »Saturday Night Fever« oder den »Tanz der Vampire« (mein absoluter Favorit!). Sagen Sie einen Titel, und ich fange an zu singen. Ohne Witz, ich kann noch heute zehn Musicals (mit)-singen und tanzen. Und ich garantiere Ihnen: Sie wollen bei keinem einzigen Song Zeuge sein.

Einen Tag in der Woche aber, montags, hatte ich frei – und den habe ich genutzt und das getan, was ich ja eigentlich vorhatte und was mich viel mehr interessierte: Ich habe endlich Tauchen gelernt! Es war der Eintritt in eine andere Welt, in der ich mich sofort zu Hause fühlte. Das erste Mal den Kopf unter Wasser zu stecken und trotzdem weiteratmen zu können, länger unter Wasser zu bleiben als die anderthalb Minuten beim Schnorcheln, die Schwerelosigkeit, das Dahingleiten inmitten der unterschiedlichsten Fische, die Korallen, Schwämme und Anemonen, die Seegurken, Seesterne und Seeigel – das war die totale Offenbarung. Genau deswegen steht heute auf meinem Arm: »Head underwater – now I can breathe.« (Kopf unter Wasser, jetzt kann ich atmen.)

Und dann, noch während meines ersten Tauchgangs überhaupt, das Erlebnis schlechthin: mein erster echter Hai! Noch nie hatte ich einen lebendigen Hai gesehen, geschweige denn in freier Natur, und dann das: ein Engelhai (*Squatina squatina*), ganz eingegraben im Sand, in fünf Metern Tiefe, keine 20 Meter vom Ufer entfernt. Mein Tauchlehrer fächelte ihn ganz behutsam frei, und ich konnte ihn in aller Ruhe betrachten – ich war hin und weg! Ein richtiger, echter Hai! Endlich! Heute gehört dieser Hai zu den am stärksten vom Aussterben bedrohten Haiarten.

Jahrelang war ich gespannt darauf, zu sehen, was sich unter der Wasseroberfläche tut. Nun schwebte ich auf einmal in fast 20 Metern Tiefe mitten in einem Ozean und guckte zu – der absolute Hammer! Es war klar, dass ich das Tauchen immer weitermachen wollte und dass es ein großer Bestandteil meines Lebens sein würde. Und so ist es bis heute. Tauchen ist mein Leben – es gibt nichts Besseres.

Jeden Montag ging ich zur Tauchschule und machte meinen ersten Tauchschein, den Open water diver. Am Ende meiner Zeit auf Fuerteventura hatte ich 25 Tauchgänge in meinem Logbuch stehen und all mein Geld, das ich als Animateur verdient hatte, für das Tauchen und den Schein ausgegeben.

Als ich meinem Gefühl gefolgt war und den Studienplatz hatte sausen lassen, um stattdessen auf die Insel zu gehen, hatte ich ausnahmslos alle ratlos zurückgelassen. Im Rückblick jedoch war Fuerteventura einer der Gründe dafür, dass ich Meeresbiologe geworden bin. Die Kanaren haben mich – auch wenn sie erst einmal ein kleiner Umweg waren – quasi aufs Gleis gesetzt Richtung »zukünftige Bestimmung«.

Und das kam so: Eines Abends, ich saß mit wundgetanzten Animateurs-Füßen, verbranntem Schwimmlehrer-Nacken, hungrigem Magen (denn an der Verpflegung für uns Animateur:innen wurde kräftig gespart, es hatte an diesem Tag wie so oft mal nur wieder Pommes und Gurkensalat gegeben) und dem obligatorischen Ron Miel con Leche auf der Couch, sah ich in irgendeinem RTL-Magazin einen Bericht darüber, wie ein 20 Meter langer Finnwal (*Balaenoptera physalus*) mitten durch die Kieler Förde schwimmt. Das zweitgrößte Tier der Erde macht einen Törn durch die Ostsee? Das einzige Tier mit einem asynchronen, zweifarbigen Gesicht und keiner weiß warum ... Wie geil ist das denn? Im nächsten Augenblick war ich schon völlig fokussiert auf den einen Gedanken: »Da muss ich hin!«

Der Vertrag auf Fuerteventura lief ohnehin gerade aus. Ich hätte ihn zwar verlängern können, und es gab auch ein paar Kolleg:innen, die waren schon seit über zehn Jahren dabei, aber das kam für mich nicht infrage beim Blick in ihre Gesichter.

Zehn Jahre Pauschaltourismus mit Gäst:innen-Kontakt – muss nicht sein. #ZwinkerSmiley

Ich wollte Tiere schützen, beschützen, helfen. Das war mein Ziel. Nun konnte ich auch noch tauchen, mich also auf die Unterwasserwelt spezialisieren. Meine Zeit als Animateur war damit unwiderruflich vorbei.

Mit einem Lebensziel wie dem meinen, kommen am Ende nicht wirklich viele Berufsausbildungen infrage: Tiermedizinische Fachkraft oder Meeresbiologe – und das war's dann auch irgendwie schon. Damals. Nachdem die Tiermedizin ausgeschieden war, blieb quasi nur noch die Meeresbiologie übrig. Da es in Kiel ja nun Finnwale gab, stand auch der Studienort außer Frage.

Also bewarb ich mich ein weiteres Mal für ein Studium, diesmal direkt an der Christian-Albrechts-Universität zu Kiel mit dem angegliederten Institut für Meereskunde (damals noch IfM-Geomar). Ich bekam auch ganz schnell einen Studienplatz und zog schon eine Woche später zurück nach Deutschland, um meine Ausbildung zu beginnen.

Ich kam direkt aus Fuerteventura mit 30 Grad und Sonnenschein nach Kiel: 9 Grad und Nieselregen – gefühlt das einzige Wetter im Norden. Ein Schock? O ja! Leider sollte es nicht die einzige Enttäuschung bleiben …

Meeresbio-Studium und Forschungstauchen

Meine Erwartungen waren groß: Die erste Vorlesung in Kiel sollte der erste Schritt in meine wissenschaftliche Zukunft werden und mir alle Geheimnisse der Meeresbewohner:innen vermitteln. Mich endgültig entflammen für das gigantische Abenteuer Unterwasserwelt. Meinen Entdeckergeist wecken auf Tausende bislang unentdeckte Tierarten in der Tiefsee. Ich wollte alles lernen und verstehen, was mit Wasser, den Ozeanen und den Lebewesen darin zu tun hatte. Ich wollte Wale retten und mit Haien tauchen. Doch jetzt saß ich im Hörsaal, während der Professor routiniert bis gelangweilt seine Einführung in die Welt der Wirbeltiere (*Vertebrata*) herunterspulte, und wurde immer unruhiger. Da war es ja spannender, ausgeschnittene Papierfische durch den Suppenteller zu schubsen!

Ich versuchte mich zu trösten, indem ich mir all die Abenteuer und Exkursionen in ferne Länder und Meere ausmalte, die mir das Studium eröffnen würde – so wie ich es aus den Reisen, Filmen und Büchern von Jacques-Yves Cousteau, Hans Hass, und Rüdiger Nehberg kannte. Doch nach 30 Minuten war mein ohnehin seidendünner Geduldsfaden so aufgerieben, dass ich mich meldete. Der Professor sah verwundert auf, unterbrach seine Vorlesung irgendwo in den Weiten des Wirbeltier-Kosmos und nickte mir zu. Es wäre für uns beide besser gewesen, er hätte mich ignoriert …

»Entschuldigung, jetzt sitzen wir hier schon eine halbe Stunde. Wann schwimmen wir denn endlich mit Delfinen?« (Und ja, ich habe das wirklich genauso gefragt!) So viel zum Thema »Wer nicht fragt, bleibt dumm.« Den Rest seiner Vorlesung und das halbe Semester reicherte der Professor mit Witzen auf meine Kosten an, und auch bei meinen Kommilitonen hatte ich mit einer einzigen Frage, innerhalb der ersten 30 Minuten des Studiums, gleich meinen Ruf als höchst seltsamer, ungeduldiger Sonderling weg.

Wenig später ging es mit meinen Mitstudierenden zur Erstsemestereinführung ins Kieler Aquarium. Das, was ich dort zu sehen bekam, versöhnte mich wieder mit meiner Studienwahl. Das waren nicht einfach ein paar Hektoliter Wasser und ein paar Hundert Fische mehr als in meinen Heimaquarien, das war eine bunte, hoch spannende Welt voller Seepferdchen (*Hippocampus*), Tintenfische (*Dibranchiata*), Robben (*Pinnipedia*) und Haie (*Selachii*). Vor allem aber hatten es mir die großen Kaltwasserbecken angetan. Auf Fuerteventura hatte ich als

Taucher zwar die Unterwasserwelt des Atlantiks kennengelernt. Nun aber sah ich endlich einmal die heimatliche, die der Ostsee, auf Augenhöhe. Ich hatte zwar schon in der Ostsee geschnorchelt, aber von oben bekommt man so gut wie nichts mit, dazu muss man schon in die Tiefe gehen. Was ich damals noch nicht konnte.

Tropische Meeresfische sind schön, doch die haben mich nie so interessiert wie Dorsch (*Gadus morhua*), Hummer (*Homarus*) und Katzenhai (*Scyliorhinidae*). Ich fand sie immer sehr viel spannender, weil sie viel schwerer zu entdecken und irgendwie geheimnisvoller sind. Ich war also mächtig beeindruckt, sah aber gleichzeitig an allen Ecken und Enden des Aquariums Verbesserungsmöglichkeiten: bei der Einrichtung, im Fischbestand – und auch die Scheiben waren mir nicht gründlich genug geputzt. Ich würde hier vieles anders machen, wenn man mich ließe. Während meine Kommiliton:innen die Unterwasserwelten mittelmäßig interessiert betrachteten, sammelte ich im Kopf all die Fehler in den wissenschaftlichen Beschreibungen der Fische und Wirbellosen (*Evertebrata*) auf den Schautafeln. #SheldonCooperStyle

Der Guide, der uns Erstsemester damals in stark spanisch geprägtem Deutsch durch die unterschiedlichen Meereswelten führte, hieß Jaime. Er ist heute ein guter Bekannter von mir, der versucht, die Welt mit einem ausgetüftelten System für emissionsfreie Aquakulturen zu verbessern. Damals war er ein leicht überforderter Student, der uns vor dem Katzenhai-Becken die Wesensmerkmale von Tigerhaien (*Galeocerdo cuvier*) erläuterte und dabei kompletten Unsinn erzählte. Da ich ihm das allerdings nicht vor versammelter Mannschaft sagte, sondern erst anschließend in einem vertraulichen Gespräch, gewann ich sofort seine Freundschaft. Und die würde für mich noch richtungsweisende Folgen haben. Wie gern würde ich sagen, dass das Studium der Meeresbiologie wahnsinnig spannend und bereichernd wurde. Leider waren die Begriffe »langweilig« und »öde« treffender. Wieder musste ich feststellen, dass die trockenen Lerninhalte überhaupt nichts mit meinen Interessen zu tun hatten.

Ich liebte Fische, Wale, Quastenflosser (*Latimeria*) – und sollte erst einmal zwei Jahre lang Mathematik, Physik, Chemie, physikalische Chemie, Mikrobiologie, Genetik, Zellbiologie und Botanik lernen. Vier lange Semester mit Theorie, die ich auf keiner meiner jugendlichen Expeditionen jemals gebraucht hatte, standen mir bevor. Es war zum Seemäuse (*Aphrodita aculeata*) melken. Seemaus = vielborstiger mariner Schuppenwurm, 2007 Wurm des Jahres. So!

Doch dann, es war im zweiten oder dritten Erstsemestermonat, sah ich im Eingang zum Institut am Schwarzen Brett einen Zettel hängen: »Ausbildung zum Forschungstaucher – Sie können sich bewerben«. Meeresbiologie und Forschungstaucher, das passt ja richtig gut zusammen, dachte ich mir, völlig ahnungslos, was diese Ausbildung eigentlich genau beinhaltet. Aber ich hatte ja immerhin einen Sporttauchschein! Forschen plus Tauchen = Bingo!

Eigentlich war der Aufruf an Studierende der höheren Semester gerichtet, die auf eine Doktorarbeit abzielten. Außerdem gab es nur zwölf Ausbildungsplätze, und die Ausbildung kostete einen Eigenanteil von 1 500 Euro. Die restlichen 9 000 Euro Ausbildungskosten würden von der Universität finanziert – wenn man einen Professor fand, der einen vorschlug. Das waren somit gleich drei Ausschlusskriterien für einen mittel- und ahnungslosen Erstsemesterstudenten wie mich. Unmöglich, angenommen zu werden, absurd und vermessen, sich zu bewerben. Und doch musste ich es zumindest versuchen. Ich ging sofort zu meinem Lieblingsprofessor Dr. Brendelberger, der später auch meine Forschungs- und die Diplomarbeit betreuen sollte und mir im Gegensatz zu seinem Kollegen sehr wohlgesinnt war, weil er meine Begeisterung und Ungeduld spürte und verstand. Er unterstützte mich, schlug mich vor –

und siehe da, ein Platz wurde frei. Das Schicksal meinte es wohl gut mit mir. Ein Professor, den ich später in Fischerei-Biologie hören sollte, brach sich ein Bein (ohne mein Zutun …), und ich konnte nachrücken und so meine Ausbildung zum Forschungstaucher gleich im ersten Semester beginnen – eine absolute Ausnahme. Diese Bewerbung war die vermutlich beste Entscheidung meines Lebens.

Doch erst mal wurde es hart. Man musste einen umfangreichen Sporttest bestehen und die Tauchtauglichkeits-Prüfung nach G31 ablegen, die auch für Kampfschwimmer, Minentaucher und U-Boot-Fahrer bei der Bundeswehr gilt. Zusätzlich den Rettungsschwimmerschein machen und ein paar (Unter-) Wasserübungen vorzeigen. Zum Lohn wurde ich zur Ausbildung zugelassen, die über 100 Tauchgänge beinhaltete, studienbegleitend über ein ganzes Jahr ging und sehr fordernd war, weil wir einen Ex-Militär-Ausbilder hatten, was uns Teilnehmer aber nur enger zusammenschweißte. Mit zwei Leuten aus dem Kurs arbeite ich heute noch sehr eng zusammen und zähle sie zu meinen besten Freunden.

Ich startete direkt in den Kurs, mit neun Mitstreitern und zwei Mitstreiterinnen. Als Jüngster und mit lächerlichen 25 Tauchgängen im Logbuch, die auch noch aus dem relativ anspruchslosen warmen Atlantik vor Fuerte stammten, mir aber das Gefühl gaben, schon richtig Bescheid zu wissen. Heute habe ich über 2500 Tauchgänge hinter mir, und inzwischen sehe ich ein, dass ich von den meisten Dingen unter Wasser und vom Tauchen immer noch relativ wenig weiß.

In den Ferien im Frühjahr und im Sommer hatten wir jeweils vier Wochen Ausbildung am Stück, dazu kamen die ganzen Trainingseinheiten jeden Donnerstag und Freitag mit viel Theorie und Praxis. Konditionsschwimmen, Apnoetauchen (mit angehaltenem Atem), Sicherheitsübungen et cetera – und am Ende wurde man dann zur Prüfung zugelassen. Bis dahin hatte ich jedoch noch ein ganz anderes Problem zu lösen: die

Finanzierung. Die 1 500 Euro hatten mir meine Eltern vorgestreckt, doch nun musste ich den Kredit abbezahlen. Dafür reichte mein BAföG nicht, und so habe ich nebenbei jeden Job angenommen, den ich kriegen konnte: Ich habe Inventuren in Einkaufscentern gemacht und dabei tagelang Ananasdosen und Suppentüten in den Regalen gezählt. Ich habe nachts im Callcenter bei einer Hotline für Festplatten-Reparaturen gearbeitet, ohne auch nur die geringste Ahnung davon zu haben. Wichtig waren die 7,50 Euro pro Stunde. Daneben hatte ich einen Hilfskraftjob an der Uni für 7,21 Euro pro Stunde. Hier mal bei einem Umzug geholfen für 20 Euro, dort mal als Forschungstaucher getaucht und 30 Euro bekommen – so habe ich meine Schulden abgestottert.

Aber das war es wert, denn ich habe unendlich viel gelernt in dieser Ausbildung – Tauchen. Wissenschaftlich unter Wasser arbeiten. Das Tauchen als solches komplett zu beherrschen, regelrecht zu vergessen und auch in größeren Tiefen und unter schwierigen Bedingungen wie Kälte, Dunkelheit und ohne Sicht stundenlang an komplexen Aufgaben zu arbeiten. In 20, 30, 40 Meter Tiefe etwas aufzubauen, bei vier Knoten (ein Knoten = 1,852 Kilometer pro Stunde) Strömung etwas zu untersuchen, das ist nicht einfach, dazu braucht es eine exzellente Ausbildung. Die hatte ich bekommen. Es fing damit an, dass man in fünf Meter Tiefe auf dem Boden kniend mit geschlossenen Augen und angehaltenem Atem zehn verschiedene Knoten in einen Tampen (= kurzes Stück Leine) machen musste. Heute kann ich die Knoten blind und weiß sofort, wenn unter Wasser etwas zu bergen oder zu befestigen ist, welchen Knoten es braucht und wie er gemacht wird. Vor allem habe ich gelernt, in Notfallsituationen nicht panisch zu reagieren, sondern ich weiß immer, worauf ich mich konzentrieren muss, um zu überleben – die Grundvoraussetzung für alles, was ich heute tue. Nicht nur beim Tauchen.

Ich lernte über das Tauchen als Wissenschaftler auch die

Jungs kennen, mit denen ich später »Submaris« gründen sollte, eine Gruppe von Forschungstauchern, die sich auf weltweite Einsätze für Wissenschaft und Medien spezialisiert haben. Außerdem konnte ich nach der Ausbildung überall als Forschungstaucher bzw. Wissenschaftler unter Wasser arbeiten. Tauchen mit Freunden und dafür bezahlt werden – wie geil ist das denn? Machen wir es kurz – richtig geil!

Meine Jungs und ich waren selbst extrem umtriebig, wenn's um neue Aufträge ging, wir wurden aber auch immer häufiger angerufen: »Es gibt einen Tauchauftrag vom Archäologischen Institut, Wrack-Dokumentation. Drei Tage, 50 Euro am Tag, Kost und Logis frei. Morgen geht's los. Bist du dabei?« Natürlich war ich dabei! Auch wenn das bedeutete, dass ich mir bei minus zehn Grad in der Ostsee mit einer 30 Jahre alten Tauchausrüstung 14 Stunden am Tag den Arsch abfror, während die Professor:innen in der warmen Kajüte meine Daten auswerteten. Das war doch mein Traum!

Meinem Erlebnishunger entsprechend wurde ich bald überall hingeschickt, in die entlegensten Tauchreviere, bis rauf in die Arktis. Und dafür hat man mich auch noch bezahlt, 680 Euro im Monat, als Student! Für das, was ich sowieso am liebsten gemacht habe: tauchen und forschen. Das war genial!

Die Forschungstaucher:innen-Ausbildung hat sich also nicht bloß ausgezahlt – sie hat mich tatsächlich über das gesamte Studium gerettet und mir Dutzende Türen zu den aufregendsten Expeditionen geöffnet. Die Ausrüstung war dabei zwar im Schnitt so alt wie meine Professor:innen und wir sahen darin aus wie frisch aus einer Jules-Verne-Verfilmung oder einer Steampunk-Technoparty im Berliner »Berghain« – aber Funktion schlägt Look, das wusste ich schon seit meiner Tarnklamottenphase. Außerdem lernte ich in der Forschungstaucher:innen-Ausbildung all das, was meine Kommiliton:innen nur aus ihren Büchern kannten. Und als Bonus hatte ich immer den besten Grund, mich ständig aus dem stickigen Hörsaal zu schleichen:

»Sorry, ich *muss* mal wieder auf Expedition, die brauchen mich da unbedingt … Geht gar nicht anders.«

Als ich mich mit diesem Satz, der ja zu meinem Glück nicht mal eine Ausrede war, für meine Abwesenheit im Pflanzenbiologie-Dingsda-Kurs entschuldigte, meinte der Professor (ich will hier keine Namen nennen, und Prof. Schulz-Friedrich kennen Sie ja vermutlich eh nicht) zu mir: »Lehmann, Sie sind ein absoluter Dünnbrettbohrer und Bambi-Biologe …« Und damit hat er bis heute recht behalten. Ich liebe Rehe und mach's mir gern leicht. Danke, Professor Elfenbeinturm.

Ein Wort noch zu Bambi und dem Reh … Na ja, Disney hat schon bei den Lemmingen (*Lemmus*) Mist gebaut. Die stürzen sich gar nicht selbstmörderisch die Klippen hinunter, wenn sie zu viele sind. Das ist eine reine Erfindung der Kameramänner und Dramaturgen im Oscar(!)-prämierten Film *White Wilderness* von 1958. Die hatten die Lemminge gekauft und dann über die Klippe gehetzt! Die wohl dreisteste Tierfilm-Lüge aller Zeiten. Und Bambi? Bambi war/ist kein Reh, sondern ein Weißwedelhirsch (*Odocoileus virginianus*), die häufigste Hirschart Nordamerikas. So, Herr Professor, ich würde sagen, ich bohre mitteldicke Bretter.

Die dunkle Seite der Macht – das Aquarienbusiness

Dann trat Jaime, der Kieler Aquarium-Tigerhai-Führer, zum zweiten Mal in mein Leben. Genauer: Er betrat die gefühlt mehr als 100 Meter lange »Mensa Eins« und brüllte einmal quer durch den Saal: »Rooooobert!« (Zum Glück gab's damals *Die Geissens* noch nicht.) »Rooooobert, ich hab einen Job für dich!« Ich hätte auf den 100 Metern Usain Bolt (43,9 km/h) abgehängt, so schnell stand ich vor ihm.

»Bei uns im Aquarium ist gerade 'ne Stelle frei geworden. Interesse?«

»Interesse?! Interesse?!?! Alter! Jaime! Logo!«

Ich konnte es vor meinem geistigen Auge sehen: Haie, Rochen, Hummer, Aquarien einrichten, Fütterungszeiten, Robben trainieren und, und, und. Gleichzeitig schoss durch meinen Kopf ein hungriger Barrakuda (*Sphyraenidae*) mitten in einen riesigen silbernen Fischschwarm, abgerissene Schuppen rieselten wie Feenstaub auf den Sandboden – da war sie, meine große Chance!

Ich drückte Jaime etwas zu fest und zu lange – Sie kennen diesen Moment, wenn es peinlich wird – und besiegelte meinen ersten Schritt in die Sphäre der professionellen Groß-Aquaristik.

Eine Woche später trat ich meine Stelle als Hilfswissenschaftler im Kieler Forschungsaquarium an. Und da ich bereits 13 Jahre aquaristische Amateur-Erfahrung gesammelt und mich auch zum Thema Fische regelrecht wundgelesen hatte, teilte man mich – Überraschung! – auch noch den Seehunden (*Phoca vitulina*) zu. Beckenreinigung, Fütterung und Training von Meeressäugern gehörte bislang nicht wirklich zu meinen Spezialdisziplinen, doch zum Glück war der Job leicht zu erlernen. Robben fressen gern und viel. Immer. Diese Tiere sind immer hungrig. Sie kennen das vielleicht von Ihrem Hund zu Hause. Besonders, wenn Sie einen Labrador als Staubsauger gekauft haben. Ansonsten bewegen sich Seehunde nur, wenn es unbedingt sein muss. Was besonders bei der Beckenreinigung nervte. Jeden Freitag ließen wir das Becken ab und säuberten es mit einem Hochdruckreiniger von Algen und Robbenscheiße. Für uns Pfleger:innen gestaltete sich das allfreitaglich zum nervigsten Teil des Jobs, für die Seehunde dagegen war es ihr wöchentliches Comedy-Programm.

Kaum hatte man ein paar Quadratmeter gesäubert, kam man plötzlich keinen Millimeter weiter, weil mal wieder eines der bis zu drei Zentner schweren Tiere seinen kegelförmigen Wanst auf den Wasserschlauch gerobbt hatte. Robben mögen träge und faul sein, aber eine gewisse Art von Humor haben sie definitiv. Sie lieben Slapstick. Wenn ich also so überschwänglich wie erfolglos an dem Schlauch rumriss, böse Blicke warf und mit großen Gesten um Schlauchbefreiung bat, hatte ich ihre volle Aufmerksamkeit. Und selbst wenn ich den Schlauchblockierer dann erst mit ein paar Sprühstößen aus dem Hochdruckreiniger davon überzeugen konnte, das Feld zu räumen, war es meist nach wenigen Minuten Zeit für den nächsten Akt, und der Kollege parkte seinen Speckwanst auf dem Schlauch – ein Running Gag, der den ganzen Freitag dauern konnte und niemals lahm wurde. Also begann ich irgendwann, diese Abwechslung vom Alltag einfach genauso zu genießen wie die Tiere, und fühlte mich wie der Clown auf dem Robbengeburtstag. Als glühender Fan der Serie *My name is Earl,* in der es darum geht, dass das Karma einen immer wieder einholt, wusste ich ja, dass es irgendwann für irgendetwas gut sein würde. Heute ist mir klar: Nicht zuletzt diese Erfahrung im Umgang mit Robben verhalf mir ein Jahrzehnt später dazu, das National-Geographic-Foto des Jahres zu schießen – Karma is a bitch, oder eben 'ne Robbendame!

Immerhin: Vielleicht lag es an meiner Geduld, meinem respektvollen Umgang, vielleicht an einem gewissen Tierversteher-Gen, vielleicht rieche ich aber auch nur zu langweilig, jedenfalls war ich der einzige Angestellte des gesamten Aquariums, der nie in den »Genuss« eines Seehundbisses kam. Packten diese Seeräuber nämlich einmal zu, bedeutete das für die Pfleger:innen neben Schreck und Schmerzen mindestens ein paar Wochen oder sogar Monate Wunddrainage und Eiter. Die tiefen Bisswunden infizieren sich meist mit einem Krankheitserreger der Gattung *Leptospira* und verursachen dabei den sogenannten »Robbenfinger«, der die Wunde eitern lässt wie ein Wasserfall. Und ehe ich mich von so einem Biss für ein Vierteljahr flachlegen ließ, spielte ich lieber brav den Freitags-Clown.

Entsprechend war auch das Trainieren der Robben keine

große Kunst. Ich konnte mir bei den Pfleger:innen schnell abschauen, wie sie Tiere dazu brachten, sich im Kreis zu drehen und hochzuspringen. Viel mehr war aus den Robben auch nicht rauszuholen. Die Viecher wirkten irgendwie dement, phlegmatisch, lebensmüde, und mit der Zeit begann ich zu zweifeln, ob das am Charakter der Seehunde lag – oder an der Art, wie sie gehalten wurden. Bei fünf ausgewachsenen Seehunden auf wenigen 100 Quadratmetern konnte man schnell ins Grübeln kommen.

Zum ersten Mal dachte ich darüber nach, inwieweit die Groß-Aquaristik (Säuge-)Tieren einen wirklich angemessenen Lebensraum gewähren kann. Wann immer ich Robben später in freier Wildbahn antreffen sollte, ließen sie mein Herz aufgehen mit ihrer quirligen, neugierigen, übersprudelnden Lebenslust. Doch diese Erfahrungen hatte ich damals noch nicht. Dennoch waren meine ersten, wenn auch noch sehr kleinen Zweifel gesät, und es dauerte nicht allzu lange, bis diese Zweifel sich auch auf die anderen Tiere im Kieler Aquarium ausweiteten. Doch mein Arbeitgeber reagierte zunächst einmal wie ein echtes Wirtschaftsunternehmen: Ich wurde befördert vom Robben-Heger und Scheiße-Schrubber zum Jäger und Sammler von »Tierexponaten«.

License to K(r)ill

Natürlich konnte man meinen Auftraggeber:innen ein paar juristische und wirtschaftliche Hintergedanken nicht ganz absprechen, denn im Prinzip war mein Uni-Meereskunde-Ausweis eine Art Universalschlüssel, wie ein Dienstausweis vom FBI. Sie kennen das aus 1000 Krimis: Ein Cop stürmt mit seinem Ausweis in die Lobby eines Hotels, brüllt »FBI – räumen Sie das Gebäude, im Keller ist eine Bombe« – und das Gebäude *wird* geräumt.

Ähnlich war es mit meinem »IFM Geomar«-Ausweis. Nur dass wir keine Gebäude räumten, sondern die Ostsee. Denn mein Arbeitgeber, das Kieler Aquarium, brauchte wie jedes Aquarium und jeder Zoo dieser Welt ständig neue Tiere. Das fing an bei einfachen krillähnlichen Meeresbewohnern wie Leuchtgarnelen (*Euphausiacea*), setzte sich fort mit beliebten Anfass-Objekten wie Seesternen (*Asteroidea*) und Seeigeln (*Echinoidea*) bis hin zu Seenadeln (*Syngnathidae*) und See-Stichlingen (*Spinachia spinachia*) und steigerte sich dann bis zu größeren Fischen wie Dorsch und Katzenhai – meinen Lieblingsfischen im temperierten heimischen Salzwasser.

Dabei hätte ich eigentlich schon bei den Seesternen ins Grübeln kommen können. So ein Tier – und es *ist* ein Tier, auch wenn es in unserer Wahrnehmung meist bloß dekorativ auf dem Meeresboden herumliegt –, so ein Seestern wird in seinem natürlichen Lebensraum etwa 15 bis 20 Jahre alt, manche Arten sogar 30. Wenn nun Menschen wie ich kommen und ihn einfangen, liegt die Chance, dass dieser Seestern die stressige Fang-, Transport-, Zwischenlagerungs-, Quarantäne- und Wiederaussetz-ins-Anfassbecken-Prozedur überhaupt überlebt, bei wenigen Prozent.

Wird er dann endlich in seinen »artgerechten« Lebensraum im Aquarium ausgesetzt, lebt er dort meist nur noch ein paar Monate oder Wochen. Dabei dient er dann Hunderten oder gar Tausenden Kindern als »Anfass-Objekt« – die wiederum dadurch dann alles übers Meer lernen. So zumindest die Theorie. Seesterne haben ein sehr fragil aufgehängtes Gefäß- und inneres Kanalsystem, das nicht unbedingt für ständige und plötzliche Schwerkraftänderungen ausgelegt ist.

Also, liebe »Ich-nehm-den-Seestern-auf-die-Hand-am-weißen-Karibik-Strand-im-Bikini-Instagram-Bloggerinnen«, wenn ihr den Seestern aus dem Wasser nehmt, kann sein inneres Gefäßsystem abreißen und das Tier verhungert und erstickt ganz jämmerlich. Das ist eine Quälerei, die Tage dauert. Wer weiß schon, ob die fünfarmigen Gesellen Schmerzen spüren? Zumindest vermeiden sie nach wissenschaftlichen Studien Schmerzreize.

Ich würde immer davon ausgehen, dass Tiere, egal welcher Art, Empfindungen haben, wenn auch vielleicht nur in geringem Ausmaß. Leider ist es die wissenschaftliche Herangehensweise, davon auszugehen, dass Tiere etwas nicht haben, bis man es findet oder nachgewiesen hat. Jeder sollte mal darüber nachdenken, wenn er eine Fruchtfliege zerquetscht: Diese Tiere träumen nachweislich. Und wenn Fliegen träumen, dann spreche ich Seesternen und Anfass-Krabben auch Schmerz- oder zumindest Stressempfindungen zu.

So geben übers Jahr gesehen in den Anfassbecken der Aquarien Hunderte, wenn nicht Tausende Seesterne, Krabben, Rochen und Anemonen unfreiwillig ihr Leben, damit Kinder etwas übers Meer lernen. Zum Glück legt nicht noch jemand die halb toten Seesterne zum Trocknen auf die Terrasse … wie früher im Sommerurlaub am Meer.

Ergo, es muss ständig Ersatz her. Gruselig, finden Sie? Ja, finde ich heute auch. Damals war ich leider – trotz Herz und Hirn – noch sehr viel dümmer. Deshalb fuhr ich trotz meiner aufkeimenden Zweifel immer weiter auf diese Expeditionstrips. Wir nannten es intern: Tierbeschaffungsreisen – meine Forschungstaucher-Qualifikation machte das ja alles möglich. Ich fing auf meinen Expeditionen die verschiedensten Tiere für die verschiedensten Aquarien in Deutschland und Norwegen.

Vielleicht ist das der entscheidende Unterschied zwischen einem Meerestier und einem »normalen« Haustier: Während das Haustier, egal ob Hund, Katze, Hauskaninchen (*Oryctolagus cuniculus forma domestica*), Goldhamster (*Mesocricetus auratus*) oder Wellensittich (*Melopsittacus undulatus*), fast immer gezüchtet ist, werden Meerestiere häufig (eigentlich immer) gefangen. Denn 99 Prozent der Meerestiere kann man gar nicht züchten.

Man muss sie aus ihrem Lebensraum »entnehmen« – klingt das nicht herrlich neutral? Entnehmen …

Entsprechend horrende Preise werden für manche Tiere aufgerufen. »Geld?!«, so mein damaliger Chef in einem der größten Aquarium Europas, »Herr Lehmann, machen Sie sich von dem Gedanken frei, dass Geld bei uns eine Rolle spielt.« So habe ich also containerweise Meeresfrüchte geerntet und nach Deutschland gebracht. Tonnen von Seesternen, Seegurken (*Holothuroidea*), Weichkorallen (*Alcyonacea*), Hummern, Krabben (*Brachyura*), Krebsen (*Crustacea*), allerlei Fischen und Seeteufeln (*Lophius piscatorius*).

Der Seeteufel ist dabei gleich aus drei Gründen hochinteressant. Grund eins ist schon mal ein ziemlich perverser: Der Seeteufel sieht aus wie ein Klassiker aus dem Tiefseemonster-Kabinett! Ein überdimensional großer, dämonenhafter Kopf, der mit den aufgesetzten Augen und seinen kräftigen Zähnen an ein Krokodil erinnert. Und dann lockt er seine Opfer auch noch mit einer Art Angel an. Wenn die Beute – meist Fische (wobei man in den Mägen von Seeteufeln auch schon Seevögel entdeckt hat; mir kam in Schottland mal in 25 Metern Tiefe eine Trottellumme (*Uria aalge*) entgegen, es ist also alles möglich) – dann in Reichweite ist, schnappt er gar nicht wirklich nach dem Tier. Er reißt bloß sein riesiges Maul auf, sodass er das Opfer einfach inhaliert – gruselig! Damit entspricht der Seeteufel in so vielerlei Hinsicht menschlichen Horrorvorstellungen, dass jeder ihn kennt. Nur eben nicht unter seinem ursprünglichen Namen. Da heißt er schlicht: »Lotte«. Und dieser Name ist ja absolut rufschädigend für einen Fisch mit Tiefsee-Monster-Ambitionen.

Damit sind wir auch schon bei Grund zwei: Der Mensch liebt seine Monster, auf der Leinwand und noch mehr auf dem Teller. Egal ob Haifisch-Flosse, Tiger-Kuchen, Kugelfisch, Krokodil-Lende, Klapperschlangen-Bäckchen oder eben der Seeteufel-Schwanz: Was Angst macht, wird auch mal schnell zur

Delikatesse oder zum Potenzmittel, denn so kann ich mich meiner Angst stellen, sie verspeisen – und zack, bin ich ein Held. Oder so ähnlich.

Grund drei macht den Seeteufel sowohl für den Fänger als auch für das Aquarium interessant: Der Seeteufel ist quasi nicht zu fangen und in Gefangenschaft nicht zu halten. Und bevor Ihre Fantasie jetzt durchgeht in Richtung »Bestie, die vom Taucher nur die Flaschen übrig lässt«: Das Gegenteil ist der Fall. Die Haut des Seeteufels ist so sensibel, dass jede menschliche oder anderweitige Berührung im Prinzip sofort seinen Sterbeprozess einleitet. Durch die Läsion der Haut entsteht unumgänglich eine Infektion oder Verpilzung, die nicht behandelbar ist und das Tier nach wenigen Tagen tötet.

Gut, würde man jetzt denken, Seeteufel ist also nur für die Pfanne, nichts fürs Aquarium. Aber wenn das Aquarium sich doch so sehr einen Seeteufel wünscht, einfach, weil er so wahnsinnig gruselig aussieht und sonst nirgendwo gezeigt wird, weil er seine Beute so dämonisch täuscht, weil man so schöne Geschichten um ihn stricken kann – und weil die Menschen natürlich »aufgeklärt« werden müssen über diesen heimischen Fisch –, dann gibt es eben doch eine Fangtechnik, die ich mir von norwegischen Spezialisten abgeschaut habe und die ich hier nur aus einem Grund ausplaudere: Weil sie zeigt, wie erfindungsreich der menschliche Geist ist, wenn er Grenzen überwinden will, die die Natur ihm aus guten Gründen gesetzt hat.

Man nehme: zwei Taucher:innen, eine Lampe, einen großen Müllsack und jede Menge Geduld, Feingefühl und mangelnde Moral. Man sucht den Seeteufel, der meist gut getarnt in 30 bis 50 Metern Tiefe auf dem sandigen Meeresgrund oder großen Felsen regungslos abgammelt und auf Beute wartet.

Ein Taucher blendet den Teufel mit der Lampe und öffnet die große Mülltüte. Der andere Taucher fächert von hinten vorsichtig ein paar Unterwasser-Druckwellen gegen den Seeteufel, gerade so viel, dass der Fisch sich irgendwann genervt erhebt und fortschwimmt – natürlich genau in die Mülltüte, die er ja aufgrund der Blendung nicht sieht. Die Tüte mit der Beute wird vorsichtig verschlossen, zum Schluss noch mit etwas Luft aus dem Atemregler aufgebläht und schließlich verknotet. Man steigt mit dem Seeteufel in der Tüte ganz langsam Richtung Wasseroberfläche, wo bereits ein Boot auf ihn wartet. Aber nicht zu schnell, der Druckunterschied könnte sich sonst negativ auf die Gesundheit des Teufels (und auch des Tauchers) auswirken. Gaaaaaaanz langsam.

Der Seeteufel wird aus dem Wasser gehoben und aus der Tüte in ein großes Wasserbecken entlassen, ohne dass er auch nur ein einziges Mal berührt wurde. Sobald das Boot anlandet, kommt er in ein Auto, wird dem Aquarium zugeliefert, wo er erst in Quarantäne verbleibt und an Totfutter gewöhnt wird (was er in den meisten Fällen ablehnt).

Nach zwei bis drei Wochen Quarantäne lässt man ihn aushungern (denn er darf auf dem Transport ins Zielland ja schließlich nicht sein eigenes Transportbecken vollscheißen) und transportiert ihn heruntergekühlt auf 12 Grad und ordentlich belüftet in bis zu 36 Stunden ins Zielland. Dort kommt er wieder wochenlang in Quarantäne, und dann wird er endlich ins öffentliche Becken entlassen (falls er die vorherigen Stationen und den Fangprozess überhaupt überlebt hat), um den wissbegierigen Aquarienbesucher:innen zu zeigen: »Hallo, ich bin ein Seeteufel.« Und um das Aquarium über den Seeteufel sagen zu lassen: »Seht her, wir nehmen unseren Bildungsauftrag so ernst, dass wir als eines der wenigen Aquarien Europas, wenn nicht als einziges, das Unmögliche möglich gemacht haben. Wir haben keine Kosten und Mühen gescheut und einen Fisch gefangen, den man nicht fangen kann. Tataaaa …«

Die etwas weniger glänzende Seite dieser Ehrenmedaille sieht so aus: Der Seeteufel, der in seiner natürlichen Umgebung mit großer Hingabe über 30 Jahre lang auf seinem sandigen Grund halb eingegraben herumliegt, um immer wieder mal einen Fisch zu inhalieren, frisst in der vermeintlich »artgerechten« Anlage des Aquariums ungefähr dreimal (wenn überhaupt) und stirbt dann spätestens nach sechs Monaten. Weshalb man dem ambitionierten Aquarium eben nicht einen Seeteufel liefert, sondern gleich fünf bis zehn, damit der Schwund nicht so auffällt. Ein oder zwei schaffen es in der Regel in die Schauaquarien, die anderen sterben am Prozess des Fangens, des Transportes oder in der Quarantäne, hinter den Kulissen, völlig sinnlos. Manche auch am eigenen Erbrochenen, beim Ersttransport mit dem Boot. – Ja! Seeteufel werden seekrank und übergeben sich. Sie sind Bootsfahrten ja in der Regel nicht gewöhnt.

Als mir endgültig klar wurde, dass das Schicksal des Seeteufels nur ein beliebiges Beispiel für die Sinnlosigkeit dieser Art von (Wild-)Tierhaltung ist, explodierte mein komplettes Leben, und zwar so heftig und umfassend, dass ich in einer anderen Welt aufwachte. Das ist ausnahmsweise mal keine Übertreibung, sondern Tatsache. Über Nacht brach die Welt, wie ich sie 25 Jahre lang kannte, wie ein riesiges Kartenhaus einfach so zusammen.

Die Liebe zur Ostsee hat (k)einen Grund – Stralsund

Ich war zwischenzeitlich, trotz einiger hals- und nasenbrecherischer Geschehnisse, erstaunliche 24 Jahre alt geworden und im neunten Semester, auf der Uni-Zielgeraden. Wäre ich ein folgsamerer Regelstudent gewesen, hätte ich mich genau *jetzt* für die Tauchausbildung und Doktorarbeit anmelden können. Doch das Forschungstaucher:innen-Abzeichen hatte ich ja schon längst in der Tasche, und die vorbereitenden Seminare zur Abschlussprüfung blieben konsequent öde. Die Comedy-Freitage im Robben- und Seehundquartier wurden auch nicht unterhaltsamer, und meine Forschungsexpeditionen und Tierbeschaffungsmaßnahmen hätten spannender nicht sein können. Alles beim Alten also, auch wenn's für mich steil Richtung Diplom ging.

Dass ich im Tauchen und Sammeln nicht ganz erfolglos war, sprach sich herum, und irgendwann meldete sich meine Kindheit bei mir, in Form des Stralsunder Meeresmuseums. Das hatte ich schon als Kind immer mit meinen Eltern besucht – wir hatten ja sonst nichts, damals im Osten. Da gab es vor allen anderen Tieren eine unglaublich beeindruckende Riesenkrabbe (*Macrocheira kaempferi*) – die Japanische Riesenkrabbe, über zwei Meter im Durchmesser. Für mich als Kind immer wieder das Highlight eines Besuches dort. So wie für die Senckenbergler unter Ihnen das Kultexponat, die Grüne Anakonda (*Eunectes murinus*) die ein Capybara/Wasserschwein (*Hydrochoerus hydrochaeris*) verschlingt. Manches brennt sich einfach unlöschbar auf die Platte, Baujahr 83.

Die Stralsunder:innen hatten die – aus meiner damaligen Sicht natürlich phänomenale – Idee, eines der größten Aquarien Europas zu bauen. Und ich sollte ihnen jetzt die unterschiedlichen Becken bestücken, im ganz großen Stil und ohne störende Budgetgrenzen. Kaum war der Job erledigt, boten sie mir dann aber einen ganz anderen an: »Was hältst du davon, wenn eines der größten Aquarien Europas dich zum jüngsten Aquarien-Chef der Welt macht?«

Diese Frage kam so überraschend wie unpassend.

Ich stand kurz vor meiner Diplomarbeit und hatte gerade mal viereinhalb Jahre Erfahrungen in der professionellen Groß-Aquaristik und ein Jahr im Zoo als Zoolotse (nicht der Rede wert) sammeln können. Meine Kompetenz in den Bereichen Personalmanagement und Teamführung, Geschäftsführung und Administration ließ sich gut zusammenfassen unter den Stichworten »völlig ahnungslos«. Perfekt für einen Abteilungsleiter:innen-Posten!

Dazu kam eine umfassende Unkenntnis bezüglich Dienstplänen und Öffentlichkeitsarbeit, Laborabläufen, Bauzeichnungen, Abteilungsleiter:innen-Meetings, Finanzplanung – und wie man mit 300 E-Mails am Tag und 24 Stunden Bereitschaft am Diensthandy umgehen sollte. Das Schlimmste war allerdings: Ich wusste nicht einmal, dass es all diese Qualifikationen gab und dass ich sie dringend brauchte.

Ich sagte zu dem Jobangebot: »Geht leider nicht, ich muss meine Diplomarbeit schreiben«, und die Stralsunder:innen sagten: »Kein Problem, die kannst du auch bei uns machen, wir helfen dir!« Also packte ich meine Koffer und verließ Kiel Richtung Untergang. Titanic-Style. Da *kann* gar nichts schiefgehen! Im Prinzip. Eigentlich.

Ich erspare Ihnen, mir und den beteiligten Anwält:innen beider Seiten die Details dieser 15-monatigen Vollkatastrophe. Nur so viel: Wir haben für viele Zehntausende Euro Fische und andere Tiere eingekauft, aus der ganzen Welt. Dazu kamen Boote, Expeditionen, der Aufbau eines Tauchlagers und, und, und …

Und dann gab's bei uns in Stralsund das erste Mal in Deutschland Mondfische (*Mola mola*) zu bestaunen. Wir ließen zwei Exemplare aus Portugal einfliegen. Die werden schon mal bis zu 12 Quadratmeter groß und sind dann mit knapp zwei Tonnen die schwersten Knochenfische der Welt. Schön sind sie nicht gerade mit ihrem komischen Kugelfisch-Gesicht. Doch genau darum geht es in dem Job: Egal ob schön oder nicht, du stellst einen absolut seltenen und beeindruckenden Exoten ins Schaufenster, und der macht dir die Bude voll. Die 10 000 Euro pro Mondfisch hatten wir allein durch den Eintritt an einem halben Tag wieder drin. Egal, wenn die Tiere dann nur sechs Monate im Aquarium überleben. Okay, bei uns in Stralsund waren's immerhin sieben Monate … bei einem Fisch, der in seiner natürlichen Umgebung bis zu 100 Jahre alt wird. In Worten: einhundert Jahre!

Damals titelte die Tierrechtsorganisation PETA (People for the Ethical Treatment of Animals), das Stralsunder Ozeaneum würde Mondfische aus Portugal entführen. Entführen … einen Fisch? Ich tat solche Kritiker von Aquarien damals immer als ahnungslose, lächerliche Spinner ab. Heute weiß ich, wie recht sie haben, und arbeite teilweise mit ihnen zusammen – und werde dafür von Zoodirektor:innen und Aquarienchef:innen als ahnungsloser, lächerlicher Spinner bezeichnet. So wendet sich das Blatt, und ich kann es gut verstehen, denn harsche Kritik hört niemand gern, so sehr sie auch angebracht ist.

Die Mondfische im Ozeaneum gingen jämmerlich ein. Ihre Flossen faulten weg, und die Verpilzungen und Hautläsionen an ihren Körpern wurden von Tag zu Tag schlimmer. Egal was wir ihnen ins Essen taten, egal wie oft der Tierarzt da war. Kein Tierarzt in Deutschland hatte Erfahrungen mit Mondfischen … So wurden die jugendlichen Fische ständig eingefangen, untersucht, gestresst. Besonders tragisch wurde es, als meine direkte Vorgesetzte, die Kuratorin, den Mondfischen Damensöckchen über die angefressenen Flossen stülpte und diese mit Kabelbindern festzurrte. Ja, Sie lesen richtig: um die Flossen vor den permanenten Attacken der anderen Fische zu schützen. Ich hielt das für eine unfassbar dämliche Idee, und das war der Anfang vom Ende. Für die Mondfische und auch für mich.

Wir stritten uns eigentlich nur noch. Der erste Mondfisch war keine Woche später tot. Der zweite kurz darauf. Seine Flossen waren unter den Damensöckchen besonders stark verfault. Der Fisch vergammelte regelrecht bei lebendigem Leib. Außerdem starben zwei Seebrassen (*Bramidae*) an einem Darmverschluss aus Damensöckchen und Kabelbindern.

Fortan rappelte es mit meinen Vorgesetzt:innen an allen Ecken und Enden, und ich musste es endlich einsehen: Ich war überambitioniert und überfordert und in jeder, ausnahmslos jeder Hinsicht der falsche Mann für diesen Job. An dem Tag, an dem endlich mein Vertrag auslief und er nicht verlängert wurde, krachten in Stralsund einige Steine von einigen Herzen. Dass ich trotzdem nicht erleichtert war, lag an der Tatsache, dass ich mit dem Job auch meine Diplomarbeit, meine ultrageile Wohnung, die bestellte Küche, meinen maßgeschneiderten Tauchanzug, meinen besten Freund und meine Freundin verloren hatte.

Nee, Moment! Meine damalige Freundin *und* meinen Lieblingstauchanzug verlor ich natürlich nicht an den Job, sondern an meinen besten Freund, also irgendwie doppelt bitter.

Was blieb mir? Ich versuchte, mich an die vermeintlichen Tatsachen zu klammern: Alles, was ich in Stralsund aufgebaut hatte, diente einem höheren Zweck: der Schaffung möglichst artgerechter Lebensräume für Meerestiere. Zur Aufklärung der Menschheit über maritime Zusammenhänge, Kreaturen der Tiefe und die Bedrohung der Meere. Aber stimmte das wirklich? Die Mondfische in meinem Kopf sahen mich trübe an. Was taugte dann als Fazit der letzten 15 Monate?

Ich hatte für das Stralsunder Ozeaneum zehntausende Tiere gefangen, transportiert und mit anderen Aquarien getauscht. Doch nur die Hälfte der Tiere hatten dieses Jahr überlebt. Alle anderen waren längst durch neue Tiere ersetzt worden. Viele starben einen sinnlosen Tod in der Quarantäne; kein Besucher hatte diese Tiere je gesehen. Eigene Zuchterfolge hatten wir kaum, wenn man mal von einem knappen halben Dutzend Katzenhaien absieht. Wo war die versprochene Wissenschaft, die Forschung, der Artenschutz?

Ich hatte manchmal 17 Stunden am Tag und länger gearbeitet. Teilweise ging ich 70 Tage am Stück zur Arbeit. An meinem Geburtstag, an den Wochenenden. Ich konnte nicht anders. Man kann nicht einfach nach Hause gehen und sagen: Na ja, Filter ausgefallen, kümmere ich mich morgen drum. Dann sind unter Umständen alle Fische tot. Alle Haie, Hummer und Seepferdchen. Auch Groß-Aquarien sind ganz sensible Systeme, die jederzeit drohen zusammenzubrechen. Sie unterscheiden sich darin nicht vom kleinsten Heimaquarium. Ich hatte so hart gekämpft: um die Tiere, um möglichst viele Besucher, um mehr Geld für mein Team.

Wenn »völlig ausgebrannt, kein Job, kein Heim, kein Diplom, keine Freundin und keinen besten Freund mehr« nicht reichten, um mich kollabieren zu lassen – die Tiervernichtungs-Erkenntnis schaffte es letztendlich. Mein persönliches Fazit fiel mehr als ernüchternd aus: Ich war 15 lange Monate der voll verantwortliche Abteilungsleiter einer Tiervernichtungs-Anstalt gewesen. Ein Job, den ich nicht mehr und vor allem nie wieder machen konnte.

Gehen Sie nicht über Los, ziehen Sie keine 4000 Euro ein. Over and out, rest in peace. Burnout. Big time.

Stralsund war gelinde gesagt einfach nur beschissen.

Einer flog ins Kuckucksnest oder drüber …

Ich fuhr zurück nach Kiel, zurück zu meinen Freund:innen. Ich hatte mich anderthalb Jahre mit keinem getroffen, nichts unternommen, nur gearbeitet. Es war an der Zeit für Soziales und ein paar klare Tagesabläufe mit Aufstehen, Frühstück, Fische ausschneiden, Mittagsschlaf, Sport, Spazierengehen, Nachmittagskaffee, Lesen (mein Vater schenkte mir damals das Buch *Einer flog übers Kuckucksnest* – #superwitzig), Abendbrot, Schlafen. Fertig. Kein Notfallalarm nachts um drei aufs Handy, keine toten Tiere, keine Verantwortung mehr für Menschen, Meetings, Lebewesen und 24-Stunden-Diensthandys.

Auch wenn es seltsam klingt, aber dieser krasse Zusammenbruch hat mich zu meinen Wurzeln zurückgeführt. Und das nicht nur, weil ich wieder anfing, Tierbilder auszuschneiden. Sondern weil ich mir dabei auch wieder Gedanken machen konnte, ob der Wert eines Tieres mit Geld zu bemessen ist. Ob sein Tod mit Geld wiedergutzumachen ist. Und ob man einen falsch eingeschlagenen Weg wirklich bis zur falschen Abbiegung zurückgehen muss – oder ob es nicht einfach reicht, auf Wege zu pfeifen und über die Wiese zu gehen. Also habe ich konsequent mit allem gebrochen, was ich seit meinem Studium für richtig gehalten hatte. Nur mit einem nicht: Ich habe meine Diplomarbeit zu Ende geschrieben, in ein paar Wochen. In Rekordzeit. Und mit dem Diplom in der Tasche bin ich in ein neues Leben gestartet. In *mein* Leben. *Mit* der Natur. *Für* die Tiere. Und wo es nicht zu verhindern war, frontal gegen die Aquaristik, gegen Zoos, gegen das Einsperren von Tieren, gegen den Begriff »artgerechte Haltung«.

Trotz aller Ernüchterung aus dem Studium und der Groß-Aquaristik war ich nach wie vor überzeugt: Es musste einen Weg für mich geben, meine Begeisterung für die Unterwasserwelten mit den anderen Menschen zu teilen, vor allem Kinder für Fische zu begeistern, so wie mein Opa es bei mir geschafft hatte. Okay, ich hatte schmerzhaft gelernt, dass es nichts brachte, die Tiere als »Botschafter ihrer Art« zu den Menschen zu bringen, weil sie in der künstlichen Umgebung der Zoos und Aquarien zum Sterben verurteilt waren.

Doch jetzt war ich frei, hatte das Diplom in der Tasche, und mein Herz brannte vor Fernweh – wieso also nicht einen Ort suchen, an dem ich Menschen in die Natur bringen konnte, nicht umgekehrt, die Natur zum Menschen?

Niemand ging ja bisher aus einem Aquarium heraus und rief in die Welt: »Wow, ich habe einen Hai und Dories gesehen. Wir müssen dringend etwas gegen Überfischung und die Vermüllung der Meere tun!« Keiner, den ich beobachtet habe, geht aus einem Zoo und sagt: »Holy shit, ich hab da einen Eisbären (*Ursus maritimus*) völlig gelangweilt auf seinem Felsen herumlungern sehen – wir müssen dringend etwas gegen den Klimawandel tun!«

Das Konzept Zoo und Aquarium als Bildungseinrichtung ging plötzlich in meinem Kopf nicht mehr auf. Übrigens passiert das heutzutage in vielen Köpfen. Es gibt zahlreiche Studien, die den Wert von Zoos und Aquarien für Bildung als extrem gering, marginal und sogar schädlich einstufen. Manche Kinder gehen sogar dümmer aus einem Zoo heraus als hinein. Eingesperrte, gelangweilte, sich stereotyp verhaltende Tiere geben Kids kein vernünftiges Bild über Natur und Tiere, da kann man noch so oft Artenschutz und Umweltbildung in Grün an jede Wand im Zoo schreiben.

Den neuen Ort, meinen neuen Weg fand ich, wie die meisten tollen Orte, über einen Menschen, der in meiner persönlichen Hall of Fame gleich neben meinem Großvater Peter sitzt: Dr. Erich Ritter. Ritter war *der* Held meiner Kindheit, er hatte neben Hans Hass und Jacques-Yves Cousteau meinen Weg zur Meeresbiologie bereitet – zusammen mit dem Wal in der Kieler Förde und meiner Neugier auf Haie. Als einziger experimenteller Hai-Verhaltensforscher der Welt war Ritter mein absolutes Vorbild. So wie er wollte ich sein. Durch seine Bücher – und später auch durch ihn persönlich – lernte ich viel über Haie, was ich noch nicht wusste: wie man sie schützt, erforscht und mit ihnen taucht und arbeitet. Und noch viel wichtiger: wie man sie versteht.

Denn Haie kommunizieren für den Menschen nicht besonders offensichtlich. Sie machen kaum Geräusche, haben kaum Mimik und noch weniger Gestik (wer weiß schon, wann so eine Flosse den Stinke-Finger zeigt). Und doch, wenn man über Jahre hinweg immer wieder Zeit mit den Tieren verbringt, fallen schon gewisse Dinge auf. Ob ein Hai entspannt oder aufgeregt ist, sehe ich heute sofort. Ob er Angst hat oder interessiert ist, auch. Vieles davon habe ich durch Erich erlernt und erlebt.

Und dieser Dr. Erich Ritter – der leider 2020 verstorben ist – suchte jetzt jemanden, mit dem er in Europa das Haitauch-Business aufbauen konnte. Also mich … Unglaublich!

HALCYON
DUI
ROB

SEACAM

3

HAIE – VOM JÄGER ZUM GEJAGTEN

Der beste Job der Welt – Sharkguide

Als Sharkguide an der Seite meines großen Haiforscher-Idols Dr. Erich Ritter sollte ich also vorwiegend mit Haien tauchen, ihr natürliches Verhalten in ihrem natürlichen Lebensraum studieren (wieso zur Hölle gab es so etwas eigentlich nicht an der Meeresbiologie-Universität?) und anschließend interessierte Tourist:innen und Taucher:innen darüber aufklären, wie wir Menschen die Haie und ihren Lebensraum Meer schützen können. Diese Jobbeschreibung hätte ganz genau so schon immer auf meinem Weihnachtswunschzettel stehen können.

Das Haitauchen als Mittel zum Zweck war der schlüssige Weg, dem ich folgen wollte. Tiere zu den Menschen zu bringen, um deren Interesse, Mitgefühl und Verständnis zu wecken, hatte nicht funktioniert. Deshalb erschien es mir nur logisch, den umgekehrten Weg zu gehen: Wir würden die Menschen in die Lebensräume der Tiere bringen. Wenn die Tourist:innen und Taucher:innen die Haie in ihrem natürlichen Lebensraum beobachten konnten, würden sie schnell erkennen, dass es keine brutalen Fressmaschinen sind, die blind in alles beißen, was sich bewegt, sondern individuelle Persönlichkeiten, manche schüchtern und schreckhaft, andere neugierig, wiederum andere fordernd bis ungestüm. Tiere mit hohen sozialen Kompetenzen, mit Charakter, viele mit Humor und mit Freunden. Ehrlich! Es ist wissenschaftlich erwiesen, dass Haie Freundschaften pflegen. Ich habe bei meinen Tauchgängen an denselben Plätzen auch immer wieder Haie gesehen, die zusammen abhängen, als Kumpels quasi.

Häufig hört oder liest man über »aggressive« Haie. Dieses Wort würde ich im Zusammenhang mit Haien nie verwenden, denn es entspricht nicht meiner Erfahrung. Kein einziger Hai hat sich mir gegenüber jemals aggressiv verhalten. Ich wurde in meinem Leben bisher fünfmal von einem Hai gebissen. Einmal war ein verletzter Daumen die Folge, ein anderes Mal eine Schramme an der Schulter. Jedes einzelne Mal war ich selbst schuld. Entweder hatte ich den Hai gefangen oder in den Schwitzkasten genommen, um ihn von einem Becken in ein anderes zu setzen. Selbst diese Haie waren zu keiner Zeit aggressiv. Sie hatten einfach nur Angst – nachvollziehbar, sie wussten ja nicht, was ich mit ihnen vorhatte.

Erinnern Sie sich an Ihren letzten Umzug? Umziehen ist immer stressig! Diese Haie waren schlicht gestresst und haben deshalb zugebissen. Und sie haben sich verteidigt – was Sie vermutlich auch tun würden, wenn Ihr Vermieter handgreiflich wird, um Sie aus Ihrer Wohnung zu schmeißen, im Würgegriff.

Dieses Wissen wollte ich weitergeben, genau wie meine Erfahrungen in Sachen Groß-Aquaristik und Tierfang, die ich auf der dunklen Seite der Macht gesammelt hatte. Ich wollte für Aufklärung sorgen über die Darth Vaders des Zoo- und Aquarien-Imperiums, wollte vor allem Kindern und Jugendlichen die Möglichkeit geben, sich nicht länger von dem todbringenden Weg der Zoo- und Aquaristik-Industrie veräppeln zu lassen. Ich wollte aufklären über die desolaten Zustände der vermeintlich so naturnahen Lebensräume, über die gewissenlose Jagd auf Exoten unter und über Wasser, um diese Zoos und Aquarien zu bestücken. Ich wollte den Unterschied machen. Unbedingt. Aber …

Erst einmal musste ich für meinen Lebensunterhalt sorgen. Mit leerem Magen und ohne Krankenversicherung kämpft es sich nämlich schlecht bis gar nicht. Einem Idealisten und neu berufenen Tierschützer, der wegen unbezahlter Mieten und

Stromrechnungen in der Patsche beziehungsweise auf der Parkbank sitzt, hört nämlich auch niemand zu. Zum Glück retten strahlende Ritter nicht nur Frauen. Dieser Ritter hatte sogar einen Doktortitel – und die geniale Idee, Hai-Tourismus auf den Azoren zu etablieren. Erichs Jobangebot passte damit genauso gut zu meinem neuen Leben wie der Wahlspruch der Freien Region Azoren: »Besser frei sterben als unterdrückt leben.«

Erichs Idee war die Verwirklichung meines neu gefassten Vorsatzes, diesmal die Menschen zu den Tieren zu bringen: Wer wilde Tiere, in diesem Fall Blauhaie (*Prionace glauca*) und Makohaie (*Isurus oxyrinchus*), sehen wollte, musste mit Erich und mir abtauchen in die Unterwasserwildnis der Azoren, dem westlichsten Punkt Europas mitten im Nordatlantik zwischen dem 36. und 39. Breitengrad, 1400 Kilometer links neben dem europäischen Kontinent. Im Prinzip einfach ein kleiner Haufen Vulkane mit viel Grün drauf. Aber so schön, dass sogar *National Geographic* die Azoren zu den zehn schönsten Inselgruppen der Welt zählt.

Im Allgemeinen bilden »Azorenhoch« und »Islandtief« die Grundlage für unsere mitteleuropäischen Großwetterlagen. Entsprechend ist es mit den Azoren wie mit dem Kamener Kreuz: Jeder hat schon mal von ihnen gehört, aber die wenigsten waren jemals da oder wissen, wo sie eigentlich sind. Was im Fall des Kamener Kreuzes wirklich nicht schlimm ist, im Fall der Azoren aber ein echtes Manko. Fahren bzw. fliegen Sie da unbedingt mal hin! (Bitte kompensieren Sie aber Ihren CO_2-Fußabdruck.)

Die neun »Habichtsinseln« vor der portugiesischen Küste sind klimabedingt immergrün, von der Säugetier-Fauna her sind sie allerdings schwer unterbesetzt, und bis auf die eine Azoreanische Fledermaus (*Nyctalus azoreum*) wurden alle Säugetiere vom Menschen eingeschleppt. Die Vogelwelt dagegen ist unfassbar vielseitig, am meisten in den Transitzeiten, wenn

Hunderttausende Zugvögel auf ihrem Flug in den oder aus dem Süden hier zwischenlanden und die Insel plötzlich klingt wie die krasseste Vogelhochzeit der Welt.

Unter Wasser ist es dann endgültig eine Ausnahmeerscheinung. Dort unten findet jeden Tag der bunteste Karneval der Tiere statt. Als Teil des mittelatlantischen Rückens (des flächenmäßig größten und längsten Gebirges der Erde) und bedingt durch den warmen Golfstrom sind die größtenteils naturgeschützten Inselreviere die Heimat von allein 27 unterschiedlichen Wal- und Delfinarten (höchste Anzahl verschiedener Waltiere weltweit!) – darunter auch der gigantische Pottwal (*Physeter macrocephalus*), der hier noch bis weit ins 20. Jahrhundert im Käpt'n-Ahab-Style von kleinen Booten aus mit Handharpunen gejagt wurde. Die azoreanischen Waljäger galten als so angstfrei und kompromisslos, dass Melville sie in *Moby-Dick* extra erwähnt. Heute spähen sie als »Vigia da Baleia« immer noch nach Walen, allerdings nur für die Kapitän:innen der Touri-Boote.

Außerdem tummeln sich hier etwa 500 Fischarten, darunter teils riesige Fischschwärme aller Arten und Mobula-Schulen. Der Mobula (*Mobula tarapacana*) ist ein Verwandter des Mantarochens (*Mobula birostris*) und sieht auch ähnlich aus, nur etwas schlanker, mit einem grün schillernden Samtkleid. In seiner Beschreibung in Büchern und im Internet steht: Nicht fürs Heimaquarium geeignet! Er wird nämlich so dreieinhalb Meter breit. Ach so …

Außerdem gibt's reichlich bissige Drückerfische (*Balistidae*), kluge Kraken (*Octopus vulgaris*), Barrakuda-Schwärme (*Sphyraena barracuda*), riesige Stachelrochen (*Taeniura grabata*), uralte Mondfische und Seeteufel (die Stralsund-Wunde sitzt tief!), aber eben auch Blauhaie, Makos und die wirklich ganz seltenen Glatten Hammerhaie (*Sphyrna zygaena*). Einmal im Jahr findet man mit ganz viel Glück auch Orcas (*Orcinus orca*) oder einen Walhai (*Rhincodon typus*).

Somit ist der Azoren-Archipel eins der fischreichsten Gebiete der Weltmeere: ein blaues Paradies. Klarstes Wasser mit bis zu 50 Metern Sicht, durch den Golfstrom fast ganzjährig angenehmste Wassertemperaturen um die 20 Grad und Top-Tauch-Bedingungen im Sommer. Leider durch die teilweise recht starken Strömungen ein für Anfänger weitgehend ungeeignetes Tauchrevier. Dafür ist es ein absolutes Mekka für Tauchsportler:innen mit Hai-Sehnsucht. Und genau diese Menschen waren unsere Zielgruppe.

Panik, Blut – Premiere

Erich hatte auf der Insel Pico bereits 2010 erste Sondierungen vorgenommen und erfolgreich einige Blauhaie angeködert, direkt in einem der Insel vorgelagerten, aussichtsreichen Revier. Die zweitgrößte Insel der Azoren ist benannt nach dem Vulkan Ponta do Pico, dem mit 2351 Metern höchsten Berg Portugals. Die dortige Tauchbasis haben wir dann konsequent zur »Sharkschool« ausgebaut, bis wir voller Überzeugung sagen konnten: Unser Tauchspot hat eine 95-prozentige Hai-Garantie.

»Kein Hai« gab's bei uns einfach nicht. Höchstens bei einer Ausfahrt innerhalb von zwei Monaten. Auch wenn ich mir das ausgerechnet beim ersten Tauchgang als zertifizierter Sharkguide etwas anders gewünscht hätte, denn dieser Ausflug stand unter der launigen Überschrift »Murphy's law – Unterwasser-Edition«.

Es begab sich zu der Zeit, als der aus den Trümmern seiner Karriere wiederauferstandene Hai-Heiland Lehmann, der Mann, der alles über Haie wusste, der Haie gefangen und gehalten und auch gezüchtet hatte, dass jener Lehmann also seine achtköpfige Haitauchgruppe mit dem Zodiac, einem hochmotorisiertem Schlauchboot, zum etwa 50 Kilometer vor der Küste gelagerten Tauchspot hinausfuhr.

Dort, auf offenen See, war unsere Sharkschool-Politik völlig klar: Wir lockten Haie ausschließlich geschmacklich beziehungsweise geruchlich an, mit einer geringen Dosis Fischblut und Fischabfällen, die aus einem Köderkorb strömte. Das ergab einen herrlichen sogenannten »Chum trail«, der sich wie eine ölige Spur an der Wasseroberfläche, aber noch wichtiger, in einem geräumigen Geruchskorridor unter der Wasseroberfläche ausbreitete.

Die Haie folgen dann im Prinzip dem unwiderstehlichen »Duft« beziehungsweise dem Gestank bis zum Boot, wo er am stärksten ist. Dort trieb ich mit acht Taucher:innen und einem Skipper in einem Achteinhalbmeter-Schlauchboot mitten auf dem Atlantik, außer Sichtweite von Land, in der Hoffnung auf die hungrigen Hochsee-Hai-Scharen.

Wir fütterten die Tiere NIE! Denn damit verändert man das Verhalten der Haie enorm. Sie verbinden dann schnell *Boot – Mensch – Futter.* Logisch, dass diese Verbindung früher oder später Probleme schafft …

Die Köderbox gibt zwar vor, Futter zu sein und lockt neugierige und/oder hungrige Haie an, aber ihre Erwartungen werden nicht befriedigt. So speichert der Hai also eher *Boot – Mensch – interessantes Zeug* ab. Und die Neugier treibt ihn trotzdem jedes Mal aufs Neue zur Köderbox, ohne die wir ihn nur in absoluten Ausnahmefällen zu Gesicht bekämen. Hochsee-Haie einfach so zu treffen, ist extrem selten bis unmöglich. Das gelang mir an Hunderten Tagen auf dem Meer bisher nur zweimal in meinem Leben.

Unsere Köderbox, bestückt mit Bonito-Gerippe (*Katsuwonus pelamis,* ein Verwandter des Thunfischs) und Thunfisch-Eingeweiden, war also über den Bordrand ausgelegt und tröpfelte nach und nach eine Spur der speichelziehendsten Delikatess-Düfte in den offenen Atlantik. Genau nach einer solchen, an der Oberfläche treibenden, Futterquelle, sucht jeder Hai in jeder Minute, in der er nicht ruht. Stellen Sie sich den offenen

Ozean als eine riesige blaue Wüste vor. Da ist nichts. Außer Treibgut vielleicht. Manchmal. Kleine Plastikinseln aus Flipflops, Kindergeburtstags-Ballons, Tüten, Gartenstühlen, abgerissenen Fischernetzen und anderem Zivilisationsunsinn. Wenn auf dieser riesigen, öden Ebene schon mal was an der Oberfläche treibt und »duftet«, muss ein Hai (und auch andere Fische) das zwangsläufig auschecken, denn unter Umständen hat er seit Tagen oder gar Wochen nichts gefressen. Solche »Treibinseln« bieten Orientierungspunkte im Nichts, Unterstand für kleine Fische, Siedlungsgrund für Krebschen und Seepocken (*Balanidae*), diese wiederum locken größere Fischarten an. Kurzum: Sie sind belebte Oasen inmitten einer blauen Wüste. Das zieht eben auch Haie magisch an. In der Fischerei macht man sich das mit sogenannten FADs zu nutze: *Fish Aggregating Devices* – künstliche schwimmende Plattformen, die kommerziell wichtige Fischarten wie z.B. Thunfische (*Thunnus*) anlocken.

Und wo der Hai dann schon mal da ist, hängt man einfach acht Taucher:innen über Bord und verlangt von jedem 150 Euro dafür. Ein ganz einfaches, sehr lukratives Prinzip. Ein einigermaßen funktionierendes »Hai(schutz)-Konzept«, denn so bringt der Hai über die Jahre viel Geld ein. Haie werden schon mal um die 30 bis 40 Jahre alt, einige sogar 100 (Walhai) oder sensationelle 250 und mehr Jahre wie der sieben Meter lange Grönlandhai (*Somniosus microcephalus*), der einem allerdings ganz schön leidtun kann, denn auf die Geschlechtsreife – und damit auf das »erste Mal« – müssen diese Tiere ganze 150 Jahre warten …

Um es noch mal ganz kapitalistisch zu veranschaulichen: Ein Hai, den man fängt, tötet und einmal verkauft, bringt wenige Dollar. Ein Hai, der über Jahre hinweg den (Öko-)Tourismus ankurbelt, ist dagegen Hunderttausende Dollar wert. Denn nicht nur die Tauchschulen, sondern auch Hotels, Restaurants, Flugunternehmen, Autovermietungen und so weiter profitieren von ihm. Alles ist ja miteinander verknüpft, auch im Tourismus.

Doch das ist nicht zwingend gut und kann in der Folge zu echten Problemen führen: Die Tourist:innen fliegen (CO_2-Ausstoß), essen Fisch (Überfischung) und beuten auch andere Ressourcen aus. Sie verdauen und scheiden aus (ohne Kläranlage ein echtes Problem), sie erzeugen Plastikmüll. Und dazu kommt die oft erlebte Tatsache, dass ein Dutzend Boote beim (Eco-)Whale-Watching an einer einzigen Pottwal-Kuh und ihrem Kalb kleben und mit ihren jaulenden Motoren jede Menge Stress für Mutter und Kind erzeugen.

Für nachhaltigen Ökotourismus, wie wir ihn uns auf den Azoren vorgenommen hatten, war also ein ganz besonderes Fingerspitzengefühl gefragt. Die Blauhaie und Makos haben es uns gedankt, doch denen ist eh fast alles, was nicht mit Futter zu tun hat, weitgehend egal. Wenn sie einmal da waren, wurden wir sie nicht mehr los. Das sollte für all meine Tauchguideerfahrungen auf den Azoren ungemein wichtig werden. Bei meiner Premiere hätte ich mir allerdings durchaus einen Start mit weniger Aufmerksamkeit gewünscht.

Stellen Sie sich einen sonnigen Tag vor, 25 Grad Lufttemperatur, das ruhige Wasser nur unwesentlich kühler. Oben und unten klarste Sicht, kein Wölkchen am Himmel, 50+ Meter Sichtweite unter Wasser – Wahnsinn! Ein Tauchertraum! Meine Hai-Tauch-Tourist:innen-Gruppe bereitet sich zum Abtauchen vor, checkt Flaschendruck, Atemregler, Equipment und Tauchpartner und sinkt dann, vom großen Lehmann-Hai-Guru geleitet, in die warmen blauen Fluten. Jedes Tauchteam an seiner eigenen Leine zum Festhalten. Zwölf Meter lang mit einem Zehn-Kilogramm-Bleigewicht am Ende, quasi als Ankerpunkt, um auch wirklich niemanden an die starke Strömung zu verlieren. So weit, so gut. Wir versammeln uns in acht bis zehn Metern Tiefe und sondieren erst mal in aller Ruhe die Lage, da ist oben am Boot bereits die Hölle los.

Ein etwa dreieinhalb (!) Meter langes Blauhai-Männchen scheint mit der falschen Flosse aufgestanden zu sein und randaliert am Köderkorb rum. Mein erster Blauhai mit Tauchtourist:innen im Wasser – ein Dreieinhalb-Meter-Bock, mein bis heute mit Abstand größter Blauhai! In der Regel sind die Tiere um die zwei Meter lang, jedoch werden die, die wir beobachten, von Jahr zu Jahr immer kleiner, also jünger. Dazu später mehr.

Acht Meter über unseren Köpfen randaliert also der Blauhai-Rambo, was erst einmal okay ist. Wie Menschen völlig unterschiedliche Persönlichkeiten und Launen haben und haben dürfen, so auch Haie. Dieser Kollege hat offensichtlich gerade eine eher launische Midlife-crisis-Lebensphase, die sich in Verbindung mit Hunger zu einer explosiven Mischung aufschaukelt. Jeder normale Mensch hätte das mit einem Porsche 911 kompensiert.

Am Köderkorb ist faktisch nicht ans Fressen heranzukommen. Doch der Duft ist offensichtlich so enthemmend, dass der große Blaue sich bereits in den Korb verbissen und mehrfach mit dem gesamten Körper in der Korbleine verwickelt hat, was sein Temperament nicht gerade zügelt. Zumal er sich auch noch in den Strömungsleinen meiner Tauchgruppe zu verfangen droht. Das Ganze verheddert sich mehr und mehr zu einer Makramee-Hai-Blumenampel – nur leider scheint der große Blaue sich von der meditativen Kraft der Knotenkunst nicht beruhigen zu lassen.

Fast alle Taucher:innen schauen mich mit großen, weit aufgerissen Augen an, nur der Unterwasserfotograf nutzt die Gunst der Stunde und feuert, was das Zeug hält. Natürlich mit Blitzen, die den Hai auch nicht besonders zu beruhigen scheinen. Haie lieben Unterwasser-Blitze! Ihr »Elektro-Sinn« zum Aufspüren von Fischen wird regelrecht verzückt durch die elektrischen Feuer eines Unterwasserfotografen im Rausch. Es zieht sie magisch an. Also beide. Die Blitze die Haie und die Situation den Fotografen.

Verwickelt, um seine Mahlzeit betrogen und dutzendfach angeblitzt, wird er so richtig übellaunig. Ich auch. Auf den Fotografen und auf mich selbst … Wie konnte ich das Haitauchen nur so unterschätzen?! Und vor allem: Wie bekomme ich jetzt diese acht Taucher:innen sicher aus dem Wasser und den Hai aus der Leine, ohne gebissen zu werden?

»Es gibt keine gefährlichen Haie, es gibt nur gefährliche Situationen.« Diesen Satz von Erich Ritter hatte ich mir besonders gemerkt. Jetzt wusste ich, was er damit meinte. Panik ist unter Wasser tödlich, das kannte ich vom Höhlentauchen, also beruhige ich erst mal meinen Puls und beobachte, analysiere das Treiben an der Wasseroberfläche über uns und überlege mir einen Plan.

Der große Blaue schnappt in seiner Verzweiflung nach allem, was sich bewegt, und das macht auch zunehmend seine zehn bis 15 Hai-Kollegen wuschig, die von dem ganzen Lärm und Getümmel da an meinem Boot, dem achteinhalb Meter langen, roten *Fish Aggregation Device,* angelockt wurden. Sie umkreisen uns mittlerweile äußerst interessiert, die Stimmung entwickelt sich mehr und mehr Richtung »Zweite Halbzeit Schalke – Dortmund«. Auch wenn ich kein Fußballfan bin, so etwas weiß man ja: Da steckt ordentlich Zunder drin.

Ich bringe also erst mal jeden einzelnen Taucher und jede Taucherin nach oben ins Boot, was gar nicht so leicht ist, weil Meister Köderklau ja direkt an der Bordwand rumzappelt und immer verzweifelter seine Leinenpolka tanzt, während seine Hai-Kollegen ihn immer hektischer und enger umrunden. Sie sind schon sehr interessiert. Zu sehr. Ich muss den einen oder anderen Blauhai richtig wegdrücken, um das Temperament des gefesselten Kollegen nicht noch weiter anzuheizen. Was für ein Spaß: Shark-Wrestling in der Schwergewichtsklasse mit 100 Kilo und mehr.

Endlich, nach endlosen Minuten, sind alle acht Taucher:innen wieder sicher an Bord – Erleichterung! Ich bleibe im Wasser und schneide in Ruhe das Knotenfestival auf, das der Hai in seiner wachsenden Panik verursacht hat. Und schaffe es Zentimeter für Zentimeter und Knoten für Knoten, die dreieinhalb Meter ungeduldiges Muskelfleisch zu befreien.

Dabei schnappt der Blaue immer wieder aus Angst um sich, je besser er seinen Kopf bewegen kann, und ich muss höllisch aufpassen, dass ich ihn nicht versehentlich mit dem Messer verletze oder – auch nicht schön – mit meinem Arm versehentlich zwischen seine Kiefer und in das Revolvergebiss gerate.

Der befreite Hai schießt an mir vorbei, dreht ein paar Runden, beruhigt sich unfassbar schnell und kehrt zum Boot zurück, als sei nichts gewesen. Völlig entspannt, ruhig schwimmend, kleine Äuglein, wabbelige Flossen und relaxte Körperhaltung – alles Zeichen eines entspannten Hais. Ich klettere aus dem Wasser, setze mich hin und beobachte aus dem Augenwinkel einen meiner Taucher (den Fotograf, wen sonst?), wie er den Rambo-Hai mit Köpfchentätscheln zum Maulaufreißen direkt am Boot animiert. Für geile Fotos. So wie aus den schlechten Haibüchern aus meiner Kindheit. Der durchaus beeindruckend große Hai schießt mit weit aufgerissenem Maul aus dem Wasser und schnappt um sich. Sein Oberkiefer tritt dabei besonders stark unter seiner »Oberlippe« hervor und man bekommt einen Respekt einflößenden Blick auf Dutzende drei bis vier Zentimeter lange Rasiermesser.

Ach, so sind die Fotos damals in meinem Hai-Bildband entstanden. 19 Jahre später verstehe ich. Wo ist mein Rinderblut? Das muss man doch jetzt dem Hai ins Gesicht schütten! Ach nee, zum Glück sind diese Zeiten vorbei, und Haie sind nicht mehr gefährlich.

Durch das »Tätscheln« seiner Schnauze, einer Region voller Sinneszellen, hat der Fotograf einen fast schon Sinnesüberschuss (sensory overload) beim Hai erzeugt. Das Tier öffnet und schließt sein Maul dabei hektisch und schützt seine sehr großen Augen durch eine sogenannte Nickhaut vor Verletzungen. Quasi eine Art Augenlid. Er sieht jetzt nichts mehr. Und das ist ein Problem.

Bevor ich ein durchaus beherztes »Nein!!!« über die Lippen bringe, höre ich schon das Zischen einer Luftkammer unseres Schlauchbootes, über 50 Kilometer weit weg vom Land. Mitten auf dem Meer. »Kein Problem, Robert, wir haben ja noch zwei andere Luftkammern«, höre ich mich zu mir selbst sagen, während ich vor Wut neben mir stehe.

Das Zischen der ausströmenden Luftmassen mischt sich mit den Jubelschreien der adrenalingeladenen Taucher:innen und später auch mit dem cholerischen Brüllen meines Chefs, als wir endlich, nach einigen langen Havarie-Stunden und mit letzter Schraubenkraft, zurück im Hafen anlanden. Was für ein Action-Spaß-Tauchgang! Für alle, nur nicht für mich. Ich bin heute noch froh, dass niemandem etwas passiert ist, vor allem nicht dem Hai. Für den ersten Tauchgang als Sharkguide sind acht aufgestachelte Taucher:innen und ein zu einem Drittel zerstörtes Zodiac kein wirklich ermutigendes Ergebnis. Aber immerhin: Haie haben wir gesehen. In der Hinsicht darf sich keiner beklagen.

Azorenhoch, Azorentief

Die schlechte Laune meines Chefs ließ schon nach wenigen Monaten wieder nach, und so wurde meine Zeit im neuen Job gleichförmiger, entspannter, kontrollierter, auch wenn jeder einzelne Tag 26 Arbeitsstunden zählte – und das acht Tage die Woche. Die täglichen Touri-Ausfahrten funktionierten sehr gut, die Hai-Garantie blieb unangetastet. Sie nahm erst in der zweiten Saison rapide ab, denn der Fischereidruck auf die Tiere ist hier, wie fast überall auf der Welt, viel zu hoch. Blauhaie werden heute als potenziell gefährdet eingestuft. Sie sind die am häufigsten gefangenen Haie der Welt. Bis zu 40 Millionen Tiere pro Jahr!

Wir hatten Spaß im Team, unter und über Wasser, selbst wenn immer wieder mal ein Spezialtaucher unter den Gästen war, der mich ernsthaft (!) verklagte, weil ich ihm nicht gesagt hatte, dass er seinen Tauchanzug aufmachen darf, wenn ihm zu warm ist. Vielleicht wurde er auch zu heiß gebadet als Kind, wer weiß.

Sobald ich draußen bei den Haien war, blieben die Missstimmungen und Alltagssorgen an Land, über der Wasseroberfläche. Darunter warteten nicht nur die unterschiedlichsten Hai-Charaktere, die sich langsam an mich gewöhnt hatten, sondern auch Tauchtourist:innen mit Foto- und Filmkameras, und die fixten mich an. Wenn du jeden Tag mit deinen Tourigruppen tauchst, hast du bei 100 Hai-Tauch-Tagen auch mal zwei bis drei Top-Situationen mit klarer Sicht, fantastischem Lichteinfall und einem Rudel Haien, das dich nicht als Störenfried empfindet. Davon wollte ich Bilder haben, unbedingt. Aber nicht die, die meine Taucher:innen mir stolz am abendlichen Lagerfeuer präsentierten. Ich wollte Bilder, die die Charaktere der Tiere einfingen, ihre Individualität, ihre natürliche Schönheit und Anmut. Bilder von ungestörten Haien.

Ich hatte die Tiere nun über Jahre immer wieder gesehen, in den unterschiedlichsten Situationen. Im Regen, im Sturm, bei glattem Ententeich-Wasser, bei schlechter Sicht, in großen Gruppen, einzeln, gut oder schlecht gelaunt. Beim Jagen, beim Kadaverfressen. Teilweise auch dieselben Tiere. Nur der Dreieinhalb-Meter-Rüpel begegnete mir leider nie wieder. Und auch wenn ich hoffe, dass er noch da draußen irgendwo sein Revier unsicher macht, ist die Wahrscheinlichkeit hoch, dass er an irgendeiner Langleine verendet ist und seine Flossen bei irgendeiner Hochzeit in Asien oder in einem dubiosen China-Restaurant in einer Haifischflossensuppe gelandet sind.

Einigen seiner Kolleg:innen begegnete ich aber immer wieder, denn wenn ich eins mit dem Wesen der Haie gemein habe, dann die beharrliche Neugier. Ich studierte sie, lernte sie zu unterscheiden und entwickelte eine immer größere Sehnsucht, diese Unterschiede fotografisch abzubilden. Nicht nur im Automatikmodus draufhalten und abdrücken und schon gar kein künstliches Drama mit Rinderblut und Kettenhemd. Ich wollte die Persönlichkeiten und Launen der Haie einfangen und ihr verborgenes Leben für den Betrachter sichtbar machen.

Leider waren meine eigenen Fotokenntnisse in der »Ritsch-Ratsch-Klick«-Stufe meiner Jugend hängen geblieben. Grüner Automatikmodus, den Rest macht die Kamera. Egal! Ich kaufte mir trotzdem eine professionelle Kamera, und wann immer die Größe der Gruppe (und damit meine Verantwortung), die Situation und das Licht es erlaubten, experimentierte ich bei den Tauchgängen damit herum. Jedes Mal, wenn professionelle Film- oder Fototeams unsere Basis besuchten, war ich total neugierig. Ich beobachtete die Profis, checkte ihr Equipment aus, sah zu, wie sie sich auf Tauchgänge vorbereiteten, welche Linsen sie verwendeten, welches Gehäuse, welche Lampen und Blitze, aus welchen Perspektiven sie die Tiere aufnahmen und warum. Auf der einen Seite war ich also der Tauchguide, der die Gruppe routiniert durchs Revier und zu den Tieren lotste. Auf der anderen Seite war ich der Lehrling, der den Meistern auf die Finger sah – es war herrlich, machte meinen Job noch spannender und lehrte mich in angemessener Zeit, worauf es bei einem guten Bild ankommt.

Wenn man sich jeden Tag an einem fantastischen Ort befindet und oft außerhalb der eigenen Komfortzone unterwegs ist, kommt man am Ende auch an gute Bilder. Ich habe viel gefroren, mich völlig verausgabt, unzählige Male im Anzug angepinkelt und länger und öfter die Luft angehalten, als man sollte, aber dadurch auch ein paar durchaus brauchbare Bilder gemacht. Ich hatte zum Glück einige der besten Unterwasserfotograf:innen der Welt bei mir zu Gast. So richtig herausgerückt mit der (Bild-)Sprache haben sie zwar alle nicht. Ich habe mir also vieles im wahrsten Sinne des Wortes abschauen müssen. Es hilft aber enorm, wenn man wochenlang einen Vollprofi guidet und ihm über die Schulter schauen kann. Mein Dank gilt diesen Profis, allen voran Franco Banfi, bis heute einer der besten und nettesten Unterwasserfotografen, die ich kenne.

Meine ersten guten Bilder waren absolute Glückstreffer. Denn in der richtigen Situation (perfektes Licht, ruhiges Wasser, viele Tiere, die mitspielen) macht fast jede Kamera ein brauchbares Bild. Aber wie oft hat man das schon? Na ja, auf den Azoren schon einige Male, aber sonst ist es schon sehr selten.

Kein Wunder, dass man so viele »Natur- und Tierfotos« aus dem Zoo zu sehen bekommt – wohin könnten die Tiere da schon vor dem Automatikmodus der Kamera fliehen? Doch die wahre Kunst ist nicht, einen Adler bei einer Flugshow zu fotografieren oder einen Orang-Utan auf dem Freigelände im Zoo. Die Kunst und das echte Erlebnis finden nur da draußen in der Natur statt. Und so schlecht viele meiner Bilder zu Beginn waren, sie waren wenigstens echt. Von Tieren in Freiheit. Für mich bis heute das Wichtigste überhaupt.

Apropos Freiheit – meine Bilder wurden nicht nur mit mehr Erfahrung besser, sondern auch mit mehr Luftanhalten. Irgendwann stellte ich nämlich bei meinen Freitauchgängen fest, wie verschiedene Tiere auf mich reagierten, wenn ich nicht mit meiner Tauchflasche unterwegs war, also ohne Atemregler, die diesen unglaublichen Lärm machen, sondern nur mit einer einzigen Lungenfüllung, ohne zu atmen (griechisch: »a-pnoia« – deshalb »Apnoe-Tauchen«).

Das Apnoe- oder Freitauchen spielte in der Folge eine immer größere Rolle für mich, denn es ermöglichte mir Bilder, die für »normale« Taucher:innen unmöglich sind. Ich war plötzlich viel freier ohne Flasche und Tarierjacket, ohne Taschen und den ganzen Kram, der mich sonst so langsam macht unter Wasser. Als Freediver lebte ich das, was vor langer Zeit schon Jacques-Yves Cousteau gesagt hat: »Wer Fische studieren will, muss selbst zum Fisch werden.« Und so fühle ich mich oft. Ich halte es an Land nie lange aus und muss immer wieder ins Meer. Gerade beim Freitauchen ist nicht nur die Ausrüstung leicht, sondern auch der Kopf. Keine E-Mails, keine Anrufe, keine Steuererklärung. Nix. Es zählt nur der Moment. Herrlich.

Ich bin eins mit dem tiefen Blau, höre meinen Herzschlag und schwimme mit Haien, Walen und Robben durch ihre Welt. Es gibt in meinem Leben nichts Schöneres als das.

Nach einigen Trainingsmonaten schaffte ich bereits volle vier atemreflexbefreite Minuten unter Wasser – 240 Sekunden mit entspannten, ungestörten, neugierigen Pottwalen, Delfinen, Rochen, Schildkröten (*Cheloniidae*), Mondfischen und natürlich Haien. Es war ein Traum, und zwar einer, den ich immer besser abbilden konnte, weil ich auch die Fototechnik immer besser in den Griff bekam.

Ich hatte einen neuen Weg gefunden, meine alten Leidenschaften zu leben: Ich fing zwar immer noch Tiere ein, aber nur noch auf Bildern und Filmen. In Kiel und Stralsund hatte ich die Tiere zu den Menschen ins Aquarium gebracht. Und dabei schmerzhaft gelernt, wie falsch das war. Auf den Azoren brachte ich die Menschen zu den Tieren und lernte jeden Tag, dass auch dieser Tourismus nicht immer der wirklich richtige oder bessere Weg war – vor allem für die Tiere und die Natur, aber auch für meine Nerven. Die Fotografie und das Filmen schienen der bessere, nervenschonende Weg zu sein, denn ich schlug mich immer öfter mit Tauchtourist:innen herum, die meine Regeln ignorierten und die Haie anfassten und belästigten, womit sie sich selbst, den Hai und mich immer wieder in unnötig gefährliche Situationen brachten.

Ich sah, wie Tauchkund:innen Jahrzehnte alte Korallen abbrachen, mit Flossen oder Schwimmschuhen auf Riffen herumtrampelten, schlafende Ammenhaie rückwärts aus ihren Höhlen zogen. Und warum? Weil sie es konnten! Es war mir ein Graus und ist es noch heute. Natürlich gibt es auch die achtsamen, vorsichtigen, zurückhaltenden Naturgenießer. Das Entscheidende habe ich allerdings von den rücksichtslosen Idioten gelernt, denn sie haben mir gezeigt, dass die Tiere etwas Besseres verdienen als das respektlose Eindringen in ihre Reviere. Meine Bilder und Filme waren die perfekte Lösung: Sie würden den Menschen die Tiere näherbringen. Ohne – und das war das Entscheidende daran – dass die Tiere (und ihre Lebensräume) darunter leiden mussten.

Wie so oft in meinem Leben kam dann ein Moment, der mir mal wieder einen entscheidenden Impuls gab. Auch wenn dieser Moment Bilder auf meine innere Festplatte brannte, die immer noch nachts zu mir zurückkommen und mich aufschrecken lassen, egal ob ich in einer philippinischen Hängematte, auf einer Isomatte im ewigen Eis oder in meinem gemütlichen Bett zu Hause hochfahre. Diese Bilder schickten mich ein für alle Mal auf eine ganz neue Reise.

Die Story begann, wo die meisten schlimmen Geschichten in meinem Leben beginnen: im Büro. Ich saß an meinem Schreibtisch in der Tauchbasis auf den Azoren und schrieb mal wieder eine dieser wütenden Ohnmacht-Mails an Anwälte, Reiseveranstalter und meinen Chef, in der ich zu erklären versuchte, dass man Tiere und eben besonders Meerestiere – entgegen meiner anfänglichen Erfahrungen auf der Insel – eben doch nicht garantieren kann. Ich konnte nichts dafür, dass es heute schon zum dritten Mal keine Haie gab.

»Fragen Sie doch mal die spanischen Langleinenfischer, ob Sie bei denen mitfahren dürfen. Da bekommt man neben Blau- und Makohaien auch noch Schildkröten und allerlei Seevögel zu Gesicht. Leider jedoch am Haken, im Netz oder anderweitig dem Tode geweiht.«

Die Antworten auf meine bitterbösen Mails ließen natürlich nicht lange auf sich warten, und ich stellte immer wieder fest, dass Abteilungsleiter, Tauchbasenleiter und all die anderen Hierarchieleitern einfach nichts für mich waren. Das ist etwas für Menschen mit einer Leidenschaft für Geld, Macht, Strategie und mit einem dicken Fell. Das alles habe ich bis heute nicht.

Von weiteren emotionalen Mails (und weiterer verschwendeter Lebenszeit) hielt mich in diesem Moment das Klingeln des Telefons ab. Ein Bekannter von der gegenüberliegenden Insel, nur ein paar Kilometer entfernt, berichtete atemlos, dass gerade ein spanisches Fischerboot Hunderte Haie ablud. Mitten im Hafen, am helllichten Tag!

Erich, der mal wieder mit seiner Sharkschool bei mir zu Besuch war, und ich fackelten nicht lange. Wir schnappten uns unsere Kameras und ein kleines Schlauchboot mit 150 PS und fuhren mit Vollspeed durch die Meerenge zwischen den Inseln Pico und Faial. Die ein oder andere Welle übersprangen wir im Flug, um möglichst schnell in den weltberühmten Yachthafen einzulaufen – dieses Drama durften wir nicht verpassen! Vor Ort sah ich zum ersten Mal live, wie Hunderte Haifischkörper und säckeweise Haifischflossen vom Boot in Kühlcontainer verladen wurden. Wir fotografierten, bis die Auslöser glühten, und ließen uns von den bösen Blicken der spanischen und portugiesischen Fischer nicht einschüchtern.

Das, was wir da dokumentierten, war nicht weniger als ein Skandal, doch das war mir bei meinem ersten »Semi-Undercover-Einsatz« gar nicht so klar. Erst als ich die Bilder zu Hause in Ruhe betrachtete, wurde mir das Ausmaß der Tragödie klar. Ich zählte Tausende Haie, Abertausende Flossen – wobei die Anzahl der Flossen deutlich höher war als die Anzahl der dazugehörigen Körper. Bei zehn Haikörpern dürften also pro Tier um die vier bis sechs Flossen (je nach Haiart und Größe der Flossen) angelandet werden. Doch hier stapelte sich das Dutzendfache!

So wurde ich das erste Mal leibhaftig mit dem sogenannten »Sharkfinning« konfrontiert, einer Praxis, bei der den Haien bei lebendigen Leib die Flossen abgeschnitten werden und der restliche »wertlose« Körper dann zurück ins Meer geworfen wird. Die Haie sinken zu Boden und überleben dort teilweise bis zu 24 Stunden. Sie sterben einen qualvollen Erstickungstod, denn die meisten kommerziell interessanten Haiarten (es gibt auch Haie, die aktiv atmen können) sind sogenannte Passiv-Atmer. Sie müssen die ganze Zeit mit leicht geöffnetem Maul schwimmen, damit sie ihre Kiemen mit sauerstoffreichem Wasser umspülen und außerdem das im Körper angereicherte CO_2 auch wieder loswerden können. Ohne Flossen können sie nicht schwimmen, ihre Kiemen werden nicht umspült, und sie ersticken. Ein Fisch, der unter Wasser erstickt und dabei ähnliche Schmerzen und Ängste spürt wie wir Menschen …

So widerwärtig, abstoßend und gegen jede Ethik verstoßend das Sharkfinning ist – »wirtschaftlich« macht es natürlich absolut Sinn: Ein Haikörper ist keine 100 Dollar wert. Ein Kilo Haiflosse bringt fast den dreifachen Preis. Ein Fischer macht sich seinen Laderaum also nicht mit sperrigen Haikörpern voll, sondern lieber mit gut stapelbaren Flossen – wenn er den moralfreien Gesetzen des Markts folgt. Das ist nicht nur grausam, in vielen Ländern illegal und verachtenswert, sondern auch noch extrem verschwenderisch, so als würde man einem Hahn nur den Hahnenkamm abschneiden und den Rest wegwerfen. Was für ein Irrsinn! Das Flossenabschneiden ist eine erlaubte Technik innerhalb der Europäischen Union, allerdings nur, solange genügend korrespondierende Körper mit angelandet werden. Aber wer schaut schon so ganz genau hin … Die Europäische Union gehört zu den größten Exporteuren von Haifischflossen weltweit. Hier direkt vor unserer Haustür.

Und solange viele Menschen, besonders in Asien, weiterhin an die potenzfördernde und statusangemessene Wirkung der Haifischflossensuppe glauben, wird sich an dieser perversen

Praxis nichts ändern. Gerade die Flossensuppe ist dort immer noch sehr beliebt. Besonders als Statussymbol. Bei vielen semiluxuriösen Hochzeiten gehen mal eben bis zu 150 Portionen Suppe über den Tisch, zum Preis von bis zu 100 Dollar pro Teller. Da kann der Bräutigam auf ganz »besondere« Art zeigen, wie viel ihm an seinen Gästen liegt. Und wie doof er gleichzeitig ist. Denn Haie sind Top-Prädatoren. Sie lagern so ziemlich alles an Schadstoffen an, was im Meer schwimmt. Dazu sind die getrockneten Knorpelteile der Haie auch noch komplett geschmacksneutral. Die Hochzeitsgesellschafft isst also eine Suppe, deren Grundsubstanz aus Gemüse und Hühnerbrühe besteht, in ihren Flossenanteilen geschmacklos und dazu mehr oder weniger giftig ist. Und das für schlappe 100 Dollar pro Person. Unbezahlbar dumm.

Die einzig schlaue Antwort auf die Frage »Möchten Sie eine Haifischflossensuppe?« kann nur »Nein!« heißen. Gern mit den Zusätzen »Für wie dumm halten Sie mich?!« – »Schämen Sie sich!« und »Nehmen Sie den mit Methylquecksilber durchseuchten Scheiß bitte sofort von Ihrer Karte!«

Ich liebe jedes Mal die Situation vor 500 Schüler:innen, wenn ich in meinem Schulvortrag, kurz nach dem Kapitel über Haie und die Möglichkeiten, sie zu schützen, frage: »Würdet ihr jemals eine Haifischflossensuppe bestellen?« Und wenn mir 500 neue Hai- und Meeresschützer:innen aus vollem Hals entgegenbrüllen: »NEIIIIIIIINNNNNN!!!!!«

Wenn keiner diesen Quatsch bestellt, dann muss auch niemand los und Haien die Flossen abschneiden – so würde man etwa 150 Millionen Haien pro Jahr das Leben retten. Und die sind ziemlich wichtig. Für jeden von uns.

Noch besser als Empörung ist allerdings eine Erklärung. Die dazugehörige Überschrift heißt kurz und knapp: »Stirbt der Hai, stirbt auch der Mensch.« (Wenn auch ziemlich unwissenschaftlich und sehr überspitzt, aber hier heiligt der Zweck die Mittel.) Und ergänzend sagen Sie dann einfach: Ohne die Haie als Top-Jäger der Ozeane hätten die mittelgroßen Raubfische plötzlich keine Feinde mehr. Sie würden sich gnadenlos vermehren, ihr Hunger würde die Liga der kleinen Fische auslöschen, die dann nicht mehr die Kleinstlebewesen wie Krebse und andere Zooplankter reduzieren. Diese Kleinstlebewesen würden sich entsprechend ungebremst vermehren und dadurch die weltmeerweiten einzelligen Algenvorkommen und Phytoplankter im ersten Zentimeter der Meeresoberfläche »abgrasen«. Und da diese Algen nun mal weltweit für über 70 Prozent der Sauerstoffproduktion verantwortlich sind, müssten alle Landlebewesen sich auf ein ausgesprochen dünnes Lüftchen einstellen. Allein die Masse macht's: Sauerstoffproduzierende Algen gibt es laut Schätzungen: 2,9 x 10 hoch 27 – was das für eine Zahl ist? No idea! Ziemlich groß, würde ich sagen ...

So zumindest die Theorie, die Experten für sehr wahrscheinlich halten. Na, geht Ihnen bei dieser Vorstellung gerade die Luft aus? Mir schon! Auch wenn ich seitdem weltweit immer wieder Zeuge von Haijagd, speziell von Sharkfinning wurde – hier auf Faial hab ich meine Conservation-Photography-Unschuld verloren. Ich werde es meinen Lebtag nicht vergessen.

Vor Wut zitternd, vor Trauer über meine blauen Freunde fassungslos, fotografierte ich einen zwölf Meter langen Standardcontainer voller Haikörper und Dutzende Kubikmeter Säcke voller abgetrennter Flossen. Mein Leben lang hatte ich gekämpft gegen das, was ich dort zum ersten Mal live sah. Ich hatte Unterschriften gesammelt, Menschen aufgeklärt – und jetzt wurde ich damit konfrontiert, dass mein Kampf nichts gebracht hatte. Gar nichts! Ein ganzer Container füllte sich mit abgeschlachteten Haien, die zum Himmel stanken wie die Bestialität dieses Verbrechens. Ich war wütend und verletzt. Ganz tief in der Seele. Dort, wo man im Alltag eigentlich niemals hinspürt.

Das waren *meine* Haie. Freunde, die ich jeden Tag da draußen besuchte. Besucht hatte! Denn jetzt wurden sie direkt vor mir bündelweise mit einem Kran abgeladen. Auf zehn schlanke Blauhai-Körper kam ein fast doppelt so dicker Makohai. Leicht zu erkennen. Haie, die ich mit meinen Tauchgruppen bestaunt hatte, die in meinen Köderkorb gebissen hatten, die mich mehr oder weniger gut gelaunt angerempelt hatten. Und die ich nun schon seit Tagen vermisst hatte. Hier waren sie also! Deshalb hatte ich seit Wochen keinen Mako mehr gesehen. Diese wunderbaren Kampfmaschinen, in deren Augen man unter Wasser das tiefste Schwarz aller Zeiten erblickt. Mir blutete das Herz, und meine Galle lief über. Gleichzeitig wurde ich noch mehr bestärkt in meinem unbedingten Willen, etwas zu ändern. Gegen diesen Schwachsinn zu kämpfen. Mit allen Mitteln!

Warum es wichtig ist, Haie zu schützen

Knorpelfische (*Chondrichthyes*) wie Haie (*Selachii*), Rochen (*Batoidea*) und Chimären (*Chimaeriformes*), von denen es heute etwa 1160 bekannte Arten gibt, spielen eine besondere Rolle im Ökosystem Meer. Als Jäger regulieren sie unter anderem Fischbestände und sorgen so für ein *dynamisches* Gleichgewicht. Ein richtiges Gleichgewicht gibt es in der Natur nicht, alles ändert sich ständig. Nix ist im Gleichgewicht, außer ich beim Freitauchen.

Sie nehmen außerdem die Rolle einer »Gesundheitspolizei« ein, in dem sie kranke oder bereits verendete Tiere fressen. Ein schwacher, mit einer ansteckenden Krankheit infizierter Delfin wird so beispielsweise von einem Makohai gefressen, ehe der Delfin andere, gesunde Meeressäuger anstecken kann. Oder ein bereits verendeter Wal, dessen Kadaver an der Wasseroberfläche treibt und ein potenzielles Gesundheitsrisiko für Meeressäuger und andere Tiere darstellt, wird von den Blauhaien gefressen. Die Räuber verwerten diesen Kadaver und befreien das Ökosystem von einer infektiösen Last. Sie leisten also einen extrem wichtigen Beitrag zu einem gesunden und intakten Lebensraum. #SystemrelevanterJob

Orte, an denen die Bestände von Haien und Rochen, zum Beispiel durch die Fischerei, stark dezimiert wurden, weisen deutliche Schäden an den Riffen und einen messbaren Schwund an Artenvielfalt (Biodiversität) auf. Studien haben gezeigt: Wenn man diese Gebiete und deren Unterwasserfauna – insbesondere eben Haie und Rochen – unter Schutz stellt, kann sich deren lokales Ökosystem rehabilitieren. Daran ist zu erkennen, dass die Zusammenhänge im Ökosystem Meer zwischen den einzelnen Tieren und den Einflüssen der Außenfaktoren wesentlich komplexer sind als noch vor wenigen Jahren angenommen. Das Ökosystem Meer ist heute als ein ganzheitliches, miteinander verwobenes Geflecht zu betrachten, in dem jedes Lebewesen eine signifikante Rolle einnimmt und für dessen Gesundheit und Erhalt sorgt. Wie eine Mischung aus Ameisenhaufen, Bienenstaat und Pilzmyzel in nass.

Ging man früher noch, vor ewigen Zeiten, zu meinem Studienbeginn im Jahr 2003, von einer simplen Nahrungspyramide aus, einem einfachen System, welches die verschiedenen Lebewesen in ihre sogenannten Trophy-Ebene kategorisiert, werden heute die Zusammenhänge zwischen den einzelnen Ebenen und den Lebewesen in einem sogenannten »Nahrungsnetz« betrachtet. Bei dem vereinfachten Schaubild der Pyramide stehen an oberster Spitze Jäger wie Orcas und Haie, in der Mitte gibt es leckere Makrelen (*Scombridae*) und Thunfische, die unterste Ebene bilden Kleinstlebewesen wie z.B. das (Zoo-)Plankton. Plankton besteht im Übrigen aus viel mehr als nur kleinen Krebschen. Wie der Name schon sagt – griechisch: πλαγκτόν »das Umherirrende«, »das Umhergetriebene –, zählen zu diesem Plankton eben alle »Tierchen«, die sich nicht aktiv gegen die Strömung zur Wehr setzen können und bei denen die Meeresströmungen den Takt angeben. Das sind neben Pilzen, Viren, Bakterien, Algen, allerlei Larven und Krebstierchen auch zwei Meter große Quallen (*Medusae*).

Das Nahrungsnetz hingegen entwirft ein deutlich komplexeres Bild der Abhängigkeiten und Zusammenhänge und bezieht außerdem Faktoren wie den Klimawandel und andere Einflüsse, zum Beispiel durch die Fischerei, mit ein. Bei vielen weniger bekannten und unerforschten Arten sind uns Lebenszyklus, Wanderwege, Einfluss auf das Ökosystem und Rolle im Nahrungsnetz noch nicht einmal bekannt. Sie drohen zu verschwinden, ehe wir sie überhaupt verstanden oder gefunden haben.

Die Knorpelfische sind von den Folgen des Klimawandels,

der Ozeanversauerung, der zunehmenden Verschmutzung der Meere und vielen weiteren anthropogenen Faktoren betroffen. Darüber hinaus leiden sie weltweit unter einem enorm hohen Fischereidruck. Sie werden gezielt gefangen, als Nahrungsmittel, Heilmittel und für die Kosmetikindustrie. Doch auch als unbeabsichtigter Beifang enden Haie und Rochen in den Netzen und an den Haken der Langleinenfischer. Besonders für ihre Flossen werden Haie (und auch Rochen) häufig illegal bejagt, überwiegend für den asiatischen Markt. Die Identifikation der Arten, anhand der auf dem Fischmarkt angebotenen Flossen, gestaltet sich schwierig bis unmöglich. Für einige Arten sind genetische Schnelltests vorhanden. Diese sollten unbedingt ausgeweitet werden, denn sie stellen für Behörden eine schnelle und kostengünstige Methode dar, um bedrohte und besonders geschützte Arten zu identifizieren und die verantwortlichen Fischer zur Rechenschaft zu ziehen. »Ein Gesetz ist nur so stark wie seine Umsetzung« ist einer der wichtigsten Sätze in diesem Zusammenhang und im Umweltschutz überhaupt.

Fischfangunternehmen versäumen häufig eine korrekte Klassifizierung und Quantifizierung der Knorpelfische aus ihrem Beifang. Daraus resultiert, dass sich die Zahl der gefangenen »Knorpler« nicht bestimmen lässt; es handelt sich lediglich um einen Schätzwert mit einer wahrscheinlich hohen Dunkelziffer. Weltweit werden laut diesem Schätzwert pro Jahr (im Mittel) zwischen 150 und 200 Millionen Haie gefangen. Das sind 3 000 Haie pro Minute! 50 pro Sekunde!

In diesem Zusammenhang ist es wichtig, sich mit selektiven Fischereimethoden auseinanderzusetzen, die Haie und Rochen aussparen und nur den gewollten Zielfisch fangen. Denn fast die Hälfte der über 1 000 Knorpelfischarten ist bedroht, einige von ihnen stehen laut Rote Liste gefährdeter Arten (IUCN Red List of Threatened Species) bereits kurz vor der Ausrottung. Und noch mal: Weg ist weg. Für immer! Doch Bemühungen dahingehend, z.B. durch strengere Kontrollen, gibt es kaum. Die über 120 Hai-Fangnationen übermitteln ihre Zahlen, trotz alarmierend geringer Bestände, auf rein freiwilliger Basis an die FAO (Ernährungs- und Landwirtschaftsorganisation der Vereinten Nationen).

Der Mensch lebt seit Jahrtausenden vom Meer. Weltweit ernähren sich aktuell über eine Milliarde Menschen von Fisch und anderen Meerestieren als erster und auch oft einziger Proteinquelle. Sie haben aufgrund der Topografie oder demografischer Entwicklung keinen anderen möglichen Zugang zu ausreichend anderer Nahrung. Hinzu kommt ein stetig wachsender weltweiter Bedarf an Fisch, an allen Fronten. In armen und in reichen Ländern. In Westafrika, Peru und Dänemark.

Gerade deshalb ist es besonders wichtig, diejenigen Tiere unter Schutz zu stellen, die für die Regulation und die Gesundheit eines ohnehin schon massiv unter Druck stehenden Ökosystems besonders wichtig sind. Letztendlich schützt man durch den Schutz von Haien und Rochen nicht nur die Tiere und deren Ökosystem, man stellt auch eine zukünftige Nahrungsquelle für viele Menschen sicher, die sonst, in naher Zukunft, nichts mehr oder deutlich weniger zu essen haben würden. Was sehr schlecht wäre.

Denn was machen Menschen, die nichts mehr zu essen haben? Was würden Sie tun, wenn Sie morgens mit Ihren beiden Söhnen rausfahren aufs Meer in einem kleinen selbst gebauten Kanu? Die Angelleine nach unten lassen und nichts anbeißt, so wie gestern schon und vorgestern. Fisch ist aber nun mal Ihr Frühstück, Mittag und Abendbrot. Sie kommen wieder einmal mit leeren Händen nach Hause. Es gibt keinen Supermarkt um die Ecke, keinen fruchtbaren Boden, um ein Feld zu bestellen, keine Ziege, keine Kuh, keine Palme. Was nun?

Wenn ich Kindern diese Frage stelle, kommt oft: »Dann ess ich meine Schwester!« Ja, okay, damit kommst du so ein bis zwei Wochen über die Runden. Alles klar. Aber was, wenn du deine Schwester lebendig, eben als Schwester magst? Was macht ihr, wenn da draußen im Meer nichts mehr ist? Was tut ihr dann? Jetzt kommen mit Sicherheit ein paar Blödsinns-Antworten: »Dann esse ich eben Sand, Steine, Blätter und Plastik oder so.« Kann man alles nicht essen Leute! Also, kann man schon. Aber vielleicht nur einmal …

Dann gibt es aber immer wieder dieses eine betroffen dreinschauende Kind. Das Kind, das auf einmal alles, aber auch wirklich alles, verstanden hat. Meist sind es Mädchen. Es muss wohl irgendetwas mit Empathie zu tun haben. So wie bei Elefanten und Orcas und Deutschland. Dort, wo eben Leitkühe das Sagen haben. Die klügsten im Team, die cleversten in der Familie. Anführer:innen eben. Dieses eine Mädchen schaut mich dann meist ganz besorgt und nachdenklich an und sagt leise: »Die müssen dann da weggehen.« Ganz genau. Sag es mal ganz laut, damit es alle gut hören können!

»Die müssen dann da weggehen, weil es nichts mehr gibt.«

»Und wo gehen die Menschen dann hin, liebe Kinder?« (Und nein, ich bin nicht von der AfD … die Lehrer lachen dann meistens. Aber nicht alle.)

»In Länder, in denen es noch etwas gibt.«

»Richtig!«, sage ich dann.

»Und, liebe Kinder, meint ihr, die schaffen das, 15 000 Kilometer mit einem Einbaum, über drei Weltmeere bis zum Beispiel nach Deutschland?«

Diese rhetorische Frage müssen sie mir nicht mehr beantworten. Sie wissen nach meinen Ausführungen, dass Deutschland eines der besten Länder der Welt ist. Sicher, reich und einfach. Mit viel Platz und Geld für alle. Theoretisch. Wer anderes sagt, sollte mich mal um die Welt begleiten. Ich bin sehr froh, hier zu leben. Nach allem, was ich auf der Welt gesehen und erlebt habe, sage ich Ihnen eins: Seien Sie einfach sehr, sehr froh, hier zu leben. Wir können auch locker noch Millionen flüchtenden Menschen Unterschlupf bieten, besonders wenn sie aus Existenznöten kommen, weil sie Angst haben zu verhungern. Aber einer Milliarde? Das wird schwer. Das geht schlicht nicht.

»Wenn wir so weitermachen, sind die Meere in 30 Jahren leer!«, sagte mein Fischereibiologie-Professor im Jahr 2005 zu mir. Wir haben so weitergemacht, wir haben es sogar noch viel schlimmer gemacht. Sie sind besser und schneller als ich in Mathe … 2035. Demnächst also. Die Krise ist quasi um die Ecke. Sehenden Auges ins Verderben. Da können Sie Ihre Mauern so hoch bauen, wie sie wollen, die Menschen werden kommen.

Das Gute ist: Fische sind nicht blöd, und wir haben noch um die zehn, vielleicht 15 Jahre Zeit, das Ding in den Griff zu bekommen. Fische produzieren teilweise Tausende, Zehntausende Nachkommen, ganze Schwärme. Also nicht die Haie, bei denen bekommen die Hälfte aller Arten lebendige Junge. Wenige nur insgesamt. Weiße Haie vielleicht um die zwei bis zwölf. Oder mehr, das weiß einfach keiner ganz genau. Blauhaie um die 80, meist deutlich weniger. Katzenhaie legen einige Eier. Das dauert alles lange und ist nicht sonderlich effektiv zum Wiederbesiedeln der Weltmeere. Und es geht nur, wenn man sie völlig in Ruhe lässt. Beim Weißen Hai gehen einige Forscher (auch Erich damals) davon aus, er sei bereits biologisch ausgestorben. Es gibt einfach nicht mehr ausreichend erwachsene Tiere, um genügend Nachkommen zu produzieren. Das lese ich aber schon seit über 30 Jahren in meinen Haibüchern. Dennoch, es gibt weltweit nur noch ein paar Tausend Weiße Haie. Tendenz der Individuenzahl: sinkend.

Egal. Um die Haie geht es hier gerade mal nur sekundär. Die meisten kommerziell befischten »Speisefische« (auch diesen Begriff hasse ich so wie »Nutztiere«) produzieren viele Eier und viele Nachkommen. Bestände könnten sich in kurzen Zeiträumen erholen, wenn man sie lässt und wenn man die Fischerei gut managt und überwacht. Sie reguliert und verantwortungsvoll betreibt. Schutzgebiete und Rückzugsorte etabliert und einhält. Sie können an einer Hand abzählen, wie viele Fischereinationen dies tatsächlich tun. Na ja, vielleicht zwei Hände.

Es könnte alles so einfach sein. Ein Viertel eines produktiven Laichgrundes und Meeresgebietes für einige wenige Jahre völlig unter Schutz stellen, und zack, nach bereits zwei, drei Jahren zeigen sich erste Erfolge. Größere Fische, mehr Fische, auch außerhalb der Schutzzonen. Aber nein – abgeben, verzichten, niemals! Dabei ist das kurzsichtig und regelrecht dumm. Und ich betone es immer wieder: Menschen sind eigentlich nicht dumm. Eigentlich.

Länder mit klugen Menschen, die Haie unter Schutz gestellt haben, zum Beispiel die Malediven, Mikronesien und die Bahamas, profitieren von der Rückkehr der Haie und ihrer Anwesenheit. Nicht nur die Fischbestände können sich unter der »Aufsicht« der Haie und Rochen besser erholen und Riffareale in ihrer Gesamtheit schneller gesunden, auch die damit einhergehenden ökonomischen Aspekte im Sinne des (Öko-) Tauchtourismus sind nicht zu unterschätzen. Denken Sie an den Wert über die gesamte Lebensspanne hinweg – ökonomisch und ökologisch sind die Zigtausende Dollar wert, wenn sich dieser Wert für das Ökosystem Meer überhaupt in Geld aufwiegen lässt. Manche Forscher sagen sogar: 1,5 Millionen Dollar pro Hai! Wahnsinn! Haie umbringen ist so sinnvoll wie am Ast sägen, auf dem man sitzt, einen Präsidenten wählen, der den Klimawandel leugnet, oder ein Nazi zu sein. Es ist destruktiv und der Inbegriff des Wortes »dumm«.

Unter anderem aus diesem Grund ist auch in vielen Ländern das so verschwenderische und dumme »Sharkfinning« verboten. Wider Erwarten spielt Europa aber eine entscheidende Rolle auf dem immer noch boomenden Weltmarkt für Haifischflossen und Haifleisch. Europäische Fischflotten fischen vor der Küste Westafrikas, subventioniert von der EU, große Mengen an Fisch (mit noch größeren Mengen an Beifang – oft

Haie und Rochen) und schaden dem lokalen Fischfang immens. Die Konsequenz: Lokale Fischer fangen selbst nur noch kleine Mengen und sind gezwungen, immer weiter und länger aufs Meer hinauszufahren.

Genau deshalb ist die Zusammenarbeit einzelner Regierungen mit Organisationen wie zum Beispiel Sea Shepherd im Meeresschutz so wichtig. Ohne die Kontrolle übergeordneter Instanzen und die Gegenwart von Gesetzeshüter:innen in den geschützten Küstengewässern und Fischereizonen herrscht auf den Weltmeeren eine freie, unregulierte Ausbeutung von *endlichen* Resourcen, kurzum: Halligalli-Wildwest mit Fischpiraten. Yippieh!

Ein entscheidender Faktor zur Bewusstmachung dieser Missstände ist auch die Präsenz dieser Thematik in der Öffentlichkeit. So wie einst die grausamen Bilder abgeschlachteter Wale den öffentlichen Druck auf Regierungen erhöhten und diese ein Gesetz beziehungsweise ein Moratorium zu deren Schutz verabschiedeten (1986), kann auch für den Haischutz die mediale Plattform, besonders heute, eine Möglichkeit sein, an eine breite Masse für den Erhalt der Ozeanräuber zu appellieren. Die ja viel lieber vergammelten Kadaver fressen als Surfer und Bikini-Models, und uns und andere Tiere so auch noch vor Krankheiten schützen. Haie hatten einfach einen schlechten Imageberater. Die hätten den der Delfine engagieren sollen. Der hat einen Top-Job gemacht.
#DelfineSindNämlichEigentlichArschlöcher

Haie schützen ist verdammt wichtig. Es betrifft uns alle! Sie passen auf das größte Ökosystem unseres Planeten auf, das blaue Herz. Dabei ist jeder gefragt, nicht nur Regierungen und Fischereiflotten, sondern letztendlich auch Konsument:innen. Sie auch, mit Ihrer Einkaufs-Fisch-App und den (für Sie) nervigen aber top informierten Kindern aus dem Lehmann-Weltretten-Schulvortrag.

PS: Seit dem internationalen Moratorium von 1986 wurden

von Ländern wie Island, Norwegen, Japan und anderen Quertreibern übrigens fast 40 000 Wale abgemurkst. Zu wissenschaftlichen Zwecken natürlich und als Futter für Schüler:innen in Schulen (Japan) und Nerze in Nerzfarmen … Wenn Sie also einen Fellkragen an der Jacke tragen, aus echtem Fell (Hund, Katze, Nerz, Waschbär etc.), dann wurden einige davon auch mit Walfleisch gefüttert. Bekommt man ja günstig, von den Norwegern zum Beispiel. Mit 40 Tonnen Wal kommen die fast einen Monat hin in so 'ner Pelzfarm. Übrigens schießt man gern schwangere Wale. Die sind etwas langsamer, also besser zu harpunieren, und man bekommt bei der selbst auferlegten Quote von über 1 000 Walen pro Jahr (Norwegen), quasi zwei Wale zum Preis von einem. Mutter und Kalb.

Wie? *Das* hat man Ihnen beim Winterjacken-Kauf nicht gesagt? Hach, diese Verkäufer …

Hier noch mal zur Erinnerung, die gängigen Bezeichnungen im Label ihres Innenfutters. #KennzeichnungspflichtEU. Damit Sie wissen, was da vielleicht lebendig gehäutet, mit einer Eisenstange zu Tode geprügelt an ihrer Jacke hängt: Gubi = Hund / Kojah = Nerz / Genotte = Katze / Sealkanin = Kaninchen usw. Und Sie können nicht mal sicher sein, dass es stimmt, wenn behauptet wird, der Fellpuschel sei synthetisch. Echtfell ist nämlich heute billiger als Kunstpelz. Und bei der schlechten Presse für so was … Alles hängt mit allem zusammen. Sogar Wale und Fellkragen in der Hamburger Innenstadt. Bei Nieselregen und zehn Grad plus.

Weil mich das alles so sehr und vor allem schon so lange (seit meiner Kindheit) trifft, habe ich nicht nur aufgehört, meine wertvolle Zeit an Tourist:innen zu verschwenden. (Das hat gerade mal weitere fünf Jahre und einige Dutzend Länder gedauert.) Sondern genau deswegen finde ich mich nachts um halb zwei auf einem Fischmarkt in Lima, Peru, wieder. Allein. Undercover.

Ich habe keinen Bock darauf, dass hier in diesem südamerikanischen Land allein 15 000 Delfine pro Jahr brutal abgeschlachtet als Hai-Angelköder benutzt werden. Damit man den Haien dann bei lebendigem Leib die Flossen abschneidet und die Körper einfach über Bord kickt. Die Flossen dann nach Asien schickt, sodass unsere Meere in 15 Jahren vor die Hunde gehen. »Ich habe da einfach keinen Bock drauf!«, denke ich, als ich mit blutdurchtränkten Turnschuhen durch Tausende Flossen wate. Blut und Flossen von Haien.

MY AUROR
2007
Capitán Miranda
URUGUAY
CALIXE
JUNE 09

ZANIA

Peru – Blood red ocean

Stefan Austermühles Buch … *und hinter tausend Stäben keine Welt: Die Wahrheit über Tierhaltung im Zoo* war ein heftiger Rundumschlag ins Gesicht der Zoos, Delfinarien und Aquarien weltweit. Sie hatten vorher schon erfolglos versucht, die Verbreitung eines (wahrheitsgetreuen) Bildbandes über Zootiere gerichtlich zu stoppen, an dem Stefan mitgewirkt hatte. Das war 1994. Viel hat sich seitdem nicht getan. Das Buch ist immer noch zeitgemäß und wird es vermutlich auch noch lange bleiben. Leider.

Es beginnt mit dem berühmten Dinggedicht von Rainer Maria Rilke. Die Betrachtung eines Panthers in der Menagerie des Pariser Jardin des Plantes um 1903:

Der Panther

Sein Blick ist vom Vorübergehn der Stäbe
so müd geworden, daß er nichts mehr hält.
Ihm ist, als ob es tausend Stäbe gäbe
und hinter tausend Stäben keine Welt.

Der weiche Gang geschmeidig starker Schritte,
der sich im allerkleinsten Kreise dreht,
ist wie ein Tanz von Kraft um eine Mitte,
in der betäubt ein großer Wille steht.

Nur manchmal schiebt der Vorhang der Pupille
sich lautlos auf. Dann geht ein Bild hinein,
geht durch der Glieder angespannte Stille –
und hört im Herzen auf zu sein.

Heute, 120 Jahre später, ist es immer noch genauso aktuell wie damals. Es hat sich nichts geändert. Na gut, doch, ein wenig schon. Es werden keine Menschen mehr im Zoo ausgestellt, und es gibt jetzt Internet für die breite Masse.

Man kann dann in den Kommentaren zur Rezension eines solchen Buches schön anonym schreiben: »Stefan Austermühle ist ein ewig Gestriger und hat keine Ahnung …« Dieser ahnungslose Gestrige hat allerdings auch schon als Biologiestudent an der Gesamthochschule Kassel monatelang verdeckt recherchiert und die tierschutzwidrigen Missstände im dortigen Primatenhaus aufgedeckt.

Primaten (*Primates*) werden in zwei Unterordnungen eingeteilt. Feuchtnasenprimaten (*Strepsirrhini*) wie die allseits beliebten Kattas (*Lemur catta*) aus Madagaskar (Insel und Film #KingJulien) und Trockennasenprimaten (*Haplorrhini*). Letztere schließen auch die Menschenaffen (*Hominidae*) inklusive des Menschen (*Homo sapiens*) mit ein. Die Bezeichnung stammt vom lateinischen *primus* (der Erste) und bezieht sich auf uns Menschen als »Krone der Schöpfung«.

»Die Laborhaltung von Tieren ist die extremste Form der Tierhaltung. Trotzdem lassen sich diese Beobachtungen durchaus auf das Leben der Tiere im Zoo übertragen«, heißt es in Stefans Buch in dem Kapitel, in dem er seine Recherchen beschreibt. Ich kann das Ganze genau so bestätigen. Ich selbst habe jahrelang Tiere in Gefangenschaft gehalten und war während meiner Forschungs- und Diplomarbeit auch in Laboren tätig.

Konstruktiv-kritische (Gegen-)Argumente kommen von Zoobefürwortern eigentlich nie. Es wird oft persönlich. Der Mensch hinter den Anti-Captivity-Argumenten wird diskreditiert, statt seine Argumente zu widerlegen oder ihn mit wissenschaftlichen Fakten zu bombardieren. Das ist aber leider ein Phänomen unserer Zeit; mir widerfährt das auch ab und zu. Auch kluge Leute, Museums- und Zoodirektoren beispielsweise, meiden den respektvollen Diskurs und verbreiten dann lieber irgendwelchen Schmarrn im Internet, statt meine Argumente fundiert zu widerlegen oder zu hinterfragen. Das Gute dabei ist, ich muss dann immer nur mit meinem Anwalt drohen. Einschalten muss ich ihn (eigentlich) nie. Ein Glück! – Der kostet 300 Euro die Stunde. Geld, das ich nicht an Internet-Trolle und Ewiggestrige verschwenden möchte, sondern lieber proaktiv und lösungsorientiert im zeitgemäßen Tier- und Naturschutz einsetze.

Apropos Geld. Es gibt wie immer keins, beziehungsweise nur sehr wenig, als mich Stefan um Hilfe bittet …

Die »Job-Beschreibungen«, die mir zugetragen werden, sind im Prinzip seit Jahren im Grundsatz und Tenor immer die gleichen:

Wir suchen: Enthusiastischen Profi(-Meeres)-Biologen (M,W, D), topfit, entwurmt und durchgeimpft. Am besten mit jahrelanger Auslandserfahrung aus mindestens 80 Ländern und allen Klimazonen. Kampfsport-Background (gern Ausbildung bei Spezialkräften und deren Trainern), Drohnen-Führerschein(e), Rettungsschwimmerschein, Bootsführerschein(e), und mindestens 20 verschiedene Spezialtauchscheine bei mindestens 2000 Tauchgängen sind nicht optional, sondern die Mindestvoraussetzung. Die wissenschaftliche Ausbildung zum Forschungstaucher ist eh logisch. Ebenso die jährliche Kampfschwimmer-Tauglichkeit und der Erste-Hilfe-Kurs.

Du kannst fünf Minuten die Luft anhalten, hast eine eigene versicherte (Unterwasser-)Profi-Foto- und Videokamera-Ausrüstung im Wert von über 100000 Euro, die du, natürlich selbst bezahlt, im Übergepäck durch alle möglichen Länder schleppst, um *National Geographic BBC Blue Planet Style*-Footage für uns zu erstellen? Sowohl unter als auch über Wasser und natürlich in der Luft? Außerdem kannst du natürlich Fotos annähernd so gut bearbeiten wie ein gelernter Fotograf und Filme schneiden wie ein echter Cutter vom Fernsehen mit deinem 8000-Euro-Laptop und deinen teuren Profi-Programmen? Du lebst gerne aus dem Rucksack, auf einem klapprigen Pick-up, in der Wüste, im Dschungel, Zelt und Hängematte? Eine Unterhose reicht dir für vier Wochen? Du bist anspruchslos in Bezug auf Körperhygiene, geduldig und gehst gern allein an besonders gefährliche Orte, wo du die Sprache nicht sprichst und auffällst wie, sagen wir, ein bunter Hund in zehn Meter Größe, der mit 150 Dezibel Lautstärke schreit: »Hey, hier, alle mal hersehen! Weißer Umweltschützer mit Profikamera, der euch bei was Illegalem filmen und fotografieren will!« – »¡Oye, todos deberían echar un vistazo! ¡Ecologista blanco con una cámara profesional que quiere filmar y tomarte fotos haciendo algo ilegal!«, oder so …

Hey, aber weil es deine Lieblingstiere sind, und das schon immer, und weil es für eine gute Sache und vor allem super wichtig für die Umwelt und die Zukunft und die Kinder ist, müssen/wollen/und können wir dir natürlich nichts zahlen. Es sind ja auch nur ein paar Wochen …

Wir bieten: Ein einmaliges Erlebnis als Bezahlung. Ein 50/50-Risiko, für eine gute Sache zu sterben oder wenigstens schwer verletzt zu werden. Außerdem eine große Chance, auf einer anerkannten internationalen Liste zu landen. Der No Fly List. Und natürlich die einmalige Chance, so viel über sich selbst, andere, unseren Planeten und die gute Sache an sich zu lernen. Im Prinzip ein Spaziergang, eine Art Bildungsurlaub mit Spaß, Spannung und keiner Schokolade. Für den einen, *den* guten Zweck.

Na prima. Und wie immer antworte ich auf so etwas: »Wo soll ich unterschreiben?« Und man sagt mir dann: »Mündlich reicht.« Etwas Schriftliches bräuchte man ja gar nicht.

Ich muss nie irgendetwas unterschreiben. Außer vielleicht mal eine Haftungserklärung, die im Prinzip aussagt: Ich bin selbst schuld, egal was passiert, und niemand muss zahlen. Nicht einmal einen Haftungsausschluss gibt es für Peru. Wie immer, alles auf eigene Faust.

Und so finde ich mich wieder, mitten in der Nacht irgendwo in Lima, der Acht-Millionen-Hauptstadt Perus, auf einem Fischmarkt, allein. Peru ist kein super gefährliches Land, es ist aber auch kein sehr sicheres Land. Auf meiner Gefährlichkeitsskala liegt es irgendwo bei sechs bis sieben von zehn. Tagsüber. Es kommt natürlich auch darauf an, ob man ein Land als Umweltschützer, Journalist oder touristisch bereist. Erstere sind nie gern gesehen, Letztere schon. Nach Reisen in über 100 Länder dieser Erde, quasi die Hälfte, hat man ein ganz gutes Gefühl für Menschen, Länder und Situationen. Die Philippinen waren und sind deutlich gefährlicher für Umweltjournalisten. Dort fackelt man nicht lange und lässt sie einfach umbringen. Über 400 Menschen werden jedes Jahr abgemurkst, nur weil sie im Namen der Aufklärung über Umweltkriminalität in solchen Ländern unterwegs waren.

Das hier ist eine »Noch-okay-Situation«. Ich schlendere, mich touristisch verhaltend, also ahnungslos naiv, aber interessiert und freundlich tuend, durch die Unmengen an Fischen und Meeresfrüchten, die hier gerade von etlichen kleinen Booten im Hafen angelandet werden. Bergeweise Mahi Mahi/Gemeine Goldmakrelen (*Coryphaena hippurus*), Humboldt-Kalmare (*Dosidicus gigas*) ohne Ende und viele Tiefseefische, die ich noch nie zuvor gesehen habe. Massen!

Immer wenn ich über einen größeren Fischmarkt gehe, frage ich mich, warum überhaupt noch Fische in unseren Meeren schwimmen. Ich stehe hier fotografierend inmitten von Zehntausenden toten Tieren. Das ist *eine* Momentaufnahme an *einem* Ort. Es gibt Tausende, Zehntausende Fischmärkte weltweit. Dort wird jeden Tag und jede Nacht (Salzwasser-)Fisch aus dem Meer angelandet. Im Jahr so um die 100 000 000 Tonnen. Das sind unfassbare 100 Milliarden Kilogramm! Tendenz: steigend. 100 000 000 000 Kilogramm. Ich musste wirklich fünfmal überlegen und viermal nachrechnen und jemanden anrufen, damit ich Ihnen hier keinen Quatsch aufschreibe. Dazu kommen noch die Fische aus dem Süßwasser und die aus Aquakultur (Fischzucht). Dann liegen wir schon fast bei der doppelten Menge. Diese Menge liegt außerhalb meines Vorstellungsvermögens.

Pro Tag (!) werden etwa eine Milliarde Fische gefangen und konsumiert. »Der Fisch« ist das am meisten konsumierte Tier der Erde. Und auch das, welches die meisten Leben für uns opfert. Lassen Sie sich das einmal auf der (See-)Zunge (*Solea solea*) zergehen. Mich macht das extrem nachdenklich. Besonders mit dem Hintergedanken: Fische spüren Schmerzen wie wir. Und wie werden sie getötet? Sie ersticken auf den Decks der Supertrawler, werden zerquetscht in riesigen Netzen, lebendig ausgenommen und ertrinken/ersticken in Kiemennetzen, Reusen und an Langleinen, neben dem Beifang aus Seevögeln, Schildkröten und Delfinen.

Wenn Fische schreien könnten … Man ist sich, bis auf wenige Ausnahmen (im Prinzip wie beim Klimawandel, Corona und der AfD) einig: Fische spüren Schmerzen! Fische meiden in Versuchen schmerzverursachende Areale (Elektroschocks) und sind unter Gabe von Schmerzmitteln weniger empfindlich. Was braucht es denn da noch an weiteren Beweisen? Wie kann man so etwas heutzutage noch leugnen? Na ja, genauso eben wie steigende Temperaturen, schmelzende Gletscher, Querdenker-Vergleiche mit Sophie Scholl (#JanaAusKassel) und Parteisprecher-Aussagen wie »Vergasen oder erschießen können wir die Migranten dann immer noch …« Hochgradig dumm, und völliger Quatsch.

Und dennoch gibt es, so absurd das anmutet, keine Regeln für das »humane« Töten in der Fischfangindustrie. Und wird es auch zeitnah vermutlich nicht geben. Es ist »uns« allen auch ziemlich egal. Wir sehen *das* ja nicht. Bei uns fängt der Fischkonsum in der Tiefkühltruhe an oder wenn das Tier auf dem Teller liegt. Was vorher passiert, die Konsequenzen vom Fischessen blenden wir hedonistisch aus. Zur Selbstbewahrung.

Man könnte nachts nicht mehr schlafen, wenn man die Wahrheit kennen würde über Sahne-Fischfilet ebenso wie über Schnitzel, Milch & Co.

Manchmal wünsche ich mir in solchen Momenten des touristischen Schlenderns über Wildtier- und Fischmärkte etwas weniger Emotionalität im Herzen und weniger Hintergrundwissen im Kopf. Es lebt sich leichter, wenn man bestimmte Dinge nicht weiß. Ich habe zufriedener und leichter gelebt, als ich noch nichts über die Ausbeutung der Meere, Palmöl, Sharkfinning, Artensterben und Klimawandel gewusst habe. Aber darum geht es längst nicht mehr. Es geht darum, wie wir weitermachen und für welche Zukunft sich jede:r Einzelne von uns entscheidet. Für alle anderen. Für unseren Planeten.

Ich habe mich nie aktiv dafür entschieden, jetzt und hier durch abgeschlachtete Haie zu latschen. Das ist irgendwie passiert. Wichtig ist: volle Konzentration! Auf die Bilder, Videos, aber vor allem auf mein Umfeld. Was passiert hinter mir? Falle ich auf? Checkt jemand, was ich hier tue? Was tuscheln die zwei Männer da hinten?

Alles muss man neben der »Arbeit« noch irgendwie im Blick haben. Es ist wie beim Krav Maga (israelisches Selbstverteidigungssystem) und Höhlentauchen: Es geht um die *All-Around-Awareness*. Probleme vorausschauend erkennen und lösen, bevor sie dich in den Allerwertesten kneifen. Beim Höhlentauchen ist es genau wie wenn man von einer tödlich giftigen Schlange gebissen wird. Das ist ja eine meiner Lieblingsstellen im Buch *Die Letzten ihrer Art*:

»So what do we do if we get bitten by something deadly, then?« I asked.

He blinked at me as if I were stupid.

»Well what do you think you do?« he said. »You die of course. That's what deadly means.«

»Was machen wir, wenn wir von etwas Tödlichem gebissen werden?«, fragte ich.

Er blinzelte mich an, als wäre ich dumm.

»Nun, was denkst du, was du tust?«, sagte er. »Du stirbst natürlich. Das bedeutet tödlich.«

Also: »Don't get bitten!« Werd einfach nicht gebissen!

Beim Höhlentauchen kann ein Problem tödlich ausgehen. Man kann ja nicht einfach auftauchen. Über einem ist die Höhlendecke, und man ist manchmal mehrere Stunden weit weg vom Ausgang. Unter Wasser. Ergo: Es darf erst gar nicht ein Problem entstehen.

Deswegen habe ich beim Höhlentauchen immer alles doppelt oder sogar dreifach dabei. Die Reserve ist lebenswichtig. Das Allerwichtigste ist und bleibt allerdings die Ausbildung und das entsprechende Training. Dabei wurde ich (und auch mein Team von Submaris) auf (fast) alles vorbereitet, was einem passieren kann. Zumindest beim Tauchen in Höhlen. Es gibt eigentlich nur ein Szenario, bei dem man auf jeden Fall sterben wird: Der Einsturz oder Versturz des Eingangs beziehungsweise des rettenden Ausgangs, während man innerhalb der Höhle ist.

Aber selbst dann hat ein Extremtaucher namens Steve Bogaerts die Höhlentauchszene schon eines Besseren belehrt und einen zweiten Ausgang gefunden, nachdem er bei der Rückkehr zum Eingang feststellen musste: Oha, zugestürzt. Kurz vor dem Auftauchen am »Ersatzausgang«, machte er den letzten Atemzug aus der völlig leeren Flasche. #Glückspilz

Übrigens: Während ich genau diese Zeilen schreibe und ich mich am Morgen noch mit meinem Team darüber gestritten habe, dass meine Vorkehrungen bezüglich Schlangenbissen auf Expeditionen extrem notwendig sind (mein Team findet das manchmal übertrieben), wird Pete Bethune bei einer Mission in Costa Rica von einer tödlich giftigen Fer de Lance (*Bothrops asper*)/Lanzenotter in die Wade gebissen. Einige Stunden zuvor hatten wir beide per Telefon noch einen Plan geschmiedet, wie wir in einigen Monaten zusammen wieder Wilderer zu

Wasser und im Dschungel jagen würden. Zum Zeitpunkt dieser Zeilen liegt Pete im Krankenhaus und kämpft um sein Bein. Zum Glück nicht mehr um sein Leben, dieser zähe Hund! Kurzum: Von dieser Schlange möchte man auf jeden Fall nicht gebissen werden! Schauen Sie sich gern die Bilder der Konsequenzen im Internet an. Aber bitte nur, wenn Sie einen starken Magen haben! #FerDeLanceSnakeBite

Für die Arbeit als Umweltschützer im Ausland unter Gefahrenlage gibt es leider keinen Trainer und keine Ausbildung. Das bringt man einem im Studium während der ganzen Pflanzenbestimmung und dem Auswendig-Gelerne von chemischen Formeln und Sätzen irgendwie nicht bei. Dafür weiß ich noch heute wie aus der Pistole geschossen: »Der pH-Wert ist der negativ-dekadische Logarithmus der H_3O+ Ionen-Konzentration.« Mehr lernt man da eigentlich nicht. Umweltschützen eigentlich auch nicht.

Da muss man sich seinen Teil, dann zehn Jahre später, einfach denken und sich so gut es geht vorbereiten. Stefan macht intensives Krav-Maga-Training. (Ich seit Neuestem auch.) Aber Stefan ist jetzt nicht dabei, da er gerade 500 Meter weiter Interviews auf Deutsch, Englisch und Spanisch für unseren geplanten Film in die Kamera gibt. (Deswegen bat er mich um Hilfe.) Schlendernd, sinnierend, am Hafen bei Mondschein … Was ich allerdings dabei habe: einen Rucksack, Bier, Zigaretten und einen Plan B und C. Wann immer ich mich in solche Situationen begebe – nachts, allein, Männer mit Macheten, aufgeheizte Stimmung, Illegales et cetera –, ist der »way out« extrem wichtig. Ich rauche nicht (mehr) und trinke immer noch kein Bier. Dennoch sitze ich rauchend und biertrinkend auf einer Kaimauer am Hafen, lache, quatsche in äußerst gebrechlichem Spanisch und mit viel Hand und Fuß mit den Fischern. Frage sie nach den Fischen, die da herumliegen, ihren lokalen Namen und ob ich dem fiesen »tiburón« (Hai) da hinten auch mal 'ne Flosse abschneiden kann. Einen Zahn rausbrechen? So komme ich an meine Bilder. Ich kann natürlich nicht mit einer großen Kamera und einem Filmteam herumfuchteln. Alles muss heimlich, schön piano, so unauffällig wie möglich stattfinden. Spontan, flexibel und touristisch eben. Als ob ich hier gerade zufällig vorbeigekommen bin und mich einfach dafür interessiere, was hier gerade so passiert. Ich tue so, als wäre ich leicht angetrunken, verteile fleißig Bierchen, Zigaretten und Witzchen. Das kommt immer gut an. Ich bin stocknüchtern, und meine Bierdose enthält lediglich Inca Kola. Nebenbei fotografiere und filme ich fleißig (wann immer es sich ergibt), mache Selfies für die Mama zu Hause (als ob die so was sehen möchte …) und habe den Eingang und meine möglichen Ausgänge (= Fluchtwege) immer im Blick. Die Worte und Sätze meines Trainers, der auch gleichzeitig Spezialkräfte, Agenten und Einsatzkommandos der Polizei trainiert, immer im Kopf:

»Alles ist eine Waffe. Alles, Robert. Dein Rucksack, die Wasserflasche und natürlich auch dein Messer am Gürtel, einfach alles.«

»Ziel ist *immer*: De-Eskalieren, und sauber ohne Verletzung da rauskommen. Alle.«

»Wenn es zu einer doofen Situation kommt, dann ist vorher schon ganz viel schiefgelaufen, dann hast du vermutlich viele Fehler gemacht. Mach einfach keine Fehler!«

»Und wenn gar nix mehr geht, dann …«

Tja, das darf ich Ihnen leider nicht verraten. Denken Sie sich Ihren Teil. Den denke ich mir auch, während Trainer XY mit seinen Bambusstangen, Macheten, Alu-Baseballschlägern und Messern auf mich eindrischt und -sticht, mich am Boden (wo man niemals hinmöchte!) vermöbelt und mir zeigt, wie ich aus Massenpaniken, Autokidnappings und beschossenen Hotelzimmern heil wieder rauskomme. Ich möchte und muss bei meiner »Arbeit« immer auf alles vorbereitet sein, so gut es eben geht. Denn es geht dabei ja nicht nur um mich, sondern auch und vor allem um das Leben meiner Teammitglieder.

Spätestens bei diesem Teil meines Jobs erlischt jede (wöchentliche, fast tägliche) E-Mail-Konversation mit mir unbekannten Menschen (Freiwilligen), die mir vorerst per E-Mail unbedingt auf meinen Reisen »helfen« möchten, indem sie mit mir »tauchen«, »reisen« und »Abenteuer erleben« wollen. Für den guten Zweck. Ja, äh nein … #DasHannaTheorem

Das Cerveza Cristal (Bier) geht zur Neige, mehr als acht Dosen bekomme ich nicht in den Rucksack, und ich bin eigentlich auch schon viel zu lange hier. Bestimmt eine Stunde tigere und schliddere ich durch tote Haie auf glitschigem Boden, durch aufgetürmte Fischkisten, hinter Kühllaster und in dunkle Ecken. Die Fische und Kalmare kommen und gehen, genau wie die meisten Menschen, die etwas kaufen, handeln oder verkaufen.

Es ist kurz still, und dann kommen doch wieder mehr Boote in den Hafen, als nur noch wenige Fischer und Händler da sind. Kurze, vielleicht acht Meter lange, hölzerne Zubringer. Voll mit Haien.

Viele Fuchshaie (*Alopias vulpinus*) kann ich erkennen. Wunderschöne, ganz besondere Tiere für mich. Normalerweise düsen diese großäugigen, lebendgebärenden Semi-Warmblüter (Fische sind »normalerweise« so kalt beziehungsweise warm wie das umgebende Wasser, also wechselwarm) durch die Wassersäule und erschlagen ihre Beute, Schwarmfische aller Art, mit einer Schwanzflosse, die manchmal sogar länger ist als der eigene Körper. Einzigartig im Tierreich! Daher auch der englische Name Thresher shark (Drescherhai). Wie mit einem Dreschflegel drischt er auf seine Beute ein, betäubt diese damit, und dann wird mit einem reichlich bezahnten, dennoch relativ kleinen Maul gefressen.

Ich habe mal gehört, am Ende der Schwanzflosse herrschen während des Dreschvorganges (wie bei einer Peitsche), physikalische Kräfte, die sogar Wasser in seine Bestandteile zerteilen können. Ob das möglich ist, durch einen Fisch, wage ich zu bezweifeln. Aber hey, ich war relativ schlecht in Physik, und

Pistolenkrebse (*Alpheidae*) »erschießen« ihre Opfer mit einer implodierenden Kavitationsblase, die sie mit Hilfe ihrer Schere abschießen. Dabei entstehen Temperaturen bis zu 4700 Grad Celsius! Diese Knallkrebse sind deswegen auch keine guten Aquarientiere. Wenn man die ärgert oder sie sich erschrecken, schießen die einem glatt ein Loch ins Aquarium.

Zurück zu den Füchsen. Der Fuchshai da vor mir auf dem Boden, dessen Flossen in der Kiste neben mir liegen, wird auf der IUCN Red List (Rote Liste gefährdeter Arten) als vulnerable (gefährdet) geführt. Populationstendenz: decreasing (abnehmend). Weltweit, überall. Hier liegen viele davon, und viele davon sind auch zu klein (untermäßig).

Es sind außerdem viel zu viele Flossen für die paar Tausend Körper. Genau wie auf den Azoren. Ich sehe auch Dutzende Baby-Haie verschiedenster Arten, nicht größer als 50 Zentimeter. Das ist illegal! Sie müssen ein bestimmtes Mindestmaß erreichen, um sich wenigstens einmal im Leben vermehrt zu haben. Das hat sicher keiner der Haie, die hier mit Fleischerhaken über den Boden geschleudert werden.

Es ist dumm, Haie im Übermaß zu fangen. Noch dümmer ist es jedoch, auch die Nachkommenschaft zu vernichten. Man muss kein Fischereibiologe sein, um sich die Zukunft zu errechnen.

Es ist ganz einfach: Es gibt keine Zukunft für diese Fuchshaie. »Tiburon Zorro« endet an Langleinen, als Beifang, in Stellnetzen und hier als Billigfleisch auf dem Markt. Vielleicht noch 15 Jahre. Sie gehören neben meinen geliebten Blau- und Makohaien zu den am meisten gefischten Haiarten.

Die illegale Jagd auf diese Tiere addiert sich letztendlich zu einem unlösbaren Gesamtproblem auf, und so werden diese fantastischen Ozeanräuber in nicht allzu ferner Zukunft aus unseren Meeren verschwinden. Es sei denn, man würde sich kümmern. Das wäre relativ einfach. Anstatt eines Fischereibeobachters an Bord, der permanent um sein Leben bangen müsste, könnte man kostengünstig Überwachungskameras installieren. So wie es Kanada macht. Aber das will man auf keinen Fall, denn dann wäre es vorbei mit den kruden Machenschaften an Bord der peruanischen Fischfangflotte.

Krude Machenschaften? Stefan würde mich vermutlich zusammenfalten! »Ein internationaler Skandal! Ein Verstoß gegen internationales Recht! Eine Schande! Ein ökologisches Verbrechen!« Und er hätte recht damit. Er würde noch nicht einmal in erster Linie von den Haien sprechen, denn die sind eigentlich gar nicht Gegenstand seiner Forschung, seiner Passion, seiner Liebe, seit über 30 Jahren. Es sind eher die Meeressäuger, die Delfine. Eine ganz besondere Gruppe von Großen Tümmlern (*Tursiops truncatus*) hier vor der peruanischen Küste – dem typischen »Flipper«-Delphin. Diese Tümmler hat Stefan jahrelang untersucht, begleitet und wirklich wunderschön dokumentiert. Außerdem gibt es hier noch Schwarzdelfine (*Lagenorhynchus obscurus*). Man nennt sie auch Duskys. Ich finde die genauso großartig wie Stefan! Ich war schon einige Male mit ihnen im Wasser, auch mit einem »Super-Pod« aus fast 1000 von ihnen. Wahnsinn, einmalig, unbeschreiblich! Sie sind besonders verspielt, agil, sprunglustig und freundlich. Fährt man mit einem Boot oder Schiff an der südamerikanischen oder neuseeländischen Küste entlang, dann begleiten sie einen oft minutenlang, fiepend und pfeifend. Sie springen tollkühn in die Luft und schauen wirklich *ins* Boot, was denn da so los ist. Sie interessieren sich für uns und interagieren auch mit uns. Schwarzdelfine sind eigentlich die beliebtesten beim Whale watching, weltweit. Genau das wird ihnen hier in Peru und leider auch an anderen Orten, wie zum Beispiel Taiwan, aus genau demselben Grund, zum Verhängnis: der Gier auf Haie.

Haie, Delfine, hä? Wie jetzt?

Die Duskys kommen von ganz allein ans Fischerboot. Man muss einfach nur rausfahren aufs Meer. Sie reiten die Bugwelle, surfen die Heckwelle der Schiffe.

Springen freudig neben dem Schiff. Dann rammt man ihnen von diesem Boot aus eine Harpunenspitze aus Metall, mit Widerhaken, befestigt an einer langen, schweren Holzstange, in den Rücken oder die Flanke. Eine sogenannte »Feder« (pluma). Der Haken sitzt tief im Fleisch des Delfins oder durchbohrt ihn gleich ganz. Ein Ruck des Fischers verankert die Feder in dem Delfin. Er windet sich vor Schmerz, versucht sich vom Boot zu entfernen und schlägt das Wasser dabei schaumig. An der Harpune ist ein Seil befestigt, mit dem der Delfin langsam Richtung Boot gezogen wird.

Dunkelrotes Blut strömt literweise aus dem sich wehrenden Tier. Der Schaum verfärbt sich dunkelrosa. Meeressäuger haben einen höheren Anteil roter Blutkörperchen (daher die dunkle Farbe) und mehr Blut im Körper (im Verhältnis zur Gesamtmasse) als wir. Das hilft ihnen unter anderem beim Tauchen und Luftanhalten. Sie haben im Prinzip ein höheres Sauerstoffreservoir als wir.

Dem Delfin kann jetzt allerdings nichts mehr helfen. Am Boot angekommen, rammt man ihm ein Gaff, eine Art spitzen Enterhaken (meist aus umgebogenen und angespitzten Moniereisen), in Kopf und Schwanzwurzel und versucht dann, das um sich schlagende Tier über die Bordwand zu hieven. Nicht ganz einfach bei fast zwei Metern Länge und rund 100 Kilogramm Körpergewicht. So viel wiegen die ausgewachsenen Exemplare. Und die will man haben. Klappt das nicht, weil der Delfin noch zu viel (Über-)Lebensenergie im Körper hat, versucht man ihm mit einer Keule oder einem Baseballschläger den Schädel zu zertrümmern. Man muss die Bordwand danach gut mit Wasser abspritzen. Blut trocknet schnell, stinkt und haftet lange. Der Delfin liegt dann (am besten, aber nicht immer) reglos, seinem Element entrissen, auf dem Deck, während seine Familienmitglieder aufgeregt pfeifend und emsig springend schauen, was mit ihrer Mutter, ihrer Schwester oder ihrem Kind passiert ist. Sie verlassen das Boot nicht, begleiten es weiterhin, während das dunkle Delfinblut durch die kleinen Wasserablauf-Löcher an den Seiten des Fischerbootes ins Meer rinnt.

Wale und Delfine haben eine extrem komplexe Sozialstruktur, die wir Menschen immer noch nicht ganz verstanden haben und vermutlich auch nie ganz verstehen werden. Sie bleiben teilweise ein Leben lang zusammen und haben eine viel engere Bindung aneinander als wir an unsere Partner, Eltern, Freunde und Kinder. Deswegen kommt es auch immer wieder zu Massenstrandungen. Sie lassen einander niemals allein.

An Bord nehmen die Fischer ein scharfes Messer und zerlegen den Delfin. Mit Pech lebt der Delfin dabei noch. Er spürt dieselben Schmerzen, wie Sie ... seitdem sein Körper vor 15 Minuten von einer Harpune durchbohrt wurde.

Die Fleischstücke hängt man an große Angelhaken, die wiederum zu Tausenden an kilometerlangen Langleinen befestigt sind. Sie gehen tagsüber über Bord und werden nachts eingeholt. An ihnen hängen dann die noch lebenden Haie und unzählige andere Tiere verschiedenster Art. Als sogenannter Beifang, der tot oder schwer verletzt wieder über Bord geht. Meeresschildkröten (*Cheloniidae*), Albatrosse (*Diomedeidae*) und vielerlei andere Seevögel. Ab und zu auch mal eine Mähnenrobbe (*Otaria flavescens*) oder irgendein Delfin.

Die Jagd auf die Delfine ist illegal und verstößt nicht nur gegen peruanisches Recht. Und doch sterben, von der Welt ungesehen, mindestens 15 000+ Delfine pro Jahr allein in Peru, nur um als Angelköder für Haie verwendet zu werden. Da sind noch nicht einmal die Delfine mit eingerechnet, die illegal für den menschlichen Verzehr in Peru gefangen werden ... Ein anderes Thema.

Niemand außer den peruanischen Fischern würde davon wissen, 400 Kilometer weit draußen auf dem offenen Pazifik. Auch Stefan hatte nur davon gehört. Er hatte einen Verdacht, aber keine stichhaltigen Beweise. So freundete er sich mit ein paar Fischern vor Ort an und bekam tatsächlich die Möglichkeit, eine solche Haifangtour zu begleiten. Eine einmalige Chance! Ein Schuss – und der muss sitzen!

Haifangboot wäre zu viel gesagt. Sie fahren raus mit einer undichten Elf-Meter-Nussschale, angetrieben von einem ausgedienten, uralten LKW-Motor, Hunderte Kilometer weit raus auf den stürmischen Pazifik, inmitten von sechs Meter hohen Wellen, ohne Land in Sicht, ohne Rettungsmittel, ohne Rettungsinsel, ohne Schwimmwesten, ohne Kontakt für den Notfall. Wenn hier etwas passiert, dann bekommt es niemand mit.

Hätten die Fischer Stefans wahre Absichten erkannt, würde das »Person-über-Bord-Manöver« nicht mit einem Rettungsmanöver enden. Man würde Stefan einfach über Bord schmeißen und ihn mitten im Pazifik zurücklassen. Dem größten Ozean der Erde. Mit dieser Vorstellung mehrere Wochen undercover auf einem Seelenverkäufer die schrecklichsten Dinge zu dokumentieren, um eine ganze Millionen-Dollar-Industrie zu Fall zu bringen und einen internationalen Skandal aufzudecken, ist kein Pappenstiel. Eingesperrt mit kriminellen Menschen auf wirklich engstem Raum unter schlimmen Bedingungen, fernab von jeglicher Hilfe, einfach nur, weil man es satt hat. Da ist sie wieder, die Freiwilligen-Arbeit als Umweltschützer … die hinterher anonym bei Amazon-Rezensionen diskreditiert wird.

Die Einzigen an Bord, die für ihre Arbeit bezahlt werden, sind die Fischer, für ihren Fang. Stefan hatte an dieser Stelle wenigstens noch die Hoffnung, etwas bewirken zu können, etwas zu verändern. Für die Delfine und auch für die Haie. Das sich am Ende alles irgendwie auszahlt. Dass all das einen Sinn haben würde. Nach fast vier Wochen auf See denkt er nur noch eines: »Ich will nur noch heil nach Hause kommen und das alles veröffentlichen! Damit dieses sinnlose Abschlachten ein Ende findet!«

Wie so oft im Naturschutz wird das Gegenteil der Fall sein.

Obwohl er alles mit der Kamera festhält. Wie die Fischer unzählige Delfine töten, wie sie Haie auf brutalste, verachtenswerteste Art und Weise töten und wie sie alles offen vor der Kamera zugeben und Sätze fallen wie: »Na klar, *alle* machen das so wie wir. Schon immer. Alle!«, glaubt man Stefan am Ende nicht. Nicht die Regierung, nicht die Verantwortlichen. Alles wird unter den Teppich gekehrt. Nichts wird passieren, nichts wird sich ändern. Er wird als Lügner dastehen, obwohl er stichhaltige, unwiderlegbare Beweise liefert. Er wird alles verlieren: seinen Job, seine Umweltschutzorganisation(en), seine Boote. Einfach alles. Alles wird umsonst gewesen sein. Die Regierung lässt ihn fallen. Niemand wird in Deutschland oder sonstwo davon erfahren. Vor über 20 Jahren ist er nach Peru ausgewandert, weil es so schön und schützenswert ist. 20 Jahre Kampf um Tier und Natur. Alles umsonst.

Als er auf dem schwankenden, rollenden Schiff mitten im Humboldtstrom hin und her geworfen wird, nach über zwei Wochen auf See, ohne Schlaf, völlig durchnässt, kaum Essen (mehr) im Magen, weiß er das noch nicht. Er reißt sich zusammen. Wach bleiben! Draufhalten! Nicht unangenehm auffallen! Nicht enttarnt werden! Nicht im Weg stehen! Freundlich bleiben! Dokumentieren!

Was Stefan dort sieht, verschlägt selbst hartgesottenen Tier- und Umweltschützern wie mir die Sprache. Die Haie werden, in Agonie zappelnd, über die Bordwand gezogen und aufs Deck geknallt. Dort springt im Rodeo-Style einer der Fischer auf den Rücken des Hais und scheidet ihm ganz einfach mit einem Messer den Kopf in der Mitte ab. Mitten durchs Gesicht. Da Haie Knorpelfische sind und keine Knochen besitzen, geht das relativ mühelos. Stefan filmt auf derselben Ebene mit dem Hai, auf Knien kauernd zwischen aufgetürmten Langleinen und Bojen.

So blickt er direkt durch den Sucher der Kamera, beschienen von seiner Stirnlampe, in den aufgeschnittenen, blutenden

Kopf des Hais, der sich windet, schnappt und den Fischer fast von seinem Rücken herunterwirft. Jede Nacht. Hai um Hai. Auch diese Tiere spüren Schmerzen wie wir. Erinnern Sie sich an die 3000 Haie pro Minute, die wir Menschen töten.

Während Stefan das alles filmt, ist er eiskalt. Das kann ich zu 100 Prozent nachvollziehen, so geht es mir auch immer. Doch es läuft mir kalt den Rücken hinunter, als er mir die ganzen Geschichten erzählt, an einem Lagerfeuer, in der peruanischen Wüste. Und es ist nicht der Regen, der mich frösteln lässt. Warum nimmt ein Mensch das auf sich? Diese Frage stellt sich uns beiden gar nicht. Man muss es machen, sonst ändert sich nichts.

Hier auf dem Fischmarkt, vor mir, liegt das traurige Ergebnis solcher Fangfahrten. Aufgetürmte Haie und Flossen ohne Ende. Den »Pro-forma-Haien«, die noch alle ihre Flossen besitzen, schneidet man sie ab, bevor sie zu Hunderten in den bereitgestellten Kühllastern verschwinden. Die Körper in dem einen LKW, die Flossen in einem anderen. Es verlassen mehr LKWs mit Flossen den Hafenbereich als LKWs mit Körpern. Das kann eigentlich gar nicht sein.

Im Augenwinkel erblicke ich einen schwarzen Jeep. Einen Lincoln Navigator. Komplett getönte Scheiben, schwarz glänzend, blitzsauber. Ungewöhnlich für Peru. Preis: Ab 125000 Dollar. Das sind Momente, wo man den Ausgang im Blick haben und schon zwei Schritte weiter sein sollte als alle anderen.

Ich verdrücke mich in eine schlecht von außen einsehbare dunklere Ecke des Fischmarktes, von der ich aber noch genug Sicht auf die Szenerie habe. Aus dem Auto steigen zwei Asiaten in schlecht sitzenden dunklen Anzügen. Wie in einem miesen Film. Man hätte es sich nicht besser ausdenken können. Sie reden mit einem der Fischereiaufseher, gestikulieren wild, zeigen auf die Kisten mit den Flossen und dann auf LKWs. Und dann verschwinden sie nach nicht mal einer Minute wieder in der monderleuchteten Nacht. Meine Weitwinkellinse ist zu kurz, die Situation unmöglich einzufangen. Stefan wird den Markt danach noch nächtelang observieren. Die asiatischen Männer werden nicht wiederauftauchen.

Ich filme und fotografiere noch das Einladen der Haie und Flossen. Die Stimmung ist seit dem Auftauchen der beiden Anzugträger (vermutlich Chinesen) angespannter. Die Fischer, die Hafenarbeiter, alle sind ganz und gar nicht mehr freundlich. Es kippt. Zeit zu gehen. Schnell!

Ich treffe Stefan und Kameramann Uli einige Hundert Meter weiter und um viele Ecken herum auf einem Parkplatz im Dunkeln. Erst hier komme ich zum Durchatmen, erst hier bricht das Gesehene über mich herein. Ich fühle mich persönlich verletzt, hilflos, traurig, wütend. Ich fühle sehr viel auf einmal. Es nützt nichts, wir müssen los und packen. Wir wollen bis Tagesanbruch einige Hundert Kilometer hinter uns bringen und an einem Platz filmen, wo nur wenige Menschen bisher waren und noch nie wirklich jemand gefilmt hat. Deswegen bin ich hier.

01:15 Uhr nachts, zurück in Stefans Basecamp angekommen, verriegelt hinter hohen Zäunen, Stacheldraht und Metall-Sichtschutz, sammeln wir emsig alles zusammen, was wir für die nächsten Tage (oder Wochen) brauchen könnten. Alles muss *in* beziehungsweise *auf* einen Pick-up-Truck mit Doppelkabine. Ich kümmere mich um die Kamera- und Tauchausrüstung und, ganz wichtig, um den mobilen Kompressor zum Auffüllen der Tauchflaschen. Alles ist in einem miserablen Zustand. »Was anderes bekommt man hier nicht«, entgegnet Stefan leicht genervt und augenrollend gegen 02:30 Uhr. Für mich ganz schwierig, für ihn mittlerweile peruanische Realität und Standard nach 20 Jahren im Land. Was das Tauchen betrifft, habe ich als Forschungstaucher ein hohes Sicherheitsbedürfnis, da man eben auch leicht sterben kann, wenn man schon vor dem Tauchen kleinste Fehler macht.

Es geht mit der Frage los, ob der Kompressor vernünftig gewartet ist, die Filter ausgewechselt wurden, die unsere Atemluft reinigen sollen, und ob die Tauchflaschen beim »peruanischen TÜV« waren, damit kein Rost in der Flasche ist und vielleicht etwas dadurch passiert. Ich versuche *immer, alle* hausgemachten Probleme auszumerzen. Es kommen sowieso genug während der Expedition(en). Manchmal auch mehr, als einem lieb ist – besonders in Peru. Stefan ist da völlig anders. Er löst die meisten Probleme erst, wenn sie entstehen. Das ist zwar die deutlich positivere Lebenseinstellung und entspanntere Variante im Vorwege, aber die meines Erachtens Beschissenere im Nachhinein.

So werde ich auf dieser Expedition, durch relativ mittelmäßige Vorbereitung nach peruanischer, allgemein südamerikanischer Art, immer wieder vor Herausforderungen gestellt werden, die man schön »deutsch« alle im Vorhinein hätte verhindern können. #SehendenAuges

Es gibt allerdings eine Sache, da macht Stefan keine Kompromisse, und das ist sein persönlicher Schutz durch Waffen. Peru ist ein Land, in dem das Tragen einer Waffe nichts Ungewöhnliches darstellt. Es ist nicht ganz so verrückt wie in El Salvador, wo wirklich jeder Mann offen eine Waffe *und* eine Shotgun trägt, aber dennoch für einen Deutschen hier und da recht Furcht einflößend. Infos von Herrn Austermühle wie »Hier wird man für wenige Hundert Dollar abgeknallt« fördern nicht gerade beim Sicherheitsempfinden. Die ersten beiden Kugeln meiner Pistole sind aus Gummi, ich will ja nicht gleich jemanden *er*schießen. Nur wenn es wirklich nicht anders geht. Nur wenn es um mein Leben geht oder das meines Teams. Geübt hatte ich bereits zu Hause auf einem Schießstand mit verschiedensten Waffen.

Es macht einem Angst, wenn man das erste Mal abdrückt. Besonders mit einer Schrotflinte. Waffen töten. Menschen. Egal aus welchem Grund. Dafür sind sie gemacht. Ich verstehe die moralischen Ansätze hinter Pazifismus und friedlichen Lösungen und auch die Friedenskampagnen von Umweltschutzorganisationen. Das Dumme an der Sache ist, wenn man in Afrika einem Wilderer mit AK-47 gegenübersteht oder einem peruanischen Fischer mit Machete und Revolver, dann nützt einem die am klimatisierten Schreibtisch im Hauptquartier des Grünen Friedens entwickelte »Peace for everyone«-Kampagne recht wenig.

Zumal sich die freiwillige 24-jährige Grafikdesignerin (mit biologischem Hintergrund) des Hochglanzflyers für die Spendenkampagne in der Fußgängerzone eine solche Situation auch schlecht vorstellen kann. Denn aller Wahrscheinlichkeit nach lebt sie in einem der sichersten Länder der Welt. In Deutschland braucht man keine Knarre beim Naturschutz. Im Dschungel von Sumatra oder in der Wüste Perus leider schon. Ich kann mir einfach nicht vorstellen, dass ein Ranger im Dschungel geltendes Recht mit Worten durchsetzen kann, zumal bei Personen (Wilderern und anderen Umweltkriminellen), die vor nichts zurückschrecken. Menschen, für die rohe Gewalt normal ist.

Wenn sich zwei Menschen mit Waffen gegenüberstehen, gibt es zwei Möglichkeiten. Erstens: Es knallt. Zweitens: Eben genau nicht, weil beide verletzt werden oder sogar sterben könnten. Wenn man einem Kriminellen mit Waffe ohne eigene Waffe gegenübersteht, gibt's eigentlich keine zwei Möglichkeiten. Das Ding geht eins zu null für den Kriminellen aus. Die Wahrscheinlichkeit, dass der Wilderer keine Waffe hat und nur ich eine dabeihabe, ist relativ gering. Kriminelle in dieser Liga sind eigentlich immer bewaffnet. Ob Messer, Machete, Knarre oder irgendetwas Selbstgebautes. Und selbst wenn derjenige nicht vernünftig mit einem Messer umgehen kann, die Verletzungen durch Stich und Schnitt sind massiv. Das habe ich im Studium der Rechtsmedizin gesehen und gelernt.
#RockerSzene #Obduktion(en)

Egal, wie man es dreht und wendet: Waffen sind und bleiben Mist, ich würde lieber ohne leben, aber ich habe das Gefühl, es ist richtig, in bestimmten Situationen eine Waffe dabeizuhaben. Heutzutage bin ich immer »bewaffnet«, egal wohin ich gehe. (»Robert, alles ist eine Waffe!«) Ich schlafe also in Peru immer mit einer Pistole unter meinem Kopfkissen.

In Stefans Pick-up sind die Handfeuerwaffe und die Shotgun ständig griffbereit, in der Wüste fernab von Polizei und Handyempfang liegen sie im Zelt, beim Schlafen immer in Griffweite. Irgendwie ein Scheißgefühl hier auf unserer Kiesbank an der Küste des Pazifiks. Das Auto steht 400 Meter den Sandhügel hoch, in Sicherheit vor Tsunamis und in Fahrtrichtung geparkt, damit wir im Fall der Fälle noch wegkommen. Wir liegen unterhalb der Sanddünen und Felsenklippen auf einer Landzunge in einer einigermaßen geschützten Bucht. Laut ist es trotzdem. Nix Romantik! Die brachialen Wellen schlagen auf das kiesige Ufer und machen einen Höllenlärm aus den rollenden Kieseln. 24 Stunden am Tag. »Wie schön! Dieses Meeresrauschen!«, denke ich bei unserer Ankunft. Nach etwa fünf Minuten kotzt es mich für die nächsten Tage einfach nur noch an. An Schlaf ist kaum zu denken. Da liegt man also in seinem 30-Euro-Zelt, das natürlich schon an Tag eins undicht geworden ist. Umgeben von ultralautem Meeresgeplätscher, in der weltweiten Hauptzone für Tsunamis. Mit der Angst, überfallen und ausgeraubt zu werden; niemand würde es mitbekommen. Wir sind wirklich weit weg von der Zivilisation.

Die Tsunamis machen mir nur die ersten vier, vielleicht fünf Tage Sorgen. Man gewöhnt sich an die nächtliche Angst. Die Welle würde uns ja eh einfach nachts im Schlaf überraschen, uns gegen die Dünen und Felsen spülen und dann mit einem ordentlichen Sog schön weit raus in den Perustrom bringen. Zu den Kalmaren, Delfinen und Fuchshaien. In einem 30-Euro-Zelt, mit einer Matratze, die innerhalb einer Stunde die gesamte Luft verliert. »Irgendwie ein beschissener Abgang – also wird das auch genau deswegen nicht passieren«, denke ich, während ich jeden Abend in den kristallklaren, kalten Himmel starre. Man sieht die Milchstraße perfekt, da hier keinerlei Lichtverschmutzung herrscht, abgesehen von unserem kleinen Lagerfeuer aus Treibholz. Jedes Mal wenn ich an einem Feuer sitze und in den Sternenhimmel schaue, denke ich mir: Wir Menschen, wir alle, sollten das öfter tun. Wann war Ihr letztes Mal? Es lässt einen kurze Zeit demütig werden. Mich zumindest. Sehr.

Jedes noch so kleine Geräusch lässt mich hochschrecken. Ich schlafe im Alarmmodus, immer mit demselben Ablauf. Linke Hand: Kopflampe an, rechte Hand: Griff zur Waffe, raus aus dem Zelt. Checken. Aus einem Schlafsack muss ich nicht. Wir schlafen angezogen. In voller Montur, denn es ist schweinekalt. (Warum sagt man das eigentlich so? Wird Schweinen kalt?) Die uralten Wolldecken, die Stefan für uns mitgenommen hat, waren in seinen feuchten Lagerräumen völlig verschimmelt. Das stellt man aber erst beim Auffalten vor Ort fest. #SehendenAuges im #PeruStyle #OhneDeckeSchlafen

Kameramann Uli und Stefan bekommen eigentlich wenig davon mit, wie ich mindestens dreimal pro Nacht hochschrecke und gebückt, aber kampfbereit, aus meinem Minizelt stürme. »Sie sind ja auch schon älter, entspannter, erfahrener …«, rede ich mir immer wieder ein.

Meistens kommt das Geräusch von irgendwelchen kleinen Küsten-Geckos, die im Kampf miteinander ein paar Steine ins Rollen bringen. »Nicht schon wieder irgendwelche f***ing Reptilien, die mir den f***ing Schlaf rauben!« Nach fünf oder sechs Nächten ohne richtigen Schlaf kann man schon mal empfindlich reagieren. Aber irgendwie mag ich natürlich auch diese kleinen Biester. Ihretwegen sind wir ja unter anderem hier.

Ein Film, der nur aus blutigen Bildern von abgeschlachteten Delfinen und massakrierten Haien bestehen würde (so wie

Stefan und ich ihn machen würden), den würden viele Menschen nicht sehen (wollen). Aus diesem Grund sind unsere Schlachthöfe in Deutschland ja auch nicht gläsern und die ganzen fiesen Tier- und Pelzfarmen immer ganz gut versteckt. Die meisten Menschen wollen keine echte Realität sehen. Wir wollen lieber Milchpackungen mit glücklichen Kühen drauf und Biosiegel auf unserem abgepackten Schnitzeln. Den realen Rest blenden wir aus. Produkte von »glücklichen« Tieren? Bedenken Sie bitte an dieser Selbstbetrug-Stelle: Kein Tier der Welt stirbt freiwillig und ohne Angst.

Um unserem geplanten Film *Blood Red Ocean* etwas mehr Massentauglichkeit oder »Glückliches Schnitzel«-Charakter zu geben, wollen wir auch Perus Schönheit zeigen. Das, was schützenswert ist, was es zu bewahren gilt, was wir im Begriff sind, in naher Zukunft zu verlieren, wenn wir nicht unverzüglich handeln. Diesen Satz könnte ich eigentlich heute überall unter meine Themen schreiben, er würde immer passen wie die Faust aufs Auge.

Wir hocken also in Perus Küstenwüste am Lagerfeuer und wollen seltene Tiere und unbeschreibliche Küstenlandschaften filmen, damit am Ende noch irgendwer unseren Film sehen möchte. Andenkondore (*Vultur gryphus*) mit Drei-Meter-Flügeln, Delfine, Robben, Geier, Pinguine, Geckos, alles eben, was uns an diesem Ort am Ende der Welt vor die Linsen schwimmt, fliegt oder krabbelt. Tiere gibt es hier ohne Ende; sie zu filmen und vor allem hier zu »leben« ist nicht ganz so einfach. Es erfordert einen großen Schritt aus der eigene Komfortzone. Das Gute ist, wir drei gehen ihn gemeinsam. #GeteiltesLeid

Die Bedingungen hier sind Gift für die Kameraausrüstung. Die ständig feuchte, salzgesättigte Luft kriecht überall hin. *Alles* ist immer feucht, klebt und ist sandig vom Wind, der die salzige Gischt der zerberstenden Wellen überallhin verteilt. Kamera, Zelt, Hände, Sonnenbrille, Toast, Klamotten. Alles. Nach einer Woche ist es einem irgendwie egal. Man resigniert und findet sich damit ab. »Kannst du es ändern? Nein. Warum sich dann darüber aufregen?« Ständig habe ich diesen »Why-worry-Inder« von Facebook im Kopf. Das macht es nicht besser. Was es besser machen würde, wären ein paar gute Aufnahmen. Aber seit Tagen ballert der Wind mit sechs bis acht Windstärken, teilweise über 70 km/h. Das Meer ist aufgepeitscht und kakaotrüb. Tauchen? Niemals! Die Kameras wackeln im Wind, selbst auf den schweren Stativen, und die aufsteigende Hitze vom aufgeheizten Wüstensand lässt im gleißenden Licht tagsüber jedes Bild verbrennen. Ein Träumchen für Naturfilmer:innen? Nicht wirklich.

Der feine Sand hat im straffen Wind wie ein Sandstrahlgerät das Emblem meines Zeltes halb weggesandstrahlt. Da steht jetzt nur noch »Hooligan«. Na Spitze, dann wissen die bösen Überfaller:innen wenigstens gleich, dass ich im Osten aufgewachsen bin. Die Knöpfe und Rädchen meiner Kameras knirschen beim Verstellen und Drücken. Der klebrige Salz-Sand ist überall! Und mit überall meine ich *überall!* Wir können uns nicht waschen. Es gibt weder genügend Trinkwasser, noch könnte man sich kurz in die eiskalten Fluten überwinden. Zu gefährlich. Die Küste ist unzugänglich, voller steiler Abhänge, scharfkantiger Felsen und brutal hereinbrechender Wellen. Es geht einfach nicht. Ich erinnere mich an die Hygienepassage aus der Jobbeschreibung. Hätte ich drei Wünsche frei, wäre einer davon: Feuchttücher. Die für empfindliche Haut.

Die Andenkondore (*Vultur gryphus*) in unserer Nähe sind absolute Schisser. Sobald man auch nur weniger als 500 Meter Abstand hält, fliegen sie auf und davon. Filmen und Fotografieren unmöglich! Das frustriert nach ein paar Tagen. Egal, wie viel Mühe ich mir beim Anschleichen, Tarnen und Ruhigliegenbleiben gebe, sie lassen mich einfach nicht näher heran. Das hat auch Gründe. Kondore wurden und werden immer noch illegal bejagt und teils mutwillig, teils unabsichtlich vergiftet, wenn man eigentlich nur einen Puma oder Fuchs töten wollte.

Man hat auch ganz gern Teile von diesem Aasfresser. Knochen, Heilmittel, Rituale, dies, das … Nur sind es dieses Mal nicht die Chinesen, sondern die Peruaner und andere West-Südamerikaner selbst. Obwohl … wenn ich genau darüber nachdenke, sind es schon die Chinesen und ein Deutscher, die dem Kondor ebenfalls zu schaffen machen.

Ein paar Jahre zuvor bin ich immer mal wieder die Westseite Südamerikas auf Expeditionskreuzfahrten abgefahren. Dabei hatte ich als Expeditionsguide meist um die acht Menschen aus allen Teilen der Erde in meinem Schlauchboot sitzen. Viele Chines:innen und Russ:innen. Menschen zahlen einen großen Haufen Geld für solche Touren. Teilweise mehrere Zehntausend Euro pro Woche und Person, je nach Destination. Man hockt ein paar Stunden, gut eingepackt in die extremste Expeditionskleidung, in einem Boot und wird von einem Profiguide durch Fjorde navigiert, über Gletscher geführt und beim Trampeln durch Pinguin-Kolonien davon abgehalten, eines der Tiere plattzumachen. Immer mit einer hohen Erwartung an atemberaubende Bilder zum Angeben (meist mit dem iPad fotografiert) und an hautnahe Naturerlebnisse. Exklusiv und möglichst nah dran! Zwischen den Ausfahrten schlemmt man bei teuren Weinen, Canapés und Fünf-Gänge-Menüs im Warmen.

Ich musste auch erst lernen, dass das, was ich da monatelang tat, eigentlich völliger Schwachsinn ist. Expeditionskreuzfahrten … Und bis ich es gelernt hatte, scheuchte ich mit meinem Boot einen Kondor nach dem anderen aus den Küstenfelsen vor Chile und Peru. Die Abflugbilder mit den Drei-Meter-Schwingen waren immer die Schönsten für die chinesischen und russischen Gäst:innen. Irgendwie ahnte ich nicht, dass ich damit die gern küstenbrütenden Elterntiere immer wieder massiv störte. Sie werden vielleicht denken: Was für ein Vollidiot! Ja, stimmt! Aber heute mache ich es auch anders.

Ich hoffe, dass dies auch die zunehmende Zahl von Wanderern, Campern und Spaziergängern in unseren heimischen Wäldern in der Nähe der Nester von Seeadler (*Haliaeetus albicilla*) und Fischadler (*Pandion haliaetus*) im Hinterkopf haben. Die Störung der Tiere während der Brut und die abfliegenden Elterntiere sind ein großes Problem. Das Rausgehen der Menschen an sich finde ich allerdings super.

Dass mir das alles damals nicht schon während des Schuheputzens nach unserer täglichen 18-Stunden-Schicht aufgefallen ist, wundert mich heute sehr. Dort saß ich dann immer mit international studierten Doktor:innen und Ornitholog:innen (Vogelkundler:innen) im Feuchtraum des Expeditionskreuzers und popelte stundenlang die (unglaublich stinkende) Pinguinscheiße aus dem Profil von 200 Kreuzfahrer:innen-Gummistiefeln (= 100 Menschen). Damit die Gäst:innen am nächsten Morgen schön saubere, warme Stiefel für die nächste krasse anderthalbstündige Expeditionstour hatten. Man kann so was ab einem gewissen Einkommen eben nicht mehr alleine, Schuhe sauber machen. Da habe ich absolutes Verständnis …

Es war ein Bild der Schande. Studierte, hochkarätige Biolog:innen mit Scheißebürsten, die ultrareichen Schnösel:innen die Schuhe und Schnorchel putzten. Genug Gründe, warum ich mich aus der Tourismusindustrie schon vor Jahren zurückgezogen habe. »Tiere live sehen« hin oder her, man stört sie fast immer.

Apropos Scheiße. Genau wie die Pinguinscheiße unter den Schnöselstiefeln nennt man die Scheiße an meiner Hose, beziehungsweise den aktuellen Hauptbestandteil meines Beinkleides, hier in der Küstenwüste: Guano. Ein feines, weißes, stinkendes Gemenge aus pastösen Exkrementen verschiedenster Seevögel, das besonders gut auf kalkreichen Böden entsteht. So wie hier.

Ein Pinguin (*Spheniscidae*), Kormoran (*Phalacrocoracidae*) oder irgendetwas anderes Fischfressendes und Flugfähiges (gern auch eine Fledermaus) scheißt auf einen Kalkstein, und schon gehts ab. Bäng, boom, bäng – zack, Calciumhydrogenphosphate, Nitrate, Chemie irgendetwas – Dünger für die Welt! Das ist die Kurzform.

Everything is connected! Sie erinnern sich. Und jetzt kommt es! Also: *Engraulis ringens*, die Peruanische Sardelle, ist ein kleines Fischchen aus der Ordnung der Heringsartigen (*Clupeiformes*). Verwandt mit dem allseits beliebten Heringsfilet (*Clupea harengus*) in Tomatensoße. Laut FAO (Food and Agriculture Organization of the United Nations/Ernährungs- und Landwirtschaftsorganisation der Vereinten Nationen) ist dieses silberne 20-Zentimeter-Fischchen das am meisten gefangene Meerestier der Welt. So um die zehn Millionen Tonnen pro Jahr. Damit liegen sie sogar noch vor Schlemmerfilet und Thunfischdose mit jeweils 2,5 Millionen Tonnen. Man schmeißt die Sardellen bekanntermaßen auf Pizzen und in Form von Fischmehl, für das Peru weltweit marktführend ist, als Futterpellets in die Lachsfarmen vor den Küsten von Norwegen, Schottland und Chile. Die Lachse fressen gern Sardellen aus Peru. So wie die meisten Fische in Aquakulturen. Es sind ja überwiegend Raubfische, die Fischprotein zum Wachsen benötigen.

Das Problem an der Sache ist, die Sardelle kommt zwar aus dem weltweit fischreichsten und produktivsten Meer (mehr als 15 Prozent der Fischprodukte weltweit kommen aus Peru), aber bei solchen Massen fehlt dann eben etwas im Ökosystem.

Die pazifischen Gewässer vor Peru, gespeist und genährt vom Humboldtstrom, sind ohne Frage die produktivsten. Sie scheinen unerschöpflich. Das sind sie aber leider nicht. So sorgt der 2,29-Euro-Lachs vom Billig-Discounter, gefüttert mit Sardelle, dafür, dass Guano-Vögel, Robben und Haie in Peru nicht genug zu Essen haben. Guano wird von der lokalen Bevölkerung abgebaut und zur Steigerung der landwirtschaftlichen Produktivität in Form von Dünger ins Ausland exportiert. Ohne Sardelle kein Guano, ohne Guano keine Jobs. Sie sehen das Dilemma. Wieder und wieder. Die eigentlich einfachen Zusammenhänge werden kurzsichtig ignoriert. Und ich werde immer wieder gefragt, warum ich mich so anstelle, wenn jemand Sardellen-Pizza bestellt. Sie wissen jetzt, warum. Weil ich es eben mag, durch Vogelscheiße zu robben, ganz einfach.

Da ich mich hier tagsüber meist kriechend oder schleichend fortbewege, hat sich meine Wüstentarn-Klamotte relativ zügig in stinkendes, klebriges, weiß-schmieriges Guano-Tarn verwandelt. Ich muss die Sachen nach der Expedition wegwerfen, es geht nicht anders. Glauben Sie mir, so etwas tue ich nicht leichtfertig. Aber es ist besser so, für alle. Ich verbringe die Tage, an denen ich wegen des starken Windes nicht tauchen gehen kann, mit dem Filmen von fliegenden Geiern, Geiern an und auf Robbenkadavern, streitenden Geiern, schlafenden Geiern und Geiern im Allgemeinen. Ach ja, und natürlich Geiern im Sonnenuntergang. Truthahngeier (*Cathartes aura*) und Rabengeier (*Coragyps atratus*). Richtige Schönheiten mit ihren warzigen, unbefiederten Gesichtern in Feuerrot beim Truthahn und in Grauschwarz beim Raben … Richtig niedlich, ihr fieser Blick beim buckeligen Herumsitzen und Darauf-Lauern bis irgendwer hier stirbt. Toll, wie sie die gammeligen Eingeweide aus dem Anus der Robbe ziehen, nachdem ihr Kopf vorher komplett im Arsch der Robbe verschwunden war. Lustig, wie sie wild fauchend, blutköpfig und krächzig-streitend zu zehnt auf der aufgeblähten Robbe herumtänzeln. Wenn wir das mit den Aufnahmen von abgeschlachteten Delfinen und gequälten Haien kombinieren, wird das bestimmt ein richtig erfolgreicher Film!

»Es läuft nicht gut«, murmle ich zu mir selbst, als ich bereits an Tag drei feststelle, ich habe nur die Unterhose dabei, die ich anhabe. Und die ist nass, salzig, sandig und na ja, einfach nicht mehr frisch. »Verdammt!« Wir sind vielleicht Wochen hier! Von Tag zu Tag kreisen immer mehr Geier über mir. Die kommen wenigstens immer näher heran, der Kondor bleibt aber ein

Angsthase. Geier können sehr gut riechen und sehen. Ob sie etwas wissen, was ich nicht weiß?

Geier werden übrigens auch sehr alt, angeblich über 100 Jahre. Warum auch nicht, wenn doch Hellrote Aras (*Ara macao*) schon über 90 Jahre und Flamingos (*Phoenicopteridae*) über 80 Jahre alt werden können. »Greater«, der Flamingo und Publikumsliebling aus dem Adelaide Zoo in Australien, wäre bestimmt noch ein paar Jahre älter als »nur« 83 geworden, hätten ihn nicht ein paar Jugendliche zu Tode geprügelt. Die waren wohl nicht in der Zooschule, wo man im Übrigen auch verschweigt, dass man den Tieren jährlich die Schwungfedern kappt oder Flügelteile sogar ganz abschneidet. Haben Sie sich noch nie gefragt, so wie ich als Kind, warum die Flamingos und Pelikane im Zoo nicht einfach wegfliegen? Ich weiß, die Wahrheit tut weh, immer wieder.

Was auch wehtut, ist die Tatsache, dass Naturfilmen gar nicht so romantisch, glorreich und aufregend ist, wie immer alle denken. Ja, es gibt sie, die National-Geographic-Augenblicke, die BBC-Unser-Blauer-Planet-Momente. Aber sie sind entweder das Ergebnis von viel Qual oder viel Glück. Die Spitze der Spitze des Eisbergs. Die 0,1 Prozent der Expedition. Wir sind am richtigen Ort, zur richtigen Zeit. So weit, so gut. Nur das Wetter ist eben die Komponente, die man nie so richtig schön »deutsch« planen kann. Man muss es nehmen, wie es kommt. Und an Tag acht werden wir es uns nehmen!

Der Wind hat gestern Nacht endlich abgeflaut, die Wellenhöhe damit drastisch abgenommen. »Stefan, let's go!« Wir machen das kleine Schlauchboot, das man gerade noch so zu zweit inklusive Motor tragen kann, fertig und lassen es zu Wasser. Es wäre auch eine Schande gewesen, hätten wir es nicht einsetzen können. Auf dem Weg in die Küstenwüste wurden wir von der Polizei angehalten. Nicht weil der Pick-up massiv überladen war und nur alles notdürftig mit uralten Leinen zusammengeknotet war. Nein, sondern weil unser Nummernschild am Bootstrailer (Anhänger) nicht in Ordnung war. Ich für meinen Teil konnte das sehr gut verstehen, denn es gab gar keins.

Typisch peruanisierter Stefan. Man kümmert sich, wenn einer fragt. 20 Dollar später müssen wir das Auto zurücklassen und uns kümmern. In einer echt zwielichtigen Gegend, wo Menschen wie wir auffallen, wie besagter bunter, zehn Meter großer Hund. Ich bin mir nicht einmal wirklich sicher, ob Stefans Pick-up überhaupt abschließbar ist. Egal, mein Equipment ist versichert. Ich suche nach einem Laden, wo man Kennzeichen drucken kann, in Peru, im Hinterland um 17:30 Uhr. Am Wochenende. Da könnte ich auch gleich nach dem Bernsteinzimmer im Teich um die Ecke tauchen. Mit mehr Aussicht auf Erfolg. Stefan bugsiert uns in einen Laden, der Vogelkäfige, Schuhe, Lametta und Hochzeitsbedarf verkauft. Eine hier gut gehende Kombination, wie mir scheint. Ja, natürlich haben die auch eine Aufkleber-Druck-Maschine! Ist ja klar. Also lässt Stefan tatsächlich sein Kennzeichen auf einen viel zu kleinen Aufkleber drucken. Den befestigen wir dann mit einem durchsichtigen Tesafilmimitat auf einem Stück Fundholz, von vor dem Laden. Mit meinem Multitool bohre ich zwei Löcher durch das hölzerne Nummernschild, und wir befestigen es mit ein wenig Draht, den wir ebenfalls auf der Straße gefunden haben, am Trailer. Hanebüchener geht es wirklich nicht! Kameramann Uli und ich haben nur ein Kopfschütteln übrig, aber finden es dennoch lustig, wie Stefan sich mit viel Raffinesse so durchschlägt. Ich denke, 20 Jahre Natur- und Tierschutz in Peru prägen, nerven und machen pragmatisch-erfinderisch.

Nicht so raffiniert war Stefans Plan, die Sandbleche zu Hause zu lassen. Die braucht man in der Sandwüste, wenn man sich mal festfährt. »Die brauchen wir nicht! Mein Auto schafft das locker!« – »Okay. Just saying …« Als wir uns allein auf dem Hinweg das dritte Mal festfahren, gibt er es zu: »Sie wären doch eine gute Idee gewesen.« Auf dem Rückweg, raus aus der Wüste, über eine »Abkürzung«, werde ich die Bleche noch schmerzlich vermissen und Stefan mehrfach verfluchen.

Egal, vergeben und vergessen! Wir schleppen das Boot ins Wasser und bestücken es mit unserer Kameraausrüstung. Damit ist das Boot voll – und wir sitzen noch nicht einmal drin. Apropos »voll«: Unser Boot ist auch voll mit Blut und Eingeweiden. Von Fischen. Auf dem Hinweg haben wir noch an einem Platz angehalten, wo ich illegal angebotene Baby-Haie fotografieren und filmen konnte. Da ich diese Tiere auch gern lebendig vor die Kamera bekommen möchte, fragte ich höflich auf dem Markt nach übrig gebliebenen Fischabfällen. Man gab sie mir bereitwillig, 50 Kilo. Damit hatte ich vor, einen Köderkorb im Meer auszulegen und so einige Haie zum Filmen anzulocken. Ein quasi todsicherer Plan. Nicht so todsicher war Stefans Eimer aus billigstem Plastik, der natürlich auf unserer ruppigen Weiterfahrt in die Wüste auseinanderbrach und das Sammelsurium aus gammeligen Fischeingeweiden über das gesamte Boot und die Ausrüstung im Boot verteilte. Im Zusammenspiel mit jeder Menge Sonne dauerte es nicht lange, bis Uli auf dem Beifahrersitz bemerkte: »Sacht ma Jungs, riecht ihr das auch?« Ja, Scheiße! Verdammt!

Abgesehen von dem Gestank stammt das Boot vermutlich aus demselben Laden wie meine Matratze und verliert somit permanent Luft. Es ist sehr klein, vielfach geflickt, keinesfalls seetüchtig und der Motor, ja, der geht manchmal aus. »Ja, ja, ja, ich weiß Stefan, was anderes bekommt man hier nicht …« Mein kurzer Blick hinter die vorgelagerten Felsen unserer Campingbucht verheißt gelinde gesagt nichts Gutes. Drei Meter haben die Wellen immer noch. Und die kommen mit brachialer, pazifischer Gewalt daher. Sie hatten auch einige Tausend Kilometer Zeit, Energie aufzubauen. Zwischen uns und Australien nichts außer 15 000 Kilometer Salzwasser.

Na, egal! Wir sind beide heiß aufs Meer. Stefan liebt solche Aktionen genauso sehr wie ich. Wir wollen gutes Footage:

Delfine, Wellen, Stefan bei der Arbeit. Also los! Auf unserer stinkenden Ausrüstung hockend und mit bereits gut 50 Liter Meerwasser von den ersten Wellenüberläufern im Boot, paddeln wir zwischen messerscharfen Felsen durch gurgelndes Schaumwasser.

Es ist verdammt wichtig, den richtigen Moment abzuwarten, wenn gerade mal kein Riesen-Wellen-Set an die Küste knallt, den Motor anzuwerfen und mit Vollspeed aus der Todeszone herauszubrausen, denn bevor die Wellen aufgrund der geringen Tiefe und Felsen brechen, sind sie schön lang und relativ sanft. Mit anderen Worten: befahrbar. Da muss man hin! So circa 200 Meter Weg durch Felsen und herumwabernden Kelp, die beide gleichzeitig versuchen, die Schraube des Außenborders zu zerstören oder sich darumzuschlingen und uns manövrierunfähig zu machen.

Was Boote betrifft, habe ich schon viel gesehen, erlebt, gelernt und selbst zerstört. Von daher schockt mich so etwas nicht mehr, und ich schaffe es, das Boot – ich will nicht sagen mühelos, aber gekonnt – durchs Wellental zu manövrieren. Fast 15 Jahre Erfahrung aus allen Meeren mit Dutzenden Booten helfen dabei enorm. Man muss sich Zeit lassen. Hektik und eine falsche Einschätzung der Kraft des Meeres oder einer Welle könnte uns ganz schnell in Lebensgefahr bringen. Diesmal nicht! Wir sind draußen und sausen über die langen, großen Pazifikwellen. Geil! Das habe ich so sehr vermisst.

Deswegen bin ich Meeresbiologe geworden. Stefan auch. Unsere Blicke treffen sich, ein kurzes Nicken. Mehr muss man nicht sagen. Wir fahren die Küste in sicherer Distanz zur Brechungszone der Wellen kilometerweit ab, während Stefan die ganze Zeit mit dem Fernglas nach den Tümmlern sucht. Ich kenne die Fotos, die Stefan von den Tieren gemacht hat. Sein Bestes: Vier springende Große Tümmler in einer Riesenwelle mit Felsen im Hintergrund. National-Geographic-Style! Das habe ich im Kopf. Das brauchen wir jetzt! Allerdings ist es nicht so einfach, auf Knien rutschend im schlagenden, wassergefüllten Bug des Minibootes aus etwa einem Meter Höhe (aufrecht kniender Stefan) in drei bis vier Meter hohen Wellen nach einer kleinen Rückenflosse und einem Mini-Delfin-Blas Ausschau zu halten. Nix geht. Wie immer. Auch die Delfine stört das immer noch unruhige Meer. Außerdem ist es an manchen Stellen über Kilometer hinweg blutrot gefärbt.

Eine typische »Red tide« – Algenblüte. Normal nach einem solchen Sturm. Genährt von den aufgewirbelten Nährstoffen, vermehren sich kurzlebige Mikroorganismen explosionsartig und färben das Meer rot. Das kann gefährlich werden. Nicht nur für uns, sondern auch für jegliches Leben im Meer sind die Brevetoxine und Ichthyotoxine, die von den kleinen einzelligen Biestern produziert werden, sehr gefährlich. Alles was einer giftigen red tide (nicht alle red tides sind giftig) ausgesetzt ist, wird von ihr im negativen Sinne beeinflusst. Trinkende Seevögel, atmende Delfine, schwimmende Fische, Plankton und zwei Bambi-Biologen in einem Miniboot.

Schwere Hautirritationen und Durchfälle sind noch das geringste Übel. Ein Glück, dass ich mich seit über einer Woche nicht gewaschen habe. Ich war kurz versucht, ins Meer zu gehen … Ohne Dusche und Klo ist das bestimmt unangenehm mit offener Haut im Montezuma-Style. Ganz blöd wird es, wenn durch Wind, den wir immer noch recht ordentlich haben, und die brechenden Wellen an der Küste die kleinen Toxine quasi in fliegende, giftige Aerosole verwandelt werden, die man einatmet. Das wissen auch die Delfine. Sie können zwar nichts riechen (brauchen sie ja auch nicht), aber sie spüren das unangenehme Kribbeln auf ihrer empfindlichen Haut. Da Delfine genau wie Fische Schmerzen lieber vermeiden, umschwimmen sie solche toxischen Zonen wenn möglich weiträumig. Das klappt jedoch nicht immer. Häufig sind die red tides auch Todeszonen für intelligente Waltiere (*Cetacea*). Wir werden aller Voraussicht nach heute, an dieser Küste, keine Meeressäuger finden.

Wir geben ein recht jämmerliches Bild ab in dem geflickten Minigummiboot. Eingecremt mit 100er-Sonnencreme, dadurch weiß wie zwei Geister, stinkend und krustig versalzt. Hustend von den Aerosolen und unserem dampfenden Zweitakt-Außenborder, ausgemergelt und irgendwie fehl am Platz in unserem wassergefluteten kleinen Scheusal von Boot hier vor der imposanten peruanischen Pazifikküste. Als Stefan und ich an zwei Fischer heranfahren, die gerade ihren Fang einholen – wohlgemerkt im Naturschutzgebiet (!), wo Fischen an sich verboten ist –, wird klar, warum es diesem Meeresgebiet von Jahr zu Jahr schlechter geht. Es interessiert einfach keinen. Weder die Fischer die Gesetze – noch die Regierung deren Einhaltung. So machen einfach alle weiter wie bisher, bis zum völligen Kollaps. Niemand kontrolliert hier im Schutzgebiet. Es ist immer wieder dieselbe Story. Es gibt sie teilweise, die Gesetze, die Meere schützen sollen, nur eben niemanden, der sie einhält oder kontrolliert. »Ein Gesetz ist am Ende immer nur so stark wie die Kontrolle und Einhaltung.« Ich kann es nicht mehr hören.

Stefan droht den beiden liebevoll auf Spanisch, höflich, aber bestimmt. Er ist im Recht. Ich fotografiere und dokumentiere die Tat, das Kennzeichen und die Personen. Sie packen ein und ziehen von dannen. Kopfschüttelnd über zwei deutsche Vollidioten, die hier, in ihrem Land, an ihrer Küste, einen auf Meeresschützer machen. Diesen Kampf führt Stefan hier schon über 20 Jahre! Ermüdend muss das sein. Ich wünschte so sehr, sie und viele andere würden verstehen. Verstehen, was wir beide weltweit gesehen und erlebt haben, die wissenschaftlichen Daten, all die Hinweise und Fakten, dass das hier alles nicht nachhaltig ist. Stefan versucht das seit 2001, zusammen mit einheimischen Wissenschaftler:innen und Naturschützer:innen. Vergeblich.

Ein gleichaltriger ecuadorianischer Expeditionsguide hat mir mal bei einer stürmischen Durchfahrt der Drake-Passage (die gefürchtete Wasserstraße zwischen Feuerland und der antarktischen Halbinsel), als wir beide vor Seekrankheit und laut hin und her schlagenden Ketten im Bug des Expeditionsschiffes (schlimmster Ort im Schiff, bei zwölf Meter hohen Wellen), wach in unserer Kabine lagen und die sich bewegende und drehende Decke anstarrten, etwas erzählt, was ich für mittelmäßig rassistisch, aber dennoch irgendwie eingänglich erachte. Es ging genau darum, warum es Völker immer wieder vergeigen, warum wir uns als intelligenteste Spezies auf dem Planeten selbst die Lebensgrundlage nehmen, warum es immer wieder zum kompletten Kollaps ganzer Völker und Länder kam und kommen wird. Dinge, die man eben unter Männern bespricht, während man sich abwechselnd übergibt und darum betet, dieses Mal bitte noch nicht zu sterben. Wir hatten beide noch keinen Seeleoparden (*Hydrurga leptonyx*) gesehen. Da kann man noch nicht sterben! Da waren wir uns einig.

Sinngemäß sagte er: »Weißt du, Rob, mein Volk (er stammt von Galapagos, sprach aber über die Ecuadorianer im Allgemeinen) musste nie lernen zu haushalten. Bei uns ist immer alles verfügbar, zwölf Monate im Jahr. Von der Mango bis zur Papaya. Es gibt immer alles. Unsere Bäume werfen keine Blätter ab, Früchte gibt es auch immer, Bäche frieren nicht zu, niemand muss Holz hacken für den Winter. Es liegt uns einfach nicht im Blut, nachhaltig zu denken.«

Wow, so eine Aussage muss man erst mal verkraften. Vielleicht hat er recht, das wage ich nicht zu beurteilen. Schon gar nicht, da ich aus einem Land komme, welches im Prinzip kaum noch »echte« Natur hat und in dem rückkehrende Spezies sofort erschossen werden, in Brandenburg und Bayern.
#LebusBison #BrunoDerBär

Aber gesetzt den Fall, er hat ein bisschen recht. Dann würde das bedeuten, dass gerade in den biodiversesten Ländern, die fast alle in den Tropen liegen und wo es durch fehlende Jahreszeiten und die Nähe zum Äquator wirklich fast alles fast immer gibt, kulturell bedingt kein nachhaltiges Denken verankert ist! Ich drücke solche Gedanken häufig weg und glaube fest an das Gute, Intelligente im Menschen. Dünnes Eis, ganz, ganz dünnes Eis. #KlimaKrise

Wir sind nach vielen Stunden etwa 35 Kilometer die Küste runter; wenn wir vor der Dunkelheit zurück sein wollen, müssen wir Gas geben. Ich will auf keinen Fall im Dunkeln anlanden! Besonders nach Stürmen sind in Küstennähe Baumstämme, ordentlich Treibholz, ganze Schiffscontainer und großes Treibgut unterwegs. Alles unangenehm, wenn man es mit Vollspeed rammt. Ich gebe Gas, und wie aus dem Nichts springen neben uns zwei riesige Große Tümmler ebenfalls in Vollspeed aus dem Wasser! Direkt neben dem Boot, sodass man sie ausatmen hören und leider auch riechen kann! Da sind sie, die berühmten Küsten-Tümmler von Peru. Größer als die »normalen« Tümmler, die man sonst so kennt. Echte Brecher! Ob das wohl an der (noch) guten Nahrungsverfügbarkeit im Perustrom liegt? Vermutlich.

Mit ihren vier Metern Länge und über einer halben Tonne Gewicht, der dunklen Färbung und der Wucht, mit der sie meterhoch aus dem Wasser springen, erinnern sie eher an einen Orca als an einen kleinen, niedlichen Zwei-Meter-Flipper. Was für imposante Tiere! Kein Wunder, dass sie Stefan so wichtig sind. Außerdem sind sie selten, keiner weiß, wie viele es noch von ihnen gibt. Wenige.

Jetzt wird's kompliziert. Es ist wirklich nicht einfach, das wabbelige Miniboot bei Vollspeed ruhig in der Welle zu halten, die Kamera einhändig zu bedienen und Stefan gleichzeitig bei Gischt, Salzspray und springenden Delfinen zu interviewen. Die Delfine machen es uns auch nicht leicht, ändern ständig ihren Kurs und halten sich genau in der Zone auf, wo die Wellen surfbar sind, aber noch nicht brechen … in der Gefahrenzone! Das lieben diese Mistviecher! Zehn Meter weiter rechts, und wir werden einfach umgeworfen, und ordentlich gegen spitze Felsen gewaschen – keine schöne Vorstellung! Ich bin mehrmals nur eine Viertelsekunde weg von einem lebensgefährlichen Fahrfehler.

Alles für die Aufnahmen ... Stefan ist nie besorgt, warum auch ... Mein Puls rast beständig mit 160, und immer wenn es knapp wird und der Bug schon im Wellenkamm steckt, drehe ich über Backbord (links) bei und fahre den Wellenrücken hinunter, in die nächste Welle hinein, mit Puls 200. Jedes Mal mit einem Schub aus Adrenalin, Angst und diesem kribbelnden Schauer am ganzen Körper. Immerhin sind diese Wellen größer als unser Boot!

Nach fast einer Stunde küstennahem Halsbrecher-Manöver sind wir beide völlig fertig. Stefan hat mindestens vier neue Foto-IDs (Fotos von Rückenflosse und Seite, beidseitig, wenn möglich auch mit Fluke) für seinen Delfin-Katalog – Tiere, die er noch nicht kannte. Das ist gut! Die Delfine drehen ab und verschwinden. Ich fahre etwas weiter aufs Meer hinaus, mache den Motor kurz aus und wir atmen einmal tief durch. Fehler. Husten. Beide. Wir sitzen in einem riesigen Red-tide-Feld. In der untergehenden Sonne glüht es feuerrot um uns herum. Sieht schön aus, das Ganze, brennt aber ganz unschön.

Ab »nach Hause«! Wir schaffen es gerade so im Zwielicht an den »Strand«, wo Uli schon mit dem Essen wartet. Normalerweise würde ich mich nach einem Tag auf See, besonders nach einem solchen, tierisch auf ein Essen freuen ... Aber! Stefan war fürs Essen verantwortlich ... So haben wir für die ganze Zeit in der Küstenwüste nur Thunfischdosen, Zwiebeln, Toastbrot (das an Tag zwei natürlich schon verschimmelt war) und Limetten. Ach ja, und etwas Trinkwasser. That's it!

Für mich ist eine Zwiebel mit Limettensaft nicht unbedingt ein Essen. Labbriges Toastbrot, na ja, ich bin kein Fan. Thunfisch? Esse ich (eigentlich) nicht, weil Fische ja bekanntlich Freunde sind, besonders bedrohte Arten. An Tag drei kapituliere ich. Es schmeckt ja auch saugeil! Besonders, wenn man ausgehungert ist. Ja, aber … Nein, dieses Mal hatte ich keine andere Wahl.

Die Tage fliegen nur so. Aufstehen um fünf Uhr (Anziehen fällt aus, ich war ja tagelang angezogen), Sonnenaufgangs-Timelapse ansetzen, die ersten Geier filmen, den Kondor aus einem halben Kilometer Entfernung aufscheuchen, sieben Uhr Frühstück: Zwiebel mit Limette. Zähne putzen, Irgendwo außer Sichtweite ein Loch in den Wüstenboden graben. Sonnencreme ins Gesicht und danach GoPros (kleine Actionkameras) *im* angespülten, durchaus duftintensiven Robbenkadaver, 30 Meter vom Zelt entfernt, platzieren, sich im Spülsaum der Küste eingraben und Geier bei der Arbeit filmen. Von der Sonne durchgegart um zwölf Uhr Mittag machen. Eine Thunfischdose. Dann auf zur Robben-Kolonie, filmen, was das Zeug hält.

Robben gehen immer! Auch bei schlechten Lichtverhältnissen. Sind wir ehrlich, hat man etwa eine Stunde gutes Licht am Tag. Zum Sonnenaufgang und vor Sonnenuntergang. Ansonsten brennt die Sonne gnadenlos alles weg. Tauchen? Nope. Die Sicht unter Wasser beträgt bis zu unserer Abreise null Zentimeter, gemischt mit red tide und hohen Wellen. Einfach Nein. Nach Robben hier und da noch eine kleine Ausfahrt mit unserem Katastrophen-Boot und dann Abendessen um sieben. Eine Dose Tunfisch mit Zwiebeln und Limetten, das Highlight des Tages. Dann wird es immer sehr schnell sehr kalt. Halb acht mehr anziehen und im Spülsaum nach kämpfenden Geckos suchen, Langzeitbelichtungen machen, Nightlapse (Zeitraffer) ansetzen. 00:30 Uhr am Feuer sitzen, über das fliegende Spaghettimonster und die Welt sinnieren und dann final gegen 01:30 Uhr völlig gerädert ins feuchtsandige Tsunami-Angst-Überfall-Zelt einspitzeln, zum Wach-Herumliegen auf der nur halb gefüllten Matratze, während das Material des Tages einlädt (Fotos und Videos auf Rechner ziehen, Back-ups machen etc.). Immer den Akkustand aller Geräte im Auge behaltend.

Denn Strom gibt es erst wieder in einigen Tagen. Ist das denn nicht herrlich?

Ja! Und es macht Spaß! Sonst wär ich nicht hier, und sonst würde ich auch nicht immer wieder »Ja« sagen.

Es könnte nur manchmal wenigstens ein bisschen komfortabler sein, ein bisschen einfacher, und die Tiere könnten auch mal an Tag eins vor die Kamera hüpfen, fliegen, kriechen, schwimmen oder laufen. Das wär doch mal was! Aber dann wären die Regisseure und Filmemacher enttäuscht. Es gäbe keine Heldenreise, keinen Struggle, der den Zuschauer in den Bann zieht, mitleiden und bis zum Schluss hoffen lässt. Wie sehr wird man von einer warmen Couch aus vorm Großbildfernseher mit Chipstüte im Schoß schon mitleiden, denk ich mir, immer leise, in den Produktionsmeetings mit TV-Sendern, während alle aufspringen und durcheinanderschreien: »Ja, Ja das isses! Genauso! JA!«

Als wir abreisen und das Boot mit dem Trailer aus dem Wasser holen wollen, fährt Stefan natürlich im weichen Kies unserer Halbinsel die Karre fest. Mit Sandblechen eine Sache von vielleicht fünf Minuten. So, ohne, vielleicht Stunden. Das Problem an der Geschichte: Es herrscht Ebbe. Das Wasser wird kommen. Eher früher als später. Das Ausgraben bekommt also eine durchaus beunruhigende Dringlichkeit. Denn so ganz ohne Jeep die halbe Tonne Ausrüstung über etwa 30 Kilometer bis zur nächsten Siedlung tragen ist echt keine schöne Vorstellung. Wir schaffen es gerade so! Alter Schwede ... Heldenreise hoch zehn. Ich hab so die Schnauze voll!

Natürlich ist auch noch ein Reifen geplatzt bei der Nummer. Die scharfkantigen Kiesel und Felsen machen einfach alles platt, besonders durchdrehende Reifen. Der explosionsartige Ton erinnert mich kurz an die Tauchflasche im Sand neben meinem Zelt, die vor einigen Tagen nicht explodiert, aber dennoch hochgegangen ist. Danke, »peruanischer TÜV«! Die mit etwa 200 Bar Druck gefüllte 11,1 (80 cuft)-Liter-Aluminium-Tauchflasche hatte in der brütenden Sonne wohl etwas mehr Druck als üblich aufgebaut und dann schön lautstark das Metallflaschenventil abgesprengt, welches circa 30 Meter weiter im Sand landete. Die laut johlende Flasche versuchte sich Schlangenlinien ziehend, durch den Sand gleitend, angetrieben von laut zischendem Atemgas aus ihrem Inneren, zwischen unseren Expeditionszelten zu verdünnisieren. Weit kam sie nicht. Sie endete mit ihrem Metallstandfuß an einem Stein und zischte unfreundlich noch etwa fünf Sekunden weiter. Wow! Das hätte ganz doll schiefgehen können! Wir drei standen gleich daneben! Ist aber nicht schiefgegangen, also warum sich drum scheren? »Ehhhh …« Ach, ich sag nix.

Wir haben glücklicherweise noch *ein* Ersatzrad. Ein weiteres haben wir schon auf dem Hinweg an die Panamerikanischen Straßenverhältnisse verloren. Immerhin – Stefan hat zwei dabei! Ein Wunder! Ab jetzt darf aber wirklich nichts mehr passieren. Alles ist eingeladen, verpackt und verzurrt, ein paar ganz gute Aufnahmen im Kasten, wir jeder zehn Kilo leichter. Ab nach Hause ins basecamp! Wir halten noch mal an der Stelle an, wo ich immer wieder versucht habe, den Kondor zu erwischen. Nur um Lebewohl zu sagen. Wir sind keine 800 Meter weit weg, da fliegen die Elterntiere raus aufs Meer und kreisen in sicherer Distanz – keine Chance. Ich schaue ein letztes Mal durch mein Fernglas und blicke in ein leeres Kondornest. Wer weiß, wo das Jungtier steckt.

»Warte mal! Da isser!« Auf einem Felsvorsprung, keine 400 Meter von uns entfernt, bewegt sich etwas. Der »kleine« Acht-Kilo-Kondor kann endlich fliegen, hockt einfach so auf einem Felsen und beäugt uns. Sie sehen extrem gut und weit. Ich sprinte von der Klippe zum Pick-up und schraube meine »lange Tüte« wieder zusammen: 400-Millimeter-Objektiv plus Zweifach-Konverter + 1,5xCrop-Faktor der Kamera, ich kann es schaffen, mit meinen 1 200 mm an den Kondor ranzukommen. Mit meiner Zehn-Kilo-Kamera robbe ich weit über den Rand der Felsenklippe und auch aus meiner Komfortzone heraus, durch das scharfkantige Sand-Stein-Staub-Gemisch. Meine Klamotten, Knie und Unterarme sind eh hin, was soll's …

Gaaaaaanz langsam schiebe ich die Linse am Felsen vor mir vorbei und erblicke auf dem Display meiner Kamera den Kondor, formatfüllend! Ich hab ihn oder sie! (Noch ist kein Unterschied zwischen Männlein und Weiblein zu erkennen.) Jawohl! In wirklich allerletzter Minute! Schon die kleinste Störung kann enormen Stress auslösen, und ich will auf keinen Fall, dass der junge Vogel vor mir wegen meiner Anwesenheit und einer falschen Bewegung abfliegt. Ein, zwei Minuten Material müssen reichen. Gaaaaaanz langsam wieder zurück. Kamera, Arme, Hüfte und Knie komplett zerkratzt, aber das war es wert! Der Vogel bleibt sitzen. Draußen über dem Meer kreisen anmutig die Elterntiere. Südamerikas schwerster flugfähiger Vogel ist wirklich imposant. (Die Großtrappe [*Otis tarda*] ist übrigens Deutschlands schwerster flugfähiger Vogel. Mit über 16 Kilogramm auch der schwerste fliegende Vogel der Welt. Rote-Liste-Status: vom Aussterben bedroht. Also fast weg.) Ich hoffe, den Kondor wird es noch lange auf unserem Planeten geben. Ein schöner Abschluss!

Wir fahren uns natürlich keine halbe Stunde später und am heutigen Tag noch drei, vier weitere Male fest. Jedes Mal muss der Pick-up komplett entladen und das Boot abgehängt werden. Im Boot haben wir außerdem einige 35-Liter-Kanister mit Benzin, die ich besonders verfluche! Denn wenn der Pick-up frei gefahren ist, muss er einige Meter weit wegfahren, um nicht gleich wieder im weichen Sand zu versinken. Manchmal eben auch 500 Meter. Dann muss man die halbe Tonne Ausrüstung Stück für Stück tragen. »Nicht absetzen!«, schreie ich mich selber an, während ich völlig entkräftet zwei Benzinkanister durch den feinen Sand schleppe. Wenn man absetzt, wird es schlimmer! Es ist ja nicht so, als würde man nicht einsinken, nur weil man ein Mensch ist. Boah, hasse ich Sand am Ende dieser Tage. Ein Fitnessstudio brauche ich die nächsten zwei Jahre nicht mehr. Sobald die Ausrüstung aus dem Boot ist, wird ein langes Seil am Trailer befestigt und dieser dann mit dem Pick-up aus dem Sand gezogen. Ein Gewaltakt, jedes einzelne Mal. Während ich völlig am Ende, übermüdet und absolut ausgemergelt die Kanister schleppe, verspüre ich trotzdem ein wohliges Gefühl. Erstens, weil alles andere keinen Sinn machen würde, und zweitens, weil es sinnvoll ist, was wir hier machen. Glaube ich. Klar, nicht alles. Lebensgefährliche Abstiege an steilen Klippen, nur um an ein paar Robben-Aufnahmen zu kommen, sind genauso sinnvoll wie Drohne fliegen, ohne es je geübt zu haben …

Aus der Nummer konnte sich Stefan nicht einfach peruanisch herausreden. Wir hatten extra eine Drohne dabei, um schöne Landschafts-Flugaufnahmen zu machen. Er war dafür verantwortlich. Das war noch vor der Zeit der absturzsicheren Drohnen. Genau eine Generation davor. Nur ein Jahr später konnte selbst jeder Vollidiot stabile 4K-Luftaufnahmen zaubern. Was ja seitdem auch ausreichend Menschen an Flughäfen und über Innenstädten tun. Ist ja aktuell, während ich endlich die Zeit finde, dieses Buch zu schreiben, auch gar nicht schlimm, denn beide Bereiche liegen brach … #Ironie

Am ersten relativ windstillen Tag jagen wir die Drohne in die Luft. »Wie schwer kann es sein …?«, unkt Stefan noch. Ich habe bereits einige Drohnen-Abstürze hinter mir. Nie selbst geflogen, nur dabeigestanden. Von 1 300 Euro bis 80 000 Euro habe ich schon so einiges an Hauswänden, Höhleneingängen und auf Betonparkplätzen zerschellen sehen. Stefan wollte den nach unten zirkulierenden Flug eines Geiers nachahmen, der bis zu dem Robbenkadaver im Spülsaum hinter meinem Zelt gehen sollte. »Kein Ding, Robert.«

Nur zehn Sekunden später zerschellt unsere einzige Drohne an einer sandigen Felsenklippe und landet im feuchten Sand neben dem Kadaver. Ich sag nichts, mir rutscht nur ein: »Flugzeit insgesamt: 23 Sekunden …« heraus. Uli muss lachen, Stefan ist wütend.

Wie gesagt, nicht alles sinnvoll, aber dennoch haben wir ganz gute Aufnahmen im Kasten. Mittlerweile geht es nach dem andauernden Festgefahre schon wieder schwer gen Sonnenuntergang, und wir sind noch nicht mal aus der Wüste heraus. Ab Wüstenausgang dauert es noch Stunden bis zum basecamp. Das erste schmierige Hotel ist unseres! Scheißegal! Ich brauche jetzt eine Dusche, und zwar schnell. Sie ist zwar nur kalt, warmes Wasser gibt es natürlich nicht, aber es ist vermutlich die geilste Dusche der Welt! Diese eine Dusche! Ich glaube es gab noch nie eine so lange Zeit, in der ich mich nicht waschen konnte. Ein Wahnsinnsgefühl ist das, saubere Haut zu haben.

Voller neuer Lebensenergie und Albondigas mit Reis und Bohnen können wir wenige Stunden später endlich heimfahren. Uns fehlen allerdings noch zwei Geschichten, die wir unbedingt bebildern wollen. Robben unter Wasser und Baby-Haie.

Machen wir es kurz: Die Robben-Geschichte endet damit, dass natürlich an der gesamten peruanischen Küste keine Sicht unter Wasser herrscht und ich einfach keine Robben unter Wasser sehen kann. Ich versuche es natürlich trotzdem, zusammen mit Stefan, der auch taucht. Und so finde ich mich nach einer windigen Bootsfahrt vor irgendeiner zugeschissenen Insel voller Kormorane, Braunpelikane (*Pelecanus occidentalis*) und Robben wieder. Ich tauche ab: keine Sicht. Stefan sofort verloren. Keine Robben. Warum auch … Auf dem steinigen Grund in etwa 25 Metern Tiefe knie ich mich hin und warte. Ob mich das Boot am Ende wiederfindet, wo Stefan gerade ist, was die Robben machen, keine Ahnung. Ich atme tief ein und aus. Der erste ruhige Moment nur für mich allein, seit Wochen. Entgegen allen Regeln des Tauchens (Regel Nummer eins: Tauche nie allein!) bleibe ich einfach dort unten im Dunkeln hocken und atme. Ich vernehme die Geräusche der aufeinandergeschlagenen Steine. Stefan versucht bei 50 Zentimeter Sichtweite, Robben anzulocken. Sitzend auf dem Meeresgrund, zwei Steine aneinanderschlagend. Ich folge dem Geräusch und finde ihn. Den Wadenkneifer gönne ich mir, Stefans Zucken ist mir eine einzige Genugtuung. Weiße Haie gibt es auch hier, und während man da unten, in fast 30 Metern Tiefe, ohne Sicht im Dunkeln hockt, fährt einem schon ein Schauer durch die Glieder, wenn einen etwas berührt oder man vom Tauchpartner gezwickt wird.

Stefans Ausrüstung leckt an allen Ecken und Enden. Überall blubbert es raus, und ich kann seinem Manometer (Druckanzeige, wie viel Atemgas noch in der Flasche ist) zuschauen, wie es sich immer mehr gen null bewegt. Ab nach oben mit dir, verdeutliche ich ihm mit meinem Daumen hoch. Zum Glück schießt er eine Boje, sodass der Bootsfahrer ihn zwischen den Wellen und wild umhertobenden Robbenmassen an der Wasseroberfläche auch finden kann. Ich bleibe. Allein. Ich schwimme hier nicht weg, bevor ich nicht so eine verdammte Robbe unter Wasser gesehen und gefilmt habe! Zack, da zuppelt auch schon eine an meiner Kopfhaube. Das lieben Robben, Zuppeln an Kopfhauben und Flossen. Die Männchen mit 500 Kilogramm sind immer zurückhaltend und trauen sich nicht heran, die Mädels mit ihren 200 Kilo schon. Das ist mir bisher bei allen Robbenarten (*Pinnipedia*), mit denen ich im Wasser war, so gegangen. 38 verschiedene Robbenarten gibt es weltweit, gesehen habe ich 21 Arten, im Wasser war ich mit zehn Arten. Alle gleich: Männchen = Schisser, Weibchen = verspielt. Ich bekomme ein paar schlechte Filmaufnahmen von dunklen Schatten. Es könnten auch Autoreifen gewesen sein. Noch zwei, drei schlechte Fotos. That's it. Das war meine einzige Chance. #UnserBraunerPlanetStyle

Fast alles an dieser Expedition ist beschwerlich. Aber das für mich Härteste soll noch kommen. Wir nehmen uns dabei zwei

»Securities« mit, die Stefan irgendwo aufgegabelt hat. Auf meine Frage: »Woher hast du die Jungs denn?«, antwortet er mit einem Lächeln: »Wenn man frisch aus dem Gefängnis kommt, braucht man immer einen Job.« Ich weiß bis heute nicht, ob das ein Scherz war. Ich glaube nicht.

Wir geben uns als Deutsches »Restaurant-Magazin« aus, das in Peru traditionelle Speisen fürs Deutsche Fernsehen dokumentieren möchte. Deutsch? Das hat immer zwei Konsequenzen. Weltweit, immer. »Ah, Germany! Hitler, beer, football, Octoberfest!« Hahahaha! Ja, genau. Ganz genau. Und, na klar: »Ah, Germany! Money!« Ja, genau. Als Undercover-Naturschützer ohne Budget mit biologischem Hintergrund. Biologen sind ja bekannt dafür, viel zu verdienen ... Besonders die Bambi-Leute. Wir kommen noch vor Zahnärzten und Anwälten. Zumindest auf der Beliebtheitsskala.

Wir sind mit einem traditionellen Koch verabredet, der für uns typische peruanische Meeresfrüchte zubereiten wird. Wie es sich für eine echte »Kochsendung gehört«, gehen wir natürlich vorher gemeinsam auf dem Fischmarkt einkaufen. Ah, deswegen die Securities! Smart, Stefan! Denn hier sind wir nicht gern gesehen. Schon gar nicht mit Kameras. Alter Schwede, zum Glück weiß keiner, was wir hier machen. Jeder hat hier ein Messer, eine Axt, eine Machete, es ist eng, glitschig und unübersichtlich. Außerdem: So ziemlich alles, was hier angeboten wird, ist illegal. Von der Mantarochen-Kieme und Flügelstückchen vom Teufelsrochen bis hin zu den Baby-Haien. Genau deswegen sind wir hier. Wir kaufen einige wirklich kleine Haie. Alle ohne Kopf. Die Verkäuferin sagt noch: »Ja, ja, das ist ein Toyo blanco (*Mustelus whitneyi*), ein Humpback smooth-hound shark, eine Art Hundshai. Klein, beliebt hier, harmlos, bedroht. Eine der am meisten gefischten Haiarten hier im Pazifik. Selbst wenn es einer wäre, wäre er viel zu klein, hätte noch nicht reproduziert und wäre somit illegal. Es ist aber keiner. Man kann mich bei Fischen, die ja nun wirklich der Inhalt meines Lebens seit über 30 Jahren sind, schwer aufs Glatteis führen. Ich flüstere Stefan zu: »Bingo, Hammerhai-Babys!« Vom Glatten Hammerhai (*Sphyrna zygaena*). Absolut gegen das Gesetz. Deswegen auch ohne Kopf … Der charakteristische Hammerkopf wäre ein Geständnis. So, ohne Kopf, sehen die Haie für den Laien alle relativ gleich aus. Mit drei kleinen illegalen Haien im Gepäck machen wir uns auf den Weg ins Restaurant zur Zubereitung. Wird auch Zeit, wir waren viel zu lange hier und haben für meinen Geschmack viel zu viel Aufmerksamkeit erzeugt. Ich bin wirklich froh, da raus zu sein.

Im Restaurant geht alles zack, zack. Chop, chop. Der erste Hai wird klein gehackt, geschnibbelte Zwiebeln und Limettensaft dazu, etwas Salz, Chili und Koriander drüber, kurz ziehen lassen, fertig ist das klassische Baby-Hai-Ceviche. Ein typisches peruanisches Nationalgericht. Die beiden anderen Haie werden frittiert. Fish and Chips quasi. Alle ohne Flossen. Die verschwinden im Kühlschrank, für wann anders … Ah ja. Kochen kann er, sieht auch alles gut aus. Allein der Geruch, obwohl es sicher schmackhaft riecht, lässt mich innerlich würgen. So, zu Tisch bitte! ¡En la mesa por favor! ¡Buen apetito! Guten Appetit? F*ck! Daran hatte ich nicht gedacht. Dabei denke *ich* doch immer an alles … Um nicht aufzufallen und enttarnt zu werden, setzen wir uns zu Cola, Pommes, Baby-Hai auf die Plastikstühle. Uli tritt mich unterm Tisch und flüstert: »Iss!«

Bisher war das die größte Überwindung meines Lebens. Der 17 Meter hohe Rückwärtssalto in eine Cenote (wassergefülltes Loch im Dschungelboden Mexikos), der erste Sprung aus einem fliegenden Flugzeug, 20 Meter an einer Art Dachrinne die Hauswand hochklettern beim Kommando Spezialkräfte, 54 Kilometer am Stück laufen: alles zusammen ein Witz gegen diesen einen, ersten Bissen.

Ich esse einen Baby-Hai. Das Tier, das ich mein Leben lang schon schützen möchte. Das Tier, das ich um jeden Preis vorm Aussterben bewahren möchte. Um jeden Preis.

Ich habe mich noch tagelang schlecht gefühlt danach. Es ging nicht anders. Allerdings hat man immer eine Wahl. Immer … eigentlich.

Wir haben alles im Kasten. Bis zur letzten Geschichte. Jetzt muss es nur noch ein Film werden, und dann wird sich vielleicht etwas ändern. Wenn endlich alle Menschen weltweit von diesem Unrecht erfahren. Zumindest die, die Deutsch (130 Mio.), Englisch (1 132 Mio.) und Spanisch (534 Mio.) sprechen … Das sind zusammen immerhin fast ein Viertel der Weltbevölkerung.

Stefans Problem ist nicht unlösbar. Es ist sogar sehr einfach. Es gibt ein Gesetz in Peru gegen das Abschlachten von Delfinen und das sinnlose Ausbeuten von Haien. Das ist schon mal sehr gut. Es müsste eben nur eingehalten werden. Da es aber niemand kontrolliert und es keine Inspekteure gibt, ist das Gesetz ein Papiertiger. Die vier Jahre Knast jucken in Peru keinen. Anwälte würden dafür sorgen, dass die Strafe niemals durchgesetzt wird, die Gerichte würden sie ohnehin niemals vollstrecken. Anklage? Fehlanzeige … Das weiß jeder, und damit ist die bestehende Gesetzeslage völlig irrelevant. Die Regierung hat zu viel Angst vor den sozialen Konsequenzen, um hart durchzugreifen. Das mag auf lange Sicht kurzsichtig sein, aber was würden Sie tun, wenn auf einmal 70 000 wütende Fischer den Panamerikanischen Highway blockieren und nichts mehr im Land geht …

Was wäre die alternative Einkommensquelle für die Fischer, die sich etwas beschränken müssten in ihrem Fang? Zum Wohl ihrer eigenen Zukunft … Peru fängt weltweit am meisten Fisch. Ein Kollaps der Bestände hätte also auch weltweite Auswirkungen. Interessiert sich irgendjemand für das Überfischungs- und Delfinproblem in Peru? Nein. Es wird so lange ignoriert, bis es zum Problem wird. In Peru und dann auch international. Es ist aus Stefans und meiner Sicht eine globale Verantwortung.

Doch dazu müssen die Menschen davon erfahren! Nicht mal in Peru ist es bekannt. Stefan brachte es ans Licht. Bewegte mit einer Petition gegen das Delfin-Schlachten immerhin 1,5 Millionen Peruaner:innen zur Unterschrift. Gebracht hat es leider nichts. Der internationale Druck auf Entscheidungsträger:innen in der Regierung fehlt. Deswegen der Film.

Im Jahr 2016 wurde die Harpunenspitze verboten. Dank Stefan und 20 Jahren Druck! Die Herstellung, der Verkauf und Handel damit, die Verwendung, einfach alles ist seitdem verboten! Sie ist illegal! Interessiert es die Fischer? Nein. Es geht bis heute einfach weiter. Jeden Tag.

Stefan ist verdammt stur. 30 harte Jahre im Kampf um unseren Planeten liegen hinter ihm. Er ist dennoch müde. Unser Film hat es aufgrund von Umständen, denen ich leider immer wieder begegne (zu wenig Geld, keine richtigen Entscheidungsträger:innen und Profis im Nachgang am Werk, kein Interesse an zu realen, zu harten Themen in der Bevölkerung und Zuschauerschaft, unbekannt verzogen oder verstorben und vieles mehr), nur zu einem drittklassigen, amateurhaften Youtube-Video mit wenigen Klicks geschafft. Noch habe ich die Aufnahmen von Stefan und mir nicht aufgegeben. Das war es nicht, wofür Stefan sein Leben riskiert hat! Das ist für mich inakzeptabel. Es ist noch nicht das Ende!

Stefan macht heute keinen Umweltschutz mehr. Zu viele Schulden, zu wenige gewonnene Kämpfe. Die Morddrohungen haben damit dann auch aufgehört. »Jahrelange hab ich Meere und Dschungel geschützt, aber was nützt das alles, wenn der Klimawandel auch noch den letzten geschützten Dschungel austrocknet?« Sein Fazit ist ernüchternd und zeigt eines: Es ist nicht mehr fünf vor zwölf, es ist nur noch ein paar Sekunden vor zwölf. Mit Sekunden meine ich Jahre. Wir müssten uns sehr anstrengen, das Ruder noch herumzureißen.

Unser letztes Telefonat beendet er mit den Worten: »Es ist meine Pflicht als Vater, nicht nur gut zu erziehen, sondern meinen Kindern eine Welt zu hinterlassen, in der sie überhaupt noch vernünftig leben können. Ich weiß nicht mehr, ob ich das überhaupt noch kann.«

Stefans Tochter ist heute kurz vor dem Abitur. Sie will Biologie studieren, genau wie ihr Vater.

Nicht jede Story hat ein Happy End, und nicht immer passt der bescheuerte, aber ach so schöne und bei Yoga-Ausübenden allseits beliebte Spruch, der Oscar Wilde zugeschrieben wird:

»Am Ende wird alles gut. Und wenn es nicht gut ist, dann ist es noch nicht das Ende.«

Ich würde dem gern einen Spruch von Robert Marc Lehmann entgegensetzen:

»Manchmal ist auch alles einfach nur Scheiße. Weitermachen ist wichtig!«

Die großen Fragen, denen man sich dann stellen muss: Wie geht es weiter? Lohnt es sich, noch mehr Energie, Zeit und Geld zu investieren? Manchmal, gerade wenn es sich um ein Herzensprojekt handelt, dann sind diese Fragen egal. Ich für meinen Teil bin noch nicht am Ende mit den Delfinen und Haien in Peru. Mir reicht es nicht, diese Geschichte in ein Buch zu schreiben, einen Facebook-Post rauszuhauen und es immer wieder Schüler:innen und Erwachsenen in Vorträgen zu zeigen und zu erzählen. Auch wenn das schon Zehntausende Menschen waren. Es hat sich noch nichts vor Ort geändert. So schwelt das Thema immer wieder in meinem Hinterkopf. Ein kleines Heinzelmännchen, das von Zeit zu Zeit mal anklopft und fragt: »Was ist denn nun?« Klar, only so much you can do, but …

Das Gute an der voranschreitenden Zeit ist, es wird einfacher, Themen in die Masse zu bringen. Über Social Media kann ich heute, im Gegensatz zu Stefan damals, Millionen Menschen innerhalb kürzester Zeit erreichen. Stefan musste noch mit Briefen um unsere Natur kämpfen, heute kann man das mit einem Handy, von überall aus.

Besonders wichtig ist dabei die fundierte, richtige Information über die Realität. Ich bekomme am Tag 20 Online-Petitionen zugeschickt, entwickelt von irgendwelchen selbst ernannten Tier- und Naturschützern (immer gut gemeint, bitte nicht falsch verstehen), die aber selten wirklich wertvoll sind und damit auch wenig Aussicht auf Erfolg haben. Da werden Dinge gefordert, die längst schon Gesetz sind, oder auch Fragen an den völlig falschen Adressaten gerichtet. Ich sage nicht, jeder muss Doktor der Meeresbiologe sein (hilft allerdings), um eine Petition zum Schutz der Haie zu starten. Allerdings ist zweimal im Jahr, im Urlaub, kommerziell mit Haien tauchen und einen »Save the Sharks«-Sticker ans Auto pinnen leider kein fundierter Haischutz. Und es macht einen auch nicht zum Experten. Es ist eher kontraproduktiv, Falschinformationen in sinnlosen Petitionen zu verbreiten und im Urlaub ein paar Haie zu tätscheln. Das nützt den Haien nichts.

David Schiffman Ph.D., ein ganz guter, echter Haiforscher, hat es treffend ausgedrückt, finde ich: »Instead of signing useless online-petitions, consider: Submitting formal public comments to proposed National Marine Fisheries Services regulatory changes.« (Anstatt nutzlose Online-Petitionen zu unterzeichnen, sollten Sie Folgendes in Betracht ziehen: Abgabe formeller öffentlicher Kommentare zu den vorgeschlagenen Änderungen der Vorschriften der nationalen Seefischereidienste.)

Ganz genau, David! Klingt allerdings nicht sexy. Ich weiß, da ist auch kompliziertes Paragrafenwissen notwendig, ein fundiertes In-der-Materie-Stecken hilft. Alles schwieriger als mal eben: »Save the sharks or dolphins or any other animal!« auf Insta rauszuhauen. Aber die Behörden müssen sich der Sache annehmen, weil sie gesetzlich dazu verpflichtet sind. Eine schlechte Online-Petition landet oft einfach nur im blauen Regal (= Müll).

Eine gute, fundierte Petition kann allerdings viel bewirken! Das sollte Sie nicht desillusionieren, sondern anspornen, diese ganzen Online-Petitionen genauer, mit diesem Hintergrund zu lesen, und vielleicht selbst einen effektiveren Weg zu finden, das Thema anzugehen. Das Internet ist voll von Petitions-Müll, der Unmengen an Speicherplatz verbraucht. Das kostet Energie, lässt die Pole abschmelzen, und dann haben wir den Salat. Die meisten Haie essen aber keinen Salat. Mir fällt nur eine kleine Hammerhaiart ein, die ab und zu Algen vertilgt …

Das Schwierige für mich ist, auszuwählen, welches denn jetzt genau meine Kernthemen sind. Sind es die Delfine und Haie in Peru, Schuppentiere in Asien, Rhinos in Afrika, Wale in Deutschland? Mich interessiert das alles, ich finde auch alles wichtig, weil es auch tatsächlich wichtig ist. All die Themen sind auch dringlich. Ich kann mich in zehn oder 20 Jahren vielleicht nicht mehr darum kümmern. Ich (und nicht nur ich) muss allerdings auch aufpassen, mich nicht zu verzetteln und an den ganzen negativen Themen aufzureiben. Es ist wichtig, voranzukommen, positive Projekt zu betrachten und seine Energie sinnvoll, gezielt und effektiv einzusetzen. Boah, hört sich das logisch an, wenn ich das so hinschreibe. Es umzusetzen fällt mir allerdings extrem schwer. Während ich das hier schreibe, plane ich aktuell schon wieder vier bis fünf ganz und gar unvernünftige Expeditionen, einfach nur, weil mir mal wieder etwas nicht passt.

Auf meiner Liste der zu erledigenden Themen addieren sich pro Tag ein bis fünf Stichpunkte. Erfüllen kann ich pro Jahr um die acht bis zehn. Ich werde also mehr als mein Leben lang damit zu tun haben, die Dinge zu ändern, von denen ich allein *jetzt* schon weiß …

Da ich das allein niemals schaffen kann, brauche ich Ihre konkrete Hilfe. In welcher Form auch immer. Um Sie nun noch ein bisschen aufzumuntern, kann ich Ihnen nur eines sagen: Es nützt ja nix. Wir *müssen* es in den Griff bekommen. Also Hintern hoch und bewegen, wie beim Yoga quasi! Adho Mukha Svanasana – der herabschauende Hund oder so.

Eine kleine Anekdote ist mir dann doch noch zum Baby-Hai eingefallen. Und ich freue mich schon sehr auf die Hörbuchversion der nächsten Zeilen! Sie müssten das eigentlich aus meinem Mund hören … Lesen Sie jetzt bitte langsam, deutlich betont und mit ironischem Unterton.

Hier eine E-Mail an mich, vom Donnerstag, dem 29. August 2019 um 09:32 Uhr:

Hallo Robert,
gerne habe ich mir nun mehrere Sendungen im Fernsehen angesehen, in denen Sie ausführlich zu verschiedenen Lebewesen in den Ozeanen befragt worden sind.

Dabei ist mir eine Ihrer Aussagen aufgefallen, wonach es nicht belegt sei, dass Delfine jemals einem Menschen das Leben gerettet hätten.

Zu meiner Person, ich habe Nautik studiert und bin viele, sehr viele Jahre zur See gefahren. Später dann hatte ich meine eigene kleine, hochseegängige Jacht an der kroatischen Küste.

So direkt kann ich nicht vom Gegenteil berichten. Aber ein Vorkommnis möchte ich schon schildern: Es muss 1992/93 gewesen sein, als ich recht früh im Jahr (es war Ostern) von der Insel Premuda Richtung Susak gesegelt bin. Es lag eine Bora zwar in der Luft, aber diese war noch nicht angesagt und erschien mir auch nicht unmittelbar bevorzustehen.

Nehmen Sie mich nun nicht beim Wort, wenn ich den Begriff Delfin verwende, es können auch ähnliche Tiere gewesen sein. Plötzlich erschien eine ganze Schule von Delfinen, sicher 50 Stück, backbord voraus. Sie schwommen, ein Tier nach dem anderen, in Kiellinie quer zu meinem Kurs, auf die Insel Ilovik zu. Nach einiger Zeit tauchten sie weg, um kurz danach wieder backbord voraus aufzutauchen und dieselbe Kiellinie zu zeigen.

Nun habe ich mir gedacht – vielleicht ist dort jemand, der Hilfe benötigt, ich jedenfalls änderte den Kurs parallel zu der Kiellinie der Tiere. Tatsächlich fand ich nach einiger Zeit ein Ruderboot mit einem alten Mann darin – der war allerdings nicht in Not, im Gegenteil, er schrie und deutete auch Richtung Ilovik, schmiss seinen Außenborder an und verschwand in diese Richtung.

Kurze Zeit darauf brach eine Bora los, wie sie im Winter/Frühjahr an der Küste recht heftig sein kann. Ich kam gerade noch rechtzeitig in eine schützende Bucht, wo ich 3 Tage fest hing, weil die Bora wütete.

Also – vielleicht nur indirekt – die Tiere haben nicht mein Leben gerettet, ich hätte auch auf See überlebt. Aber jedenfalls habe ich das so interpretiert, dass die mich vor einer Gefahr warnen wollten.

Vielleicht interessiert Sie dieser Vorfall. Jedenfalls war ich überwältigt.

Übrigens scheint seeseitig der Insel Premuda ein »Kindergarten« für Haie zu sein. Dort hat mir ein Fischer mal einen Babyhai geschenkt, den ich mit wildem Rosmarin und anderen Kräutern der Insel zubereitet habe. Ich mag eigentlich keinen Fisch – aber der war herrlich.

Viele Grüße
K.G.

Liebe K., ich hoffe, Sie sehen es mir nach … aber diese E-Mail zählt zu meinen absoluten Highlights in meinem Ordner »Kurioses«. Besonders die beiden letzten Sätze finde ich genial! Als ich sie in Kanada, auf einer Bärenexpedition abends in einem Camper wirklich dreimal lesen musste, bescherten sie mir extrem viel Freude. Trotz des Baby-Hais. Danke dafür!

SAN MIGUEL
SAN MIGUEL ARCANGEL

PERU
C4U-933
ELECTRO
HYUNDAI

Coleman
HOOLIGAN 3

Coca-Cola

4

ORCAS

Wal oder Delfin?

Wale und Delfine sind neben den Haien meine zweite große Leidenschaft unter den Wassertieren. Ich finde sie an sich schon sehr faszinierend. Allerdings sind es immer wieder ihre Eigenschaften und Fähigkeiten, die mich staunen lassen. Sie sind die einzigen Lebewesen, die ich kenne, die Magie besitzen. Echte Magie. Sie können zum Beispiel ihr eigenes Schmerzmittel und Antibiotika herstellen, was für mich schon eine Sensation ist. Aber kein anderes Tier auf diesem Planeten schafft es, allein durch pure Anwesenheit, *jedem* Menschen Freude zu bereiten. Ohne Ausnahme. Als Whale-Watching-Guide habe ich sehr viele Menschen aller Geschlechter, unterschiedlichsten Alters und unterschiedlichster Herkunft auf der ganzen Welt weinen sehen. Vor Glück! Bei ihrer ersten Wal- oder Delfin-Begegnung. Viele kommen nach dem Schwimmen mit Delfinen aus dem Wasser und sagen: »Das war das Schönste, was ich je gemacht habe!«

Das sehe ich genauso. Am schönsten finde ich dabei die Gesichter der Menschen, wenn ihnen vor Freude die Tränen kullern und diese Tiere sie einmal alles um sie herum vergessen lassen. Jeder noch so gestresste Koch oder Frisör, jede völlig überarbeitete und unausgeschlafene Patchwork-Familien-Zusammenhalte-Top-Managerin-Mutter wird hier zum kleinen aufgeregten Kind. So wie mit sechs Jahren an Weihnachten. Damals als einfach alles, aber wirklich alles nur schön war. Pure, echte Herzensfreude.

Ich habe diese Tiere über viele Jahre in der freien Natur

begleitet und unzählige Erlebnisse mit den kleinsten und größten Giganten der Meere gehabt. Von den kleinen, orcaähnlichen, verspielten Commerson-Delfinen (*Cephalorhynchus commersonii)* mit 1,2 Metern und 40 Kilogramm bis hin zum Blauwal (*Balaenoptera muscuclus*) mit über 30 Metern Länge und einem Gewicht von bis zu 200 Tonnen! (50 Elefanten auf einem Haufen!) Alle finde ich sie genial! Jede einzelne Art. Es wird mir vermutlich nie gelingen, alle Arten wenigstens einmal zu sehen. Dabei sind es gar nicht so viele. 93 verschiedene Arten kennt man aktuell an Waltieren. Um die 40 davon habe ich schon gesehen – fast Halbzeit!

Im Prinzip gibt es zwei große Gruppen von Waltieren, welche mit Barten (Hornplatten am Oberkiefer) und welche mit richtigen Zähnen.

Bartenwale (*Mysticeti*) wie Blauwal und Finnwal (*Balaenoptera physalus*) mit vierzehn Arten und Zahnwale wie Delfine (Delphinidae), 40 Arten. Sieben Arten Schweinswale (*Phocoenidae*) und die mysteriösen Schnabelwale (*Ziphiidae*) mit 23 Arten, von denen unlängst mal wieder eine neue Art entdeckt wurde. Immerhin ist die neue Art so groß wie ein Pferd, mit einer Tonne Gewicht. Ich liebe es, wenn das passiert, wenn wieder eine Tierart entdeckt wird. Es ist eben doch nicht alles bekannt da draußen. Besonders nicht auf ganz hoher See, fernab von allem. Also gibt es jetzt 94 Waltiere insgesamt.

Nicht zu vergessen: Es gäbe da noch ein paar Flussdelfine, mit der Betonung auf dem zeitlichen »noch«, und die völlig außenstehenden Pottwale (*Physeteridae*), die einfach ganz anders als alle anderen Wale sind. Kann man eigentlich alle auswendig lernen. Nicht einmal die Wale und Delfine behandelt man im Meeresbiologiestudium – denkt man gar nicht, gell? Sie sind nur eine kurze zehnminütige Randnotiz in einer einzigen Vorlesung. Und dennoch der Grund, warum ich das Fach studiert habe. #0,1% #Eisbergspitze

Bei jeder neuen Begegnung mit einem Wal oder Delfin

ziehen sie mich in ihren Bann! Egal wie oft ich schon Meeressäuger gesehen habe, es wird niemals langweilig, es ist immer anders, immer magisch. Umso erstaunlicher ist es für mich, dass immer noch Menschen in Delfinshows und Delfinarien gehen. Jeder liebt doch Wale und Delfine, auch oder besonders ihre Pfleger. Warum tun sie ihnen dann das Schlimmste an? Warum berauben sie die Tiere des Wichtigsten, des Wesentlichsten – der Freiheit? Ich kenne die Antwort heute genau, denn ich selbst habe nun mal jahrelang Meeressäuger in Gefangenschaft gepflegt und trainiert … Geliebt habe ich die auch, aber niemals hinterfragt, wie es ihnen wirklich geht, nur ob sie einigermaßen gesund sind, ob es ihnen körperlich gut geht. Ich war jung und hatte keinerlei Erfahrung mit den gleichen Tieren in Freiheit.

Dann kamen die ersten Begegnungen in Freiheit und ließen mich am Konzept der Haltung von Tieren in Gefangenschaft zweifeln. Anfangs nur ein wenig, später immer mehr und deutlicher. Ich brauchte einige Jahre, um es zu verstehen. Diese Tiere (eigentlich alle Tiere) gehören keineswegs in Gefangenschaft. Es ist für mich ein echtes Verbrechen an lebenden Kreaturen. Ich bin gespannt, wie Sie am Ende dieses Buches und der nachfolgenden Selbstrecherche zum Thema darüber denken.

Die Antwort ist für mich heute glasklar: Es ist ein falsches Verständnis vom Tier. Es ist ein Ausblenden der Realität, der Fakten. Zum Selbstschutz und zur eigenen Erfüllung eines Wunsches. Dem Wunsch nach dem engen Kontakt mit einem eigentlich unnahbaren Tier. Etwas ganz Besonderes. Falsch umgesetzte Liebe zu Tieren (im nicht zoophilen Sinne). Wobei Delfin-Trainer:innen auch das nicht immer so genau nehmen … #KopfKino

Killerwal, Mörderwal, Demonfish

Der Orca (*Orcinus orca*) hat viele Namen: Killerwal, Mörderwal, Demonfish, Schwertwal, Blackfish und so weiter. Die Bedeutung von »*orcinus*« aus dem Lateinischen, ist: »Aus dem Königreich der Toten«. Orcas tragen diesen Namen, weil Fischer ihnen vor langer Zeit beim Waletöten im Mittelmeer zusahen. Die Wale waren Beute für sie. Ein großer Delfin, der Wale tötet, ein Mörderwal. Simpel.

Orcas sind die größten Delfine und schnellsten Waltiere der Welt. Mit bis zu knapp zehn Metern Länge, über fünf Tonnen Gewicht und bis zu 64 km/h schnell, macht einem Orca niemand etwas vor! Außer vielleicht Makohaie, Segelfische (*Istiophorus platypterus*) und Schwarze Marline (*Istiompax indica*). In genannter Reihenfolge. 96, 110 und wahnsinnige 130 Kilometer pro Stunde! Schneller als ein Gepard an Land! Ein Fisch!

Gefressen werden trotzdem alle vom Orca. Also bis auf die Geparden, die gehen nicht im Meer schwimmen, sonst würden die Killerwale auch Geparden fressen. Orcas bevorzugen bei Landsäugern eher Eisbären (ja, ich weiß, kein Landsäuger, sondern ein Meeressäuger!), Elche (*Alces alces*), Otter (*Lutrinae*), Hirsche (*Cervidae*) und viele andere. Eben alles, was an der Oberfläche (zum Beispiel von Insel zu Insel) schwimmt, schlecht dabei nach unten schauen kann und auch leicht von dort zu greifen ist … Im Weißer-Hai-Stil. Seien Sie beruhigt, Orcas fressen eigentlich keine Menschen … Sie wissen ja schon, wie sehr ich das Wörtchen »eigentlich« mag und wie sehr es eben zutrifft, bei vier toten Menschen durch Orcas. Bisher nur in Gefangenschaft passiert (drei Trainer und ein Touri), keine Panik. Niemals in freier Natur. Da Sie ja nun bestimmt bald nicht mehr in Delfinarien gehen werden, besteht keine Gefahr.

Ich erzähle Ihnen jetzt hier nicht das Standard-Wikipedia-Wissen, zumal fast alles richtig ist, was dort über Orcas steht. Es geht mir viel mehr um die Dinge, die man nicht über diese

Tiere schreibt. Um die Dinge, die dieses Tier erstens zu meinem Lieblingstier und zweitens zu dem für mich erstaunlichsten Lebewesen auf diesem Planeten machen.

Orcas gibt es überall. Es ist das am weitesten verbreitete Säugetier des Planeten, nicht etwa Ratten (*Rattus*) oder Füchse (*Vulpini*), wie die meisten Menschen denken.

Vom Hohen Norden der Arktis bis in die südlichsten Gefilde der Antarktis sind sie zu Hause, die schwarz-weißen Killer. Theoretisch könnte man fast in jedem Meer einem Orca begegnen. Ja, okay, sicher nicht im Kaspischen oder im Steinhuder Meer, aber das sind ja beides keine richtigen Meere. Es gibt sie zum Beispiel aber auch in Deutschland. 2016 strandete der letzte Orca auf Sylt, ein Jungtier.

Alles ist möglich! Denken meine Tauchkollegen Christian und Philipp bestimmt auch, während sie als Forschungstaucher auf fünf Meter Tiefe, in einer der Seegraswiesen der Kieler Bucht, Proben nehmen und schwer am Meeresgrund beschäftigt sind. Irgendetwas nibbelt an der Blubbleine (Verbindungsleine zwischen Taucher und Oberflächenboje, zur Sicherheit, finden Segler besonders anziehend, müssten aber 100 Meter Abstand halten …), zieht immer wieder daran und ruckelt verdächtig heftig. Christian dreht sich um und bekommt einen Schock fürs Leben. Denn ein fast vier Meter langer und 400 Kilo schwerer Delfin (Großer Tümmler) steht kopfüber, eingewickelt in die Blubbleine, direkt vor ihm in der Wassersäule. Aus Spaß. Einfach so. Damit rechnet man in der Ostsee nicht! Niemals. Das wäre so, als würden Sie beim Waldspaziergang in der Eifel einem Braunbären (*Ursus arctos*) begegnen oder einem Wisent in Lebus. Beides ausgeschlossen. Eigentlich.

Aber die Waltiere kommen aktuell zurück in ihre ursprünglichen Heimatgewässer. Es werden auch insgesamt mehr. Wale und Delfine feiern dank jahrelanger Kampagnen, eines guten und freundlichen Aussehens (sehr hilfreich bei Werbekampagnen #PandaEffekt) und einigermaßen strenger Gesetze ein sehr erfolgreiches Comeback, wie kaum eine andere Tiergruppe. Also, die meisten zumindest … Die Flussdelfine verschwinden relativ zügig, und die Schwarzdelfine aus Peru haben Sie ja noch frisch im Kopf. Na ja, und Grönland, Norwegen, Dänemark, Kanada, Japan und noch einige Länder mehr schießen und fangen eben noch regelmäßig Wale und Delfine aus unseren Meeren. Zum Verzehr, aus Tradition, zu wissenschaftlichen Zwecken (wer's glaubt, wird selig) und zum Verkauf an Zoos und Delfinarien. Aber eben nicht in den Mengen wie vor 1986 (Internationales Walfang-Moratorium). Nicht zu Millionen. Für einige, wie den Blauwal, mag es vielleicht zu spät sein, weil sie nicht genügend Partner finden und sich über Tausende Kilometer im Meer einfach nicht mehr verständigen können. Da sind eben Kreuzfahrtschiffe, Containerschiffe, Windparks, Ölbohrplattformen und noch ganz viele andere sehr laute Dinge, die ziemlich viel Ozeanlärm erzeugen. Die Meere sind regelrecht mit Lärm verseucht.

Blauwale könnten sich sonst über 20 000 Kilometer verständigen. Rund um den Globus! Unvorstellbar. Sie schwimmen dafür in eine Meerestiefe mit einem speziellen Salzgehalt, einer bestimmte Dichte und Temperatur und stoßen einen der lautesten Töne der Erde aus. Dieser wird in dem speziellen Salzschicht-Temperatur-Druck-Korridor reflektiert und bounct sich so seinen Weg durch die Weltmeere, vereinfacht gesagt. Nur verebbt der Ton leider über die Tausenden Kilometer im Hall der riesigen Propeller, vibrierender Fundamente, Sprengungen und Sonare … Schade. Ist wie das Handynetz auf deutschen Autobahnen. »Hallo, hallo? Kannst du mich noch hören? Hallo?«

Ein Blauwal ist wirklich ein sehr beeindruckendes Tier. Meinen ersten sah ich auf den Azoren. Links von meinem Boot 15 Meter Wal und rechts auch 15 Meter. Direkt, in nur drei Metern Tiefe unter meinem Boot, schwebte das aktuell größte Tier der Erde. In Blau. Einem richtigen Babyblau. Es gibt Tiere auf der Erde, die länger sind, schwerer eigentlich nicht, wenn man vom Gesamtgewicht eines Korallenriffs mal absieht. Ein ganz besonderer Schnurwurm namens *Lineus longissimus* macht das Rennen um den Längsten. Dieser Nemertine wird schon mal um die 50 Meter lang und ist damit das längste Tier der Erde. Er lebt übrigens auch bei uns in Deutschland – Land der Rekorde eben … Achten Sie bei Ihrer nächsten Wattwanderung mal darauf, wenn Sie mit nackten Füßen durch den Schlamm schlürfen! Finden Sie ein bräunliches weiches Ein-Zentimeter-Durchmesser-Schnürchen im Watt, einfach mal dran ziehen. Nach zehn Minuten haben Sie den draußen! Ein großer Spaß für die Kinder! (Da haben Sie die Lösung meines Rätsels vom Anfang! Ich bin stolz auf Sie, Sie haben durchgehalten!) Ich schweife schon wieder ab …

Der Wurm wird vermutlich nicht vom Orca gefressen, so gut getarnt und verborgen im Interstitium des marinen Litorals. Sehen Sie, einige wissenschaftliche Wörter habe ich behalten aus dem Studium. Klingt doch gut. Wie langweilig wäre es denn für einen Meeresbiologen, einfach nur zu sagen: Der lebt im Schlamm? Die Würmer sind aktuell nicht bedroht, Wale feiern eine fette Comeback-Party bis auf die Größten. Aber was ist mit den Orcas?

Da wird es etwas schwierig. Insgesamt gibt es auf der Welt so um die 50 000 Orcas. Zehnmal mehr als Blauwale. Und das ist insgesamt für die Art *Orcinus orca* auch ganz okay. Würde es eine Million Orcas geben, hätten Robben, Haie & Co. wenig zu lachen.

Der beste Meeresräuber aller Zeiten hat mindestens 140 dokumentierte verschiedene Futterquellen, vom Eisbär bis zum Weißen Hai, und würde so die Meere relativ schnell leer fressen. Also, 50 000 ist gut. Allerdings gibt es sehr unterschiedliche Orcas. Gefühlt alle zwei Jahre erfinden Walforscher, Taxonomen und andere Fachspezialisten neue Kategorien, in die sie Orcas dann stecken. Von Transients (vorbeiziehend), Residents (ansässig), Offshore (Hochsee), Typ A, B, C und D bis zu Typ 1 und 2 des östlichen Nordatlantiks. Ein bisschen schwer, da den Überblick zu behalten. Ich mache es mir gern einfach und versuche es aufgrund der unterschiedlichen geografischen Verbreitung lieber so: Es gibt norwegische Orcas, neuseeländische Orcas, antarktische Orcas, argentinische Orcas et cetera. Sie verstehen das Prinzip. Diese Orca-Gruppen verpaaren sich auch nicht miteinander, sodass man mit der geografischen Unterteilung zum besseren Verständnis eigentlich ganz gut hinkommt.

Bedrohungsstatus laut Roter Liste: unbekannt/data deficient. Obwohl man Orcas doch so gut kennt, mit ihnen whalewatched, sie hier und da erforscht, schnorchelt und sie seit vielen Jahren in Delfinarien einsperrt, weiß man im Grunde nichts über ihren Populations-Bedrohungs-Status.

Wenn es in Kanada 72 Southern resident Orcas gibt, in ganz Neuseeland insgesamt 184, in Norwegen 1 000, in Argentinien 24, in der Antarktis um die 10 000 von ihnen, dann sind die einzelnen Populationen für sich betrachtet schon deutlich bedroht! Eine Ölpest, eine Naturkatastrophe, ein Virus, ein Ereignis – und eine komplette Orca-Population könnte verloren gehen. Ich würde die Orcas als bedroht einstufen. Es ist ja nicht so, als hätte man es nicht schon ein paar Mal fast geschafft, eine ihrer Populationen auszuradieren!

Bei der Havarie der 300 Meter langen Exxon Valdez, einem riesigen Öltanker, 1989 vor Alaska, gelangten 37 000 Tonnen Rohöl ins arktische Meer und verseuchten mehr als 2 000 Kilometer Küste. Bis heute eine der schlimmsten Umweltkatastrophen der Seefahrt. Diese eine Ölpest löschte fast die Hälfte aller dort heimischen Orcas aus (direkter Kontakt zum Öl, verseuchte Nahrung, geschwächtes Immunsystem et cetera). Außerdem erhöhte sich ihre Mortalitätsrate (Sterberate) exponentiell und sorgt auch heute noch, 30 Jahre später, für eine geringere Lebenserwartung der Orcas in diesem Gebiet. Und damit auch noch immer dafür, dass nicht genügend neue Orcas geboren werden, damit sich die Population erholen könnte. Es sind einfach nicht mehr genügend gebärfähige Orcaweibchen in Alaska vorhanden.

Deswegen ist der Schutz von Orcas enorm wichtig. Wichtiger noch, der Schutz ihres Lebensraumes. Es gibt auf der Welt ein paar Menschen, die sich diesen Tieren in einer besonderen Art und Weise verschrieben haben. Weil mir natürlich die Orcas besonders wichtig sind, musste ich einen solchen Menschen kennenlernen. Und da ich ja lieber klotze als kleckere, nehme ich mir gleich die berühmteste (und beste?) Orca-Forscherin der Welt vor, den Rockstar der Mörderwal-Szene: Dr. Ingrid Natasha Visser. Sie hasst es, wenn man Natasha sagt. Die ganze Welt kennt sie nur als Ingrid.

Ingrid

»I swear on the life of an orca!« (Ich schwöre beim Leben eines Orcas), sagt sie. Dann meint sie es ernst! Wie cool!, denke ich mir, als sie mich fragt, ob ich sie ein paar Monate in Neuseeland bei ihrer Orca-Forschung begleiten und unterstützen möchte.

Ich kenne Ingrid schon ein paar Jahre. Wir haben zusammen Wale und Delfine auf den Azoren beobachtet und Walworkshops gegeben, in Argentinien ein Orcacamp für junge Leute, besonders Studierende, veranstaltet. Sie ist etwas Besonderes, das würde jeder sofort unterschreiben, der sie kennt. Sie übt eine große Faszination auf Menschen aus, fast wie ein Orca selbst. Manchmal hat man auch das Gefühl, sie ist mehr Orca als Mensch.

Ich folge ihrer Einladung, ohne auch nur eine Sekunde zu zögern. Wie Sie ja jetzt schon über meine Arbeit wissen, sind Einladungen immer sehr teuer für mich. Auch diese bildet keine Ausnahme. Ich verkaufe alles, was ich besitze. Das muss ich, sonst könnte ich die monatlichen Gebühren beim Orca Research Trust (ORT) nicht bezahlen, den Flug, Essen, Lebenshaltungskosten. Meine Möbel, meinen Fernseher, Teile meiner hart erarbeiteten Taucherausrüstung, mein Fahrrad, einfach alles, was nichts mit Fotografieren und Filmen zu tun hat und sich eher schlecht im Fluggepäck macht, kommt unter den Hammer. Am Ende bleiben mir genau ein Foto-Rucksack mit Kameraequipment, eine Reisetasche voller Klamotten, eine Alukiste mit Tauchausrüstung, ein Pelicase mit meiner Unterwasserkamera und um die 10 000 Euro, dank E-Bay und Sparkonto. Mehr habe ich nicht mehr. Keine Wohnung, keinen Job, nichts. Alles aufgegeben für eines der größten Abenteuer meines Lebens und eine der größten Chancen: Orcas unter Wasser zu sehen und zu fotografieren. Etwas, was in Neuseeland vor mir noch kaum jemand oder sogar keiner gemacht hat! Einfach mal dem Herzen folgen … Kann ja im Prinzip nichts schiefgehen. Eigentlich.

Heute wundere ich mich manchmal, wie unbedarft ich in der Vergangenheit an manche Sachen herangegangen bin. Einfach so alles aufgeben und los, ans andere Ende der Welt. Der Liebe zum Meer und einem Tier wegen. Weiter kann man nicht weg von einem »zu Hause« in Deutschland, das es ja jetzt auch nicht mehr gab.

Ich werde oft gefragt, wie mein Plan im Studium war, was man hinterher dann so anstellen sollte mit einem Biologiediplom und einer Forschungstauchausbildung. Wie und wo ich mich beworben habe, wie mein genauer Weg eben so war. Ganz einfach: Es gab einfach keinen Plan, keinen überlegten Weg, keine Bewerbung. Bis heute. Ich habe einfach das gemacht, was ich für sinnvoll und richtig halte, aus dem Bauch heraus. Viel gewagt, dadurch viel verloren, aber auch viel gewonnen. Das Ziel war für mich nie entscheidend, sondern das Losgehen.

Nun sitze ich mit einem Billig-Ticket und meinem gesamten Hab und Gut in einem Flugzeug auf dem Weg nach Neuseeland. Man kann es theoretisch in unter 36 Stunden dahin schaffen (ohne Einrechnung der Zeitverschiebung, denn die leben da ja quasi in der Zukunft). Nicht so mit meinem 800-Euro-Ticket. Da dauert es drei Tage. Völlig gerädert lande ich auf dem achten Kontinent unserer Erde, bei dem 93 Prozent unter Wasser liegen: Zealandia. Davon habe ich immer geträumt. Von einem Land ohne einheimische Säugetiere, haufenweise ausgestorbene Tierarten, wie Moas (*Dinornithiformes*) und ohne Schlangen (bis auf die ein oder andere Seeschlange, die sich verschwommen hat). Es gibt auch drei oder vier Spinnenarten (nur eine davon giftig, kommt, na klar, aus Australien), Kiwis in Frucht- und Vogelform und dem Kakapo (*Strigops habroptila*), einen meiner Lieblingsvögel. Davon gibt es heute schon wieder um die 200 Exemplare. 1986 waren es nur noch 22. Es geht ganz langsam bergauf. Aber ein Pilz, ein Virus und zack, alle weg … wie bei den Orcas dort. Ich habe schon mal vorsichtshalber eine Feder eines dieser bodenlebenden Papageien auf meinem Arm verewigt. Gesehen habe ich bis heute leider noch keinen. Der Kakapo steht auf meiner To-see-Liste ganz weit oben, in den Top Ten! Nicht zuletzt wieder einmal dank meines Lieblingsbuches. Es sind wirklich die Letzten ihrer Art.

Neuseeland wird uns hier in Deutschland immer als das »grünste« Land der Erde verkauft. Der Traum eines jeden Backpackers. Marketingmäßig hat es das Land mega drauf und rangiert bei den Traumzielen vieler Menschen unter den Top Five. Wenn man dann erst mal da ist, nicht als Tourist, sondern als, ich sag mal »Weitgereister« mit Blick fürs (Un-)Wesentliche, sieht das schon ganz anders aus … Ein Prozent Natives, wirkliche Einheimische. Das ist wenig. Die Probleme sind dennoch vielfältig. Rassismus ist allgegenwärtig. Die Maoris haben es nicht leicht. Sozial abgehängt, höhere Kriminalitätsrate, mehr

Gesundheitsprobleme, schlechtere Bildung, Arbeitslosigkeit … Chancengleichheit? Fehlanzeige!

Darüber spricht natürlich keiner, wenn man sich die coolen Bilder zu Hause anschaut von den Maoris mit ihren Gesichtstattoos, herausgestreckten Zungen und weit aufgerissenen Augen. Ihrem Haka (ritueller Tanz) und »100% New Zealand«-Kampagnen. Wenn man ein paar Monate aus Umweltschutzgründen dort unten ist, fällt einem das allerdings auf.

4,9 Millionen Neuseeländer und fast 27 Millionen Schafe. Man könnte fast den Eindruck bekommen, das Nationaltier hat Wolle statt Federn und Schnabel wie der Kiwi (*Apteryx*). Die meisten Neuseeländer haben noch keinen Kiwi gesehen. Ich hatte immer gedacht, diese Vögel laufen da überall herum, so wie Kängurus in Australien. Nope! Ganz und gar nicht.

Und übrigens: Ich war schon ein paar Mal in Australien. Ein Känguru habe ich bisher noch nie gesehen. Wirklich nicht!

In den vielen Monaten Neuseeland habe ich genau einen Kiwi gesehen. Einen Nördlichen Streifenkiwi (*Apteryx mantelli*), und der hatte auch nur ein Bein und ist ein »Education-Kiwi« namens »Sparky« aus einem Rescue-Center. Die Art gilt logischerweise als stark gefährdet, so wie es sich für ein Tier gehört, für das ich mich interessiere. Sparky fliegt gerne Flugzeug und fährt gern Auto. Kinder an Dutzenden Schulen kennen ihn. Er ist sehr beliebt, aber auch etwas grummelig.

Neben wirklich vielen sozialen und umweltpolitischen Problemen, auf die mich Ingrid während unserer Zeit in *down down under* aufmerksam macht, hat Neuseeland wirklich eine unfassbar schöne und diverse Natur und Landschaft zu bieten. Berge, ein paar Wäldchen (noch), viele Inselchen, jede Menge Haie, Rochen, Wale, Delfine, Pinguine, Fische und, und, und. Genau mein Ding! Ich komme aus dem Staunen oft nicht raus. Über und unter Wasser. Aber bevor ich das erste Mal staunen darf, vergehen 31 verdammt lange Tage.

Mein anfänglicher Enthusiasmus bekommt einen ganz schönen Dämpfer. In meiner Vorstellung steige ich in Neuseeland angekommen aus dem Flugzeug, springe aufs Boot und hüpfe eine Stunde später ins kalte, klare Wasser zu den Killerwalen. Leider nein, leider gar nicht.

Als Orca-Forscher:in besteht die Hauptbeschäftigung aus Warten. Warten, bis das Telefon klingelt. 0800 SEE ORCA – Diese Nummer kennt in Neuseeland jeder. Jedes Kind, jede Oma, jede:r Politiker:in. Alle. Es ist Ingrids Nummer, beziehungsweise die des Orca Research Trust. Dort ist 24/7/365 jemand verfügbar. Ist Ingrid im Ausland unterwegs, gibt es eine Rufumleitung an Personen ihres Vertrauens, die dann so lange übernehmen, bis Ingrid wieder zu Hause ist. Und sie kommt nach Hause, wenn es um Orcas geht. Egal auf welcher Konferenz, in welchem Gerichtssaal oder auf welchem Boot sie gerade wieder steckt. Für ihre Orcas lässt sie alles und auch jeden stehen und liegen.

Die meisten Menschen in Neuseeland wissen: Wenn man Orcas sieht, sofort Ingrid anrufen! Wenn ein Meeressäuger in Not ist: sofort Ingrid anrufen! Das ist das Ergebnis von über 30 Jahren Meeressäugerforschung und einem Leben für Orcas. Und, na klar, jeder Menge Aufkleber, Flyer, TV-Auftritte und Werbung. Ingrids Bekanntheit bringt aber auch Probleme mit sich. Das Handy klingelt nachts um drei: Der angeblich gestrandete Orca stellt sich drei Fahrtstunden später als dunkler Stein heraus, den Wellen weißbrechend umspülen. Leute kommen einfach zu ihrem Orca-Research-Center in Tutukaka (= Privathaus inklusive Forschungsstation, Lager und Bootsgarage) und bitten um ein Autogramm, wollen sie gern mal persönlich kennenlernen. Ingrid ist aber kein Mensch fürs Persönliche. Dazu hat sie einfach keine Zeit.

Das Center ist der Hammer. So, *wie* und *wo* ich es mir auch bauen würde. Olivgrün, auf einem einsamen Hügel mit Blick über eine kleine, zerklüftete Bucht und raus aufs weite Meer. In der Ferne, direkt im Blick, liegen die Poor Knights Islands, etwa

25 Kilometer entfernt. *Das* Top-Tauchrevier Neuseelands und einer der zehn besten Tauchspots der Welt. Die Inseln sehen im Abendlicht und Sonnenaufgang aus wie ein toter liegender Ritter, daher der Name. Ab und zu kann Ingrid sogar Orcas von ihrer Terrasse aus sehen oder auch Buckelwale (*Megaptera novaeangliae*) und sonstiges Meeresgetier.

Sie ist es leid, dass für sie schon das Einkaufengehen zwei- oder dreimal so lange dauert wie bei »normalen« Menschen. Lächeln, Selfie, Autogramm, Small Talk, Aufkleber übereichen, »See ya! And thanks for your support!« Immer das Gleiche. Ob im Supermarkt oder an der Tankstelle, sie hat immer Flyer, einen Edding und Orca-Trust-Aufkleber in der Tasche. Immer. Alle kennen sie, alle grüßen sie, alle wollen ein kleines Pläuschchen. Sie möchte nur eins: Orcas schützen. Sonst nichts.

Das Warten auf *den* Anruf verbringe ich also mit Einkaufen, Tanken, Kühehüten, Straße sauber machen, Scheiben und Haus putzen, Wäsche waschen, Kochen, Equipment in der Garage sortieren, alten Kram von Ingrid (zahlreiche Kameras, Objektive und Unterwassergehäuse) auf E-Bay verkaufen, Facebook-Seite und Youtube-Kanal für Ingrid erstellen, wissenschaftliche Veröffentlichungen gegenlesen, Videomaterial und Fotos sichten, benennen und schneiden. Dutzende Plastikboxen nach brauchbarem Equipment durchforsten, Staubwischen, Rasenpflege, Staubsaugen, »Pirat« (Möwe ohne Füße) dreimal täglich mit Käsewürfeln füttern, Boot klarmachen, Ingrids Post der letzten zwei Jahre abholen und öffnen und noch ganz viel mehr. Ein bisschen Schlaf war glaube ich auch dabei. Aber nicht viel. Ingrid steht jeden Tag gegen vier Uhr nachts auf und arbeitet generell bis mindestens abends um neun.

Hausarbeit und so weiter muss ich nicht erklären. Nur die Dimensionen: geschätzt 600 Quadratmeter Orca-Research-Center plus riesige Rasenflächen, Scheunen … Fenster gibts da viele, damit man das Meer immer im Blick haben kann. Die Straße reinigen? Eher den Straßengraben einer gut zwei Kilometer langen, bergigen Straße reinigen. Damit das Wasser bei den sich regelmäßig ereignenden Starkregenfällen vernünftig abfließen kann und nicht die Straße wegspült. Felsbrocken und Steine raus. Schlamm, Äste, Blätter und Mergel auch. Ein Starkregen, und wieder von vorn. Heute wäre es mir peinlich, mit einem solchen Auto von Ingrid zum Straßereinigen zu fahren. Damals. Who kehrs? – ja ich.

Es muss eine Art Hyundai, Daihatsu Cuore oder Suzuki Swift gewesen sein. In ausgeblichenem Rot, 20 Jahre alt, klapprig und rostig. Dabei hat Ingrid auch noch zwei Pick-ups. Einen coolen, stylischen babyblauen 4x4. Hochgebockt, der Geländegängigkeit wegen und mit einem springenden Orca drauf. Den fand ich cool. Der andere Pick-up ist neu, ein Geschenk. Ein Toyota Land Cruiser 100. Stark, zuverlässig und immer abfahrtbereit, vollgetankt und perfekt gewartet, in Fahrtrichtung geparkt. Ihr rotes Schlauchboot auf einem Trailer dahinter, ebenfalls. Alles ist immer ready to go! Ingrid ist schneller auf dem Weg, wenn es um Orcas geht, als eine Feuerwehr bei einem Großbrand. Alles ist perfekt und akribisch organisiert und vorbereitet. Das liebe ich ja sehr; ich mache es bei meinen Aktionen ganz genauso.

Nur mein blödes Praktikanten-Auto liebe ich nicht …

Nicht nur, dass man links fahren muss, was eindeutig die falsche Seite ist (wie man in einem Viertel der Welt sieht), man sieht auch noch äußerst lächerlich dabei aus, wenn man eben unsicher fährt, da ungewohnt. In einem Orca-Pick-up sieht man niemals lächerlich aus. Den darf ich aber erst nach vielen Wochen mit dem Suzuki Cuore Twingo fahren …

Neben dem Sortieren, Checken, Beschriften von Equipment und der Wartung unzähliger Gegenstände fasziniert mich besonders, dass es einen Menschen gibt, der es nicht schafft, die Post der letzten zwei Jahre zu öffnen. Es ist einfach zu viel. Boxen über Boxen voller Briefe, Päckchen, Pakete. Jeden Tag kommen neue dazu. Fan-Briefe, Schecks, Rechnungen, Mahnungen, Umschläge mit Geld, Orca-Artikel (vom Gummi-Orca bis zum selbst gemalten Kinderbild und Schnitzereien), es ist kaum zu handeln.

Ingrid verbringt den ganzen Tag am Rechner und Telefon. Hunderte E-Mails, Dutzende Telefonate und Skype-Konferenzen. Dann mittendrin Orcas retten, forschen, wissenschaftliche Veröffentlichungen und Reports für Regierungen schreiben, Interviews, Fundraising (Spenden sammeln), haushalten, einkaufen, kochen, essen, Grundstück, Boot, Autos … No way! Es ist für eine Person nicht zu bewältigen. Deswegen bin ich da. Ab und zu kommen natürlich auch hier die Freiwilligen. Aber bis *ich* die Drills verstanden habe und eine echte Hilfe für Ingrid bin, dauerte es einige Wochen. Und ich habe diverse Ausbildungen, ein Studium und bereits Dutzende Expeditionen hinter mir, bin also kein blutiger Anfänger. Der Otto Normalfreiwillige ist hier keine Hilfe, eher eine Last. Der Job ist komplex, teuer und sehr anspruchsvoll. Manchmal gibt es aber Ausnahmen von der Regel und ein Freiwilliger kann helfen …

Von den genannten Aufgaben mal abgesehen, ist es eben gut, wenn man einen wissenschaftlichen Background hat, wissenschaftlich tauchen kann, ein Vier-Tonnen-Gefährt mit Anhänger rückwärts eine glitschige Slip-Anlage (Bootsrampe) heruntermanövrieren kann, ganz gute Social Media skills hat, außerdem Filmemacher und Fotograf ist, ein Boot fahren, freitauchen und gut kochen kann. Ich kann mir nicht vorstellen, dass die unzähligen 21-jährigen Mädchen vor Ingrids Tür all das können. Nichts für ungut, und trotzdem sagt Ingrid (mit einem Lächeln), ich sei der schlimmste Volunteer, den sie jemals hatte.

Geschlafen habe ich die ganze Zeit in einer Baustelle. Das »Praktikanten-Zimmer« war einfach noch nicht so weit. Nur wenn gerade wieder Geld reinkommt, kann Ingrid ihr Center Stück für Stück fertig bauen. Das bisschen Betonstaub hab ich längst wieder ausgeatmet. Ich wünschte, ich könnte nach all den durchaus unangenehmen Schlafplätzen, mit denen ich weltweit schon zurechtkommen musste, großkotzig sagen: »Ich kann mittlerweile überall schlafen.« Das Gegenteil ist der Fall, leider. Schlafen ist für mich genau wie für Ingrid Luxus. Überhaupt erkenne ich (heute) viele Parallelen zwischen ihr und mir. Es gleicht sich vieles, wenn man einen ähnlichen Job macht. Das Gute daran ist: Das Verständnis für bestimmte Dinge nimmt auch automatisch zu. Es sind Probleme, die die meisten Menschen nicht verstehen. Menschen werden sauer oder sind enttäuscht, wenn ich mal zwei Wochen nicht auf eine E-Mail antworte, einfach weil ich nicht kann. Sie schreiben mir dann WhatsApps mit: »Hast du meine Mail schon gelesen?« Vielleicht hatte ich keinen Empfang im Dschungel? Vielleicht waren es einfach zu viele? Denn ja, es sind manchmal Hunderte am Tag. Ingrid bekommt mehrere Hundert am Tag, ich heute manchmal auch. Deswegen stört es mich zwar, aber ich habe Verständnis, wenn sie mal wieder drei Monate für eine Antwort braucht. Das ist für sie schon ganz okay und fast schnell.

Zwischen den E-Mails und Streitgesprächen am Telefon schaut sie immer mal wieder andächtig und sehnsüchtig aus ihrem Fenster raus aufs Meer. Mit der Hoffnung auf einen Anruf oder den Blas eines Orcas. Die perfekte Ausrede, um die Steuererklärung mal wieder nicht rechtzeitig abzugeben und noch eine Box für ungeöffnete Briefe aus der Garage zu holen. Mein Keller ist mittlerweile auch voll mit solchen Boxen. Perfekt organisiert und beschriftet. Das macht schon alles Sinn. Mein Rücken ist noch in Ordnung. Wohlwissend um die Gefahren einer sitzenden Tätigkeit, mache ich noch regelmäßig Sport. Ingrids Hanteln sind völlig verstaubt. Sie kommt nicht mehr dazu. Ich bin leider auf einem ähnlichen Weg.

Die E-Mails und Nachrichten werden mehr, die Schreibtischarbeit, die Konferenzen, Calls und Meetings auch. Dafür sind wir beide absolut nicht gemacht. Es ist auch nicht das, was wir wollen. Wir wollen draußen sein, bei den Orcas auf dem Meer. Viele Menschen können sich überhaupt nicht vorstellen, wie viel Administration und Organisation hinter einem solchen Job stecken. Man sieht ja auch immer nur die coolen Bilder von der Action auf dem Boot, dem Tauchen, den Orcas, den Walrettungen. Spenden zu bekommen mit Bildern von Schreibtischarbeit oder Telefongesprächen mit Versicherungen ist auch eher schwierig. Der sexy Instagram-würdige Part, der Spenden, Likes und Jubel generiert, das sind leider wieder nur die 0,1 Prozent. Wenn überhaupt.

Der Rest ist Disziplin, harte Arbeit und vor allem Durchhaltevermögen. Sehr viel davon. Früher aufstehen als alle anderen, später ins Bett gehen. Arbeiten am Sonntag und am eigenen Geburtstag … #witzig. Heute ist Sonntag und ich habe Geburtstag – jahrzehntelang.

Umso mehr schmerzt jeder Tag ohne Anruf. Im wahrsten Sinne des Wortes.

Ich finde Ingrid manchmal leise wimmernd vor Rückenschmerzen auf dem Boden vor ihrem Computer liegend, oder sitzend auf dem Sofa mit ihrem Roboter-Rücken-Massage-Gerät … Maximal anderthalb Minuten, dann kommt die nächste wichtige Mail.

Nach vier Wochen ohne Call fühlen wir uns beide wie zwei faltige, ausgetrocknete Lurche (*Amphibia*), die immer auf den kleinen frischen Tümpel in der Ferne schauen, der aber einfach nicht in Reichweite liegt. Wir werden schwächer von Tag zu Tag. Erinnern Sie sich: »Manchmal ist auch einfach alles nur Scheiße!« Jetzt ist mal wieder einer dieser Momente. Ich sitze auf meinem »Bett«, es regnet und stürmt, der Tag hatte mal wieder 17 Stunden, ich bin schon 30 Tage hier, und nichts ist passiert. Gar nichts! Ich weine kurz. Zwei Tränen, zack fertig. Nicht aus Traurigkeit, sondern aus Wut. Dafür habe ich alles aufgegeben? Fürs Putzen, Bilder sortieren und Kochen?

Ich gehe in die Garage, ziehe die rostige 20-Kilo-Langhantelstange unter dem Industrieregal voller Boxen vor, fülle zwei Kanister mit Wasser und knote sie an die Enden der Eisen-

stange, und dann trainiere ich wie ein Berserker. Ich werde nicht eines Tages vorm Schreibtisch liegen! Schreibe ich gerade hier in dieses Buch, während ich ein paar Jahre später, vor etwa einer Stunde direkt vor meinem Schreibtisch lag …
#AutorenLife

Aus Wut auf Corona, Querdenker, steigende Fallzahlen, Mutationen, abgesagte Expeditionen und eine zermürbende Zeit, die uns allen in Erinnerung bleiben wird, dummerweise. Immerhin nicht mit Rückenschmerzen …

Tag 31

Aufstehen gegen fünf Uhr. Ingrid sitzt schon seit einer Stunde am Rechner und schreibt irgendein Pamphlet auf Englisch, Deutsch und Spanisch, zur Freilassung eines jungen Orcas namens »Morgan«, des wertvollsten Orcas der Welt. Jung, weiblich, bald gebärfähig. Wir reden über einen Wert von über 20 Millionen US-Dollar! Kein Wunder, dass man sie gefangen hält. Mir brummt der Schädel vom Trainieren, alles tut weh. Kaffee, schnell! Ingrid trinkt natürlich keinen Kaffee. Was würde ich jetzt dafür geben! Frisch gemahlen, frisch gebrüht in der French-Press, sieben Minuten gereift. Nicht zu heiß. Mit einem Schuss Milch von der Mandel. Luxus pur. Aber daraus wird nichts. Stattdessen Schnittprogramm öffnen, Videos sichten, Musik raussuchen und ein Orca-Video für Ingrids neuen Youtube-Kanal schneiden. Ich will ihr helfen, endlich vernünftige Einnahmen zu generieren. Dazu müssen die Menschen aber auch sehen, was sie tut. Die BBC-Doku über sie ist schon eine Weile her. »The Woman who swims with Killer whales.« So etwas pusht die Spendenbereitschaft kurzzeitig, aber nichts ist von Dauer.

Social-Media-Auftritt Ingrid Visser? Quasi nicht vorhanden. Website nur semi-up-to-date. Buch? Schon etwas älter. Man kann sich kaum vorstellen, dass Ingrid ein »Eine-Frau-Unternehmen« ist. Sie macht alles selbst. Ohne jeglichen Support durch Regierung, Uni oder sonst wen. Im Prinzip alles privat durch Spenden finanzierte wissenschaftliche Arbeit. Und das als berühmteste Orca-Forscherin der Welt!

Die Spenden muss man auch erst einmal generieren. Nur dann kann man arbeiten, essen, schlafen. Ihr Leben besteht also permanent daraus, Wege zu finden, das zu finanzieren, was ihr wichtig ist: Orca-Forschung und Wale retten. Da geht es ihr genau wie Stefan in Peru oder Pete. Es ist furchtbar ermüdend, ständig kämpfen zu müssen. Allein gegen alles.

Ich weiß die Erfahrungen mit diesen Menschen heute mehr als zu schätzen. Es geht mir ja jetzt genauso.
#Selbstständig #Selbst und #Ständig

Ingrids Hauptkosten sind Benzin, Internet und das Orca-Telefon. Fünf Dollar die Minute, jederzeit erreichbar, weltweit. Manchmal ist sie Stunden am Telefon und koordiniert Wal-Rettungsaktionen, auch während der Autofahrt. Wir hocken beide mit krummen Rücken im Zwielicht an gegenüberliegenden Schreibtischen. Das schnelle Klicken ihrer Tastatur macht mich wahnsinnig. Dafür dreht sie fast durch bei den ständigen Wiederholungen meiner Musik beim Schneiden. Wir schlürfen beide unser Dino-Schoko-Müsli. Nebenbei. Um 7:10 Uhr kommt endlich der langersehnte Anruf. Ich höre zum ersten Mal den durchdringenden, ultralauten Klingelton der Orca-Hotline! Bingo! Noch nie habe ich mich so über einen Anruf gefreut!

«We're leaving in three, Robert!«

»Yeah!«

Ich trage nur eine Boxershorts und ein T-Shirt und hab noch nicht mal Zähne geputzt. Ingrid fährt in drei Minuten, egal ob ich im Auto sitze oder nicht. Für Erklärungen bleibt keine Zeit. Wir rennen. Sie in ihr Zimmer, ich in meine Baustelle. Ich schnappe mir mein Einsatz-Drybag (40 Liter Trockensack mit

Klamotten und Essentials für ein paar Tage), die Kamera, und los gehts. Alles ist perfekt vorbereitet, die Ausrüstung bereits im Jeep und auf dem Boot. Man darf keine einzige Minute an Sinnlosigkeiten verlieren. Das Garagentor hebt sich, und wir düsen los. Im Rückspiegel nur noch Staub hinter unserem Bootsanhänger. Verkehrsregeln? Gelten für andere.

Auf dem Weg telefoniert Ingrid mit den »Orca-Sichtern«. Wann, wie, wo, wer, wie viele, in welche Richtung? Wie bei einem echten Notfalltelefon. »Lasst sie nicht aus den Augen! Bleibt so lange wie möglich mit dem Fernglas an ihnen dran! – Wo kann man das Boot am besten slippen (zu Wasser lassen)?«

Während der Fahrt stopfe ich Ingrid ein Brötchen und Käse in den Mund. Es kann sein, dass wir sehr lange nicht mehr zum Essen kommen werden. Sie muss navigieren, telefonieren, essen und mir Interviews geben. Alles gleichzeitig. Kein Thema. Sie hat zwar eine mittlere Dyskalkulie, ist furchtbar schlecht mit Zahlen, aber sie ist ein Multitasking-Profi!

Boot slippen und Auto parken. Das alles dauert nur Minuten. Sie macht das Boot fertig, ich das Auto und den Trailer. Sie steigt in ihre Bootsmontur, ich in meinen Apnoe-Tauchanzug. Alles ist perfekt gepackt im Packsack. Das, was man als Erstes anzieht, oben und darunter Schicht für Schicht die anderen Sachen. Als Letztes die Schuhe und die Automatik-Rettungsweste. Wie sehr ich diese Effektivität zu schätzen weiß! Wahnsinn. Und los gehts! Wir brausen einige Kilometer durch die Wellen bis ins Zielgebiet. »Hier irgendwo müssten sie sein!« Unsere Augen sind geeicht auf schwarze Rückenflossen und weißen Blas. Man bekommt einen regelrechten Blick dafür, wenn man Hunderte Tage auf dem Wasser, auf der Suche nach Meeressäugern, verbracht hat.

Jedes Mal verwandelt sich das angespannte Kribbeln beim Suchen in eine herzrasende Euphorie, wenn man die erste Flosse sieht. Das ist immer so! Wir sehen auch relativ schnell ein paar Rückenflossen. Nur nicht die von Orcas. Es sind die

Flossen von Großen Tümmlern (*Tursiops truncatus*). Flippern. Och Mann! F*ck! Ich bin normalerweise nicht enttäuscht über Delfine, aber diese eine Mal bin ich es … Sorry! Wir sind beide ein wenig enttäuscht. Keine Orcas. Die wirklich großen Tümmler kann man als Laie schon mal mit einem Orca verwechseln. Vier Meter, 400 Kilo und grau. Na ja, Orcas sind mindestens doppelt so groß. »Hey ein Rabe! Äh, sorry, nur eine Amsel …« Willkommen in Ingrids Welt.

Aber wo wir nun schon mal draußen sind, genießen wir ein paar Stunden auf dem Boot. Die Delfine sind willig und springen munter neben uns her. Ich kann wenigstens meine Trollpro-Kamera ausprobieren. Eine Kamera in einer Art Torpedo-Konstruktion an einem 20 Meter langen Seil, mit Gewichten beschwert, die wir hinter dem Boot herziehen. Die Delfine schauen beim Schwimmen genau in die stabilisierte Kamera, da sie nach hinten filmt. Mal eine etwas andere Perspektive. Wir fotografieren ein paar IDs, denn Ingrid hat eine Kollegin, die Delfine erforscht, die freut sich sicher über ein paar bekannte oder unbekannte Flossen-IDs mit GPS-Positionen. So was bekommt man nicht an jeder Ecke. Wir sind in einem großen Hafengebiet vor der Nordinsel Neuseelands unterwegs. Hier herrscht viel Verkehr. Riesige Containerschiffe, Lotsenboote, Fähren, Sportboote. Alles voller Propeller und Lärm. Als Delfin oder Wal würde ich niemals hier herumhängen … Aber die Flipper scheinen es zu lieben und springen wie die Verrückten aus den Heckwellen der Lotsenboote und den Bugwellen der Containerschiffe. Ingrid fährt immer nur wenige Meter davon entfernt. Das kennt man schon von ihr. Bei jedem anderen hätte man längst die Wasserschutzpolizei gerufen. So eine Aktion ist zwar gefährlich, aber leider geil. Als Dank funken wir die Schiffe an und überreichen natürlich wie immer Sticker und Merchandising. »If you see Orcas, just call me, okay?«

Ein paar tiefe Seufzer entfleuchen uns auf dem Nachhauseweg. Es war ein super Tag, draußen sein mit Delfinen, alles super. Aber deswegen war ich nicht hier.

Mindestens die Hälfte der Anrufe auf der Orca-Hotline stellt sich später als Fehlalarm heraus. Man findet die Orcas gar nicht erst, oder es war die Flosse eines Mondfisches, einer Schildkröte oder eines sonstigen dem Orca extrem ähnlichen Tiers. #Ironie ja.

Tag 32 ändert das.

Koru

Tag 32, 08:03 Uhr morgens. Die Orca-Hotline schellt! Eine Strandung! Ein Orca! Dieses Mal zu 100 Prozent! Let's go! In unter drei Minuten sind wir auf dem Weg. »Hey, Steve, we got a stranded Orca, are you coming?« Steve Hathaway ist Unterwasser-Kameramann und ein Freund von Ingrid, der bei fast jeder Strandung helfend und dokumentierend zur Stelle ist. »Schick mir die Koordinaten!«, sagt er nur. Wir treffen Steve eine Dreiviertelstunde später, als wir das Boot zu Wasser lassen, denn der Orca ist weit draußen auf einer flachen Sandbank gestrandet, wo wir selbst mit Ingrids Jeep nicht hinkommen. Diesen Sonntag hatte der Familienvater Steve eigentlich seiner Frau und den drei Kids versprochen. Eigentlich. Aber wenn es um Orcas geht, haben alle Verständnis.

Ein paar Fischer hatten den Orca beim Rausfahren liegend auf der Sandbank gefunden und Ingrid sofort angerufen. So muss es laufen! Als wir nach 30-minütiger Bootsfahrt mit Vollspeed über Untiefen, Steine und Sandbänke an der Fundstelle ankommen, sehe ich nur einen etwa zehn Meter langen schwarzen Berg auf einer Sandbank liegen. Mit umgeknickter Flosse, wie bei *Free Willy* mit »Keiko«, dem Orca aus dem Film. Er bewegt sich nicht, atmet nicht. Die Fischer treiben im flachen Wasser mit ihren Miniruderbooten direkt daneben, damit wir den Orca auch wirklich finden. »Shit, der ist tot!«, denke ich noch, doch wenig später stößt er einen super lauten Blas aus und atmet tief ein. Ein Glück!

Orcas atmen selbst unter Stress nur alle drei bis fünf Minuten einmal. »Thank you so much, guys!« – Ingrid ist wirklich sehr dankbar. Nur so geht es. Mit der Bevölkerung. Alle zusammen.

Die Fischer haben den männlichen Orca bis zu unserer Ankunft immer wieder eimerweise mit kühlem Meerwasser übergossen. In der prallen Morgensonne, mit schwarzer Haut und einer ordentlichen Speckschicht (Blubber), überhitzen die Tiere relativ schnell, was in einer solchen Stresssituation neben Verletzungen und Dehydrierung noch zusätzliche Gefahren birgt.

Ingrid springt direkt aus dem noch gleitenden Boot in das hüfttiefe Wasser, läuft mühsam gegen die Strömung in Richtung Orca und sagt direkt: »Looks like Koru!« – »Koru« ist ein Begriff und Symbol für den sich entrollenden Wedel des neuseeländischen Silberfarns (*Cyathea dealbata*). Das Wort entstammt der Sprache der Maori, die das Symbol traditionell unter anderem in Malereien, Schnitzereien, Schmuck und Tattoos verwenden. Es ist allgegenwärtig.

Ingrid kennt so ziemlich jeden Orca hier in und um Neuseeland beim Namen. Jeden. »Funky monkey« wegen seiner wabbeligen, lustigen Rückenflosse, »Pickle«, das neue Orca-Kalb, dem Schülerinnen und Schüler einen Namen geben durften, und »Bullet«, weil ihm jemand durch die Rückenflosse geschossen hat und er eine kugelförmige Narbe davon behalten hat. Alle neuseeländischen Orcas haben einen Namen. Einige kennt Ingrid schon mehr als 30 Jahre.

Der etwa 20 Jahre junge, voll ausgewachsene männliche Orca hier vor mir hat eine besonders auffällig gebogene Rückenflosse, besonders an der Flossenspitze. Daher der Name »Koru«. Allerdings beugt sich diese dramatisch mehr als sonst zur Seite. Sie ist kurz vor dem Kollaps. So wie bei allen (männlichen) Orcas in Gefangenschaft. Dort gibt es keinen einzigen mit einer normal aufrecht stehenden Rückflosse, dem typischen, charakteristischen Zwei-Meter-Schwert der männlichen Schwertwale. Die Rückenflossen der Orcas in Seaworld und anderen Marine parks (Delfinarien) sind immer seitlich umgeknickt, kollabiert, ein Zeichen von Trauer und Stress, körperlicher Ausdruck von Depression und Unbehagen.

Dieser Orca hier steht gerade wahnsinnig unter Stress. Er kann sich nicht bewegen und es ist ihm unmöglich, zu seiner Familie zu schwimmen, die er permanent mit lauten Rufen und Klicklauten zu erreichen versucht. »Schwimmt nicht weg, wartet auf mich! Ich lebe noch! Hier bin ich!«

Es ist ein dramatischer Anblick, wie der Wal sich windet und laut schreiend im flachen Wasser zappelt. Es ist extrem emotional und sehr aufregend für mich. Mein erster gestrandeter, noch lebender Wal. Bisher habe ich immer nur tote Wale gefunden oder war bei der Obduktion von gestrandeten toten Walen dabei. Orcas habe ich auch schon einige gesehen. In Argentinien zum Beispiel die Orcas, die an Land springen, um sich die jungen Robben zu schnappen. Das machen weltweit nur diese 24 argentinischen Orcas, und nur elf von ihnen trauen sich diese extrem gefährliche Methode zur Erbeutung ihrer Lieblingsspeise zu: »Baby-Robben-Praline«.

Bis auf eine Ausnahme jagen nur die weiblichen Tiere. Mit Absicht stranden, das ist mutig! Dieser Orca hier vor mir ist vermutlich nicht mit Absicht gestrandet. Die Orcas in Neuseeland bevorzugen Haie und Rochen als Hauptnahrungsquelle. Das erkennt man sehr gut an ihren abgeraspelten Zähnen, denn die Haut der Haie und Rochen ist rau wie Sandpapier. Nicht so gut für die bis zu acht Zentimeter langen Zähne. Manche Orcas haben im hohen Alter, nach 50, 60 Jahren, nur noch Stümpfe im Maul vom vielen Haie und Rochen zerkauen. In Gefangenschaft raspeln sich manche Orcas die Zähne innerhalb weniger Wochen bis auf die Zahnhälse herunter, indem sie aus Frust, Angst und Langeweile an den Betonrändern ihrer Becken kauen. Die Zahnhälse liegen dann frei, vereitern und müssen dreimal täglich nach den Shows gespült werden. Damit die Entzündungen durch die Fischreste in den offenen Zahnwurzelkanälen nicht noch schlimmer werden. Bei einigen gefangenen Orcas liegt der komplette Kieferknochen blank! Und noch einmal: Sie empfinden *mindestens* so viel Schmerz wie wir. Ich kann gar nicht nachvollziehen, wie einem so etwas als Besucher einer Orca-Show entgehen kann …

Die Kiwi-Orcas essen meistens nur die gehaltvolle Leber ihrer Beute, der Elasmobranchier (Haie und Rochen). Ingrid hat ihr Jagdverhalten hundertfach dokumentiert und beschrieben, und ich habe eine Menge halbierte Rochen vom Tauchen mit nach oben gebracht, damit Ingrid sie untersuchen kann. Jede Orca-Population der Welt hat ihre eigene Leibspeise, jede Gruppe ihre eigene Jagdtechnik. Eine regelrechte Kultur unter Killerwalen, die von Generation zu Generation weitergegeben wird.

Die Jagdkultur der neuseeländischen Orcas besteht aus dem Lokalisieren, Töten und Zerteilen der Haie und Rochen. Teilen spielt dabei eine sehr wichtige Rolle. Die Beute wird *immer* gerecht untereinander aufgeteilt. So überleben auch schwächere, ältere und kranke Tiere innerhalb der Gruppe. Sie unterstützen sich gegenseitig. Die Stachelrochen (*Dasyatidae*) und Adlerrochen (*Myliobatidae*) haben eigentlich keine Chance gegen die Teamjäger und flüchten in Panik vor den Orcas schon mal in sehr flaches Wasser. Ein unerfahrener Orca im Jagdfieber schwimmt hinterher und zack, hat man den Salat. Gestrandet. Nicht alle Tiere sind gleich intelligent. Es ist genau wie bei Menschen. Die Tiere sind draufgängerisch, scheu, mutig, vorausschauend, jugendlich-leichtsinnig oder altersweise. Genau wie wir. Und wenn man eben mutig, aber nachlässig ist, dann liegt man kurze Zeit später zappelnd auf einer Sandbank. Ohne Rochen.

Der schafft es auch in 50 Zentimeter Wassertiefe noch zu schwimmen. Ab und zu stirbt auch mal ein Orca an einem septischen Schock durch den Giftstachel eines der Rochen. Das ist jedoch extrem selten. #SteveIrwin #CrocodileHunter

Das Wasser sinkt und sinkt. Wir haben ablaufendes Wasser, noch eine Stunde lang wird das Wasser sinken. Erst nach einer Pause von einer weiteren Stunde (Stillwasser) wird es langsam aber sicher wieder steigen. Und vorher bekommen wir den Orca hier nicht weg. Ergo, wir müssen das Tier so feucht halten wie möglich. Zwar ist das Wasser relativ kühl, aber die Sonne brennt jetzt gegen zehn Uhr schon enorm stark. Im schwarzen Anorak wird Koru schnell sehr heiß und das ist extrem schlecht. Einer von uns übergießt den Burschen also die ganze Zeit mit kühlendem Wasser.

Ingrid nutzt die Gelegenheit und nimmt Hautproben, zupft ein paar Parasiten von den Flossenrändern (besonders schwer zu bekommen!) und vermisst den Orca von vorn bis hinten, sorgfältig nach Protokoll. Solche Gelegenheiten kommen nicht häufig vor. Genaueste Maße und Daten über einen lebendigen, wild lebenden Orca zu bekommen, ist wie ein Jackpot im Lotto für die Forscherin. Das ist echte Freiland-Forschung, die etwas nützt. Die »Daten«, welche über Orcas in Gefangenschaft generiert werden, sind auf die Freiheit und den Schutz des Lebensraumes der Tiere kaum anwendbar. Wie denn auch?

Wir graben zwei knapp halbmetertiefe Löcher in den schluffigen Sand. Mit den bloßen Händen, unter den beiden tischplattengroßen Flippern (Brustflossen) des Orcas, damit er besser liegen kann und seine natürliche Flossenposition einnehmen kann. Das macht es ihm einfacher, zu liegen. Man muss sehr vorsichtig dabei sein. Das Tier wiegt immerhin so um die fünf Tonnen, und eine unbeabsichtigte Bewegung kann tödlich für uns enden. Jedes Jahr sterben Menschen beim Versuch, Wale zu retten. Die Schwanzflosse ist besonders gefährlich, vor allem bei einem männlichen Orca. »Stay away from the tail!« (Bleib vom Schwanz weg!), sagen wir uns immer wieder gegenseitig. Da steckt so unglaublich viel Power drin!

Orcas können zwei Tonnen schwere andere Wale meterhoch durch die Luft katapultieren und ihren eigenen Körper komplett aus dem Wasser heben. Sie können sogar Haie mit einer Art Karateschlag in der Mitte durchschlagen. Alles schon dokumentiert. Durch Ingrid natürlich.

Neben dem eigentlichen »Retten«, Wässern, Messen, Graben, Boot ankern, Equipment anreichen usw. muss ich dokumentieren. Fotografieren und filmen. Über Wasser und unter Wasser. In einer solchen Ausnahmesituation ist das gar nicht so leicht. Ich bin zwar schon ein wenig abgeklärt, aber das hier ist etwas ganz Besonderes. »Wird er es schaffen? Wo ist seine Familie, zu der er unbedingt zurückmuss? Ist er verletzt?« Alles Fragen, die die ganze Zeit mitschwingen. Außerdem ist es der Moment, weswegen ich studiert habe. Weswegen ich als Siebenjähriger mit dem umgebauten Hausaufgabenheft in Jena von Tür zu Tür zog: »Rettet die Wale!«

Die live gewordene Situation meines Gummi-Orcas und meines Lego-Bootes aus der Badewanne. Nur knapp ein Vierteljahrhundert später. Nichts auf der Welt kann einen auf so etwas vorbereiten, außer die Situation selbst. Ingrid hat das alles schon Dutzende Male gemacht, wirkt fokussiert, abgeklärt, aber auch freudig in ihrem Element. Sie ist selbst eine Art Orca. Sie sieht auch so aus in ihrem schwarz-weißen Neoprenanzug, sogar die Marke heißt so. Der Orca war völlig still bei unserer Ankunft. Erst als Ingrid ihre Hand sanft auf seinen Kopf legt und sagt: »Hey buddy, it's all gonna be fine …« (Hey, Kumpel, alles wird gut …), hat er angefangen zu vokalisieren und zu fiepen. Es wirkt fast, als würden sie sich unterhalten. Sie sagt etwas, und er fiept und klickt im Nachgang. Wie eine Konversation zwischen zwei Arten. Es gibt auf der Welt sicher wenige, die sich so gut auskennen und Orcas so verstehen wie Ingrid. Das sehe ich hier. Sie bezeichnet die Wale als ihre Freunde.

Sicher, man kann vieles überromantisieren und vermenschlichen. Aber glauben Sie mir, Ingrid ist das Gegenteil von Romantik. Für sie steht das Wohl eines Orcas, egal in welchem Belang, einfach an erster Stelle.

Deshalb ist es wichtig, dieses Tier hier auch über den Berg zu bekommen und Koru mit seiner Familie zu vereinen. Ein Orca ist für eine gewisse Zeit allein lebensfähig, und es gibt Ausnahmen von der Regel. Aber Orcas sind Familientiere. Sie brauchen sich gegenseitig. Zum Jagen, sozialen Interagieren, Beschützen.

Zwar kennt ein Orca keine natürlichen Feinde (bis auf uns Menschen, ich würde uns aber aktuell als nicht besonders natürlich ansehen), dennoch gibt es ja auch äußere Umstände, die einem Orca gefährlich werden können. Koru zum Beispiel hat überall auf seinem Körper große Bissspuren. Besonders an der Schwanzflosse und den Flippern. Vermutlich von Versuchen der anderen Orcas, ihn von der Sandbank herunterzubekommen. Sie lassen einander nie allein, schon gar nicht in einer Notsituation. Genau deswegen kommt es auch immer wieder zu Massenstrandungen bei besonders sozialen Walen. Pilotwale (*Globicephala*) und Orcas sind dafür prädestiniert, da sie unter Umständen sogar viermal so sozial sind wie wir. Das ist eine äußerst unwissenschaftliche Aussage, aber sie trifft irgendwie zu. Wir teilen mit diesen Walen und Menschenaffen spezielle Spindelzellen. Diese mysteriösen Zellen in unseren Gehirnen kennt man erst seit den Neunzigern. Sie sind der Ursprung unserer sozialen Emotionen. Liebe, Schuld, Empathie – alles Empfindungen, die in komplexen sozialen Strukturen enorme Bedeutung haben. Menschenaffen haben nur einige Hundert bis Tausende. Menschen haben Zehntausende. Und Orcas? Viel mehr als beide zusammen! Waltiere sind, was ihre sozialen Fähigkeiten betrifft, Menschen weit überlegen.

Es gibt auf den Azoren eine Gruppe weiblicher Pottwale mit ihren Kälbern, die einen Delfin (Großer Tümmler) mit einer körperlichen Behinderung aufgenommen haben. Das habe ich

2012 live gesehen! Eine Nachricht, die um die Welt ging. Sie helfen ihm beim Schwimmen und Atmen und bringen von ihren Raubzügen in der Tiefsee sogar Stücke von Riesenkalmaren (*Architeuthis dux*) mit an die Oberfläche: für den Delfin, weil er selbst nicht mehr jagen kann. Sie kommunzieren mit ihm, obwohl es zwei völlig unterschiedliche Arten sind und sie sich eigentlich nicht verstehen können … #Eigentlich

Die Gruppe ist auch heute noch zusammen und gibt aufeinander acht.

Gut möglich, dass Orcas eine viel tiefere Bindung an ihre Nachkommen, Eltern und Verwandten, an ihre Familie und Freunde empfinden als wir. Sie sind immer zusammen, 24 Stunden am Tag. Ein Leben lang. Söhne verlassen die Seite ihrer Mutter nur selten, und wenn, dann nur kurz. #SexyTime

Bei einer Lebenserwartung von über 60 Jahren für die Bullen und über 80 Jahren für die Kühe ist das eine sehr lange Zeit bei Mama, wie Sie sich vorstellen können. In Gefangenschaft haben Orcas eine durchschnittliche Lebenserwartung von knapp neun Jahren! So viel zum Thema: Tiere werden älter im Zoo als in der Natur …

Und überhaupt: 37 Grad Körpertemperatur, 60 bis 80 Herzschläge pro Minute, im Durchschnitt drei Kinder pro Leben, geschlechtsreif mit 15, ausgewachsen mit 19, Menopause mit 45, Familienstruktur angeführt von einer Leitkuh (Matriarchat). Jede Orca-Population spricht eine eigene Sprache, eigene Dialekte, hat eine eigene Kultur, die sie erlernen und weitergeben. Ich könnte noch lange so weitermachen, aber ich denke, Sie verstehen, worauf ich hinauswill, oder?

Es sind schon Orca-Mütter beobachtet worden, die ihr totes Kalb (43 Prozent der Kälber sterben im ersten Jahr) über einen Monat auf ihrer Schnauze mit sich herumgetragen haben. Sie konnten es einfach nicht loslassen. Getröstet von der ganzen Familie. Bis sie letztendlich Haut und Knochen fallen lassen, gehen lassen kann.

Diese Tiere sind zu so viel mehr fähig und zu so viel für uns Unverständlichem in der Lage, dass es mich besonders schmerzt, über 80 von ihnen weltweit in Gefangenschaft zu wissen. Ihren Familien weggenommen, ihrer Kälber und Freunde beraubt. Eingesperrt in Betonpools. Sie trauern ein Leben lang um einander.

»What Sea World? It's Pool World!«
Das trifft es auf den Punkt.

Tendenz weltweit: leider wieder steigend. 2015 gab es allein in China 599 Waltiere in Gefangenschaft, heute sind es dort schon 1085, in insgesamt 84 Delfinarien. 33 neue Delfinparks werden gerade von der asiatischen Supermacht gebaut. Es gibt Tausende Nachweise über Verstöße, Tierquälerei und zu Tode gekommene Tiere.

Ich stehe aber gerade in der kalten neuseeländischen See, in Freiheit. Die Strömung nimmt rasant zu, und ich hoffe, dass auch die Familie von Koru um all diese sozialen Bindungen weiß und irgendwo in der Nähe auf ihn wartet. Er jedenfalls wird nervös. Windet sich immer mehr mit der einsetzenden Flut und Strömung, aber es reicht noch lange nicht. Er schaut noch fast zur Hälfte aus dem Wasser.

Damit sich sein schwerer Körper vom Sand heben kann, muss das Wasser mindestens über den Rücken schwappen. Ich hoffe, die Flut wird reichen. Wenn nicht, sitzen wir mindestens noch einen weiteren Ebbe-Flut-Zyklus hier. Manche Wale liegen fünf Tage am Strand, bevor sie gerettet werden. In Deutschland probiert man bei Walstrandungen, wie man Wale möglichst schnell von ihrem Leid »erlöst«, euthanasiert. Mit drei Meter langen Metalllanzen und einem gezielten Herumstochern ins Herz … Weil Wale ja an ihrem eigenen Gewicht sterben, an Land. Aha … Oder man rettet sie halt … so wie in den Niederlanden, Neuseeland, Australien, Schottland und einigen anderen Ländern. Überall dort gibt es Marine-Mammal-Rescue-Initiativen. Bei über 1 000 Walstrandungen pro Jahr weltweit ist das auch wichtig. Die meisten finden übrigens aufgrund der schwierigen Topografie (Sandbänke, Untiefen etc.) und der hohen Dichte an Meeressäugern in Neuseeland statt. Danach folgen gleich Tasmanien und Australien.

Deutschland ist, was das betrifft, so hinterwäldlerisch wie beim Handynetz in der Deutschen Bahn oder der Digitalisierung in Schulen.
#OverHeadProjektor #Die90erHabenAngerufen

Hier bei uns gibt es ja keine richtigen Wale und Delfine ... Na ja. 2016 sind 29 Pottwale an den Europäischen Küsten. Viele davon in Deutschland. Immer wieder mal sieht man Zwerg-, Schnabel- und Finnwale in Nord- und Ostsee, Buckelwale vor Rügen, Delfine in Eckernförde, Schweinswale fast täglich um Flensburg. Es werden mehr und mehr Waltiere. Aber kümmern wird sich niemand, im Fall der Fälle.

Als ich 2016 vor den ersten beiden toten Pottwalen auf Wangerooge stand, war auch niemand da. Ich hatte davon gehört und bin sofort los. Mit Auto, Flugzeug und Fahrrad. Auf eigene Faust. So wie Ingrid. Tun konnte ich leider nichts mehr, außer dokumentieren.

Als ich dann unsere angeblich führenden deutschen Walretter vom »Grünen Frieden« und die Jünger des Pandas anrief und fragte, wo sie denn eigentlich sind beziehungsweise bleiben, sagte man mir nur kurz angebunden, Wale seien gerade nicht Kampagnenthema, und außerdem sei es ja auch schon nach 15 Uhr am Freitag. Wochenende quasi.

Sie können sich nach all meinen Erlebnissen, von denen Sie jetzt schon einen klitzekleinen Teil kennen, sicher vorstellen, wie enttäuscht ich war. Ich habe auf der ganzen Welt mit so vielen tollen Einzelkämpfern gearbeitet und ihren Kampf um unsere Erde und ihre Bewohner dokumentiert und mitgefühlt. Und dann erzählt mir irgendein erstklassiger Sesselpupser mit zweit- oder drittklassiger Einstellung, es sei Wochenende? Was zur Hölle spielt das denn für eine Rolle? Für mich ist das leider symptomatisch für die deutschen Dependancen der großen NGOs. Geben Sie, wenn Sie spenden möchten, ihr gutes Geld bitte den »richtigen« Menschen. Einige gute Beispiele kennen Sie ja nun.

Nach einigen Stunden des Wartens, Bangens, Untersuchens, Dokumentierens und Hunderten Eimern Wasser schwappt endlich die erste Welle über den Rücken des Orcas! Endlich! Man merkt ihm die Anspannung an. Koru rollt und windet sich, will endlich weg von dieser Sandbank. Ingrid nimmt die letzten Rufe des Wals mit dem Hydrophon (Unterwasser-Mikrofon) auf, und ich mache meine finalen Unterwasseraufnahmen, keine 20 Zentimeter weg vom Maul, das unter anderem Weiße Haie mit Leichtigkeit zerteilt. Kein Problem. Der Orca weiß, ich komme in Frieden, versichert mir Ingrid. Ein Problem sind allerdings die Weißen Haie selbst. Das Wasser um mich herum ist trüb, ich kann keine 30 Zentimeter weit sehen, und mir steht das Wasser bereits bis unter die Achseln. Weiße Haie lieben Action jeglicher Art. Es zieht sie magisch an. Dann ist mal was los.

Wenn sich ein Wal auf einer Sandbank windet, womöglich noch verletzt, gibt es nichts Schöneres, Interessanteres. Da muss man als Hai mal vorbeischauen. »Kein Problem, nur fünf bis acht tödliche Haiattacken pro Jahr, weltweit«, sage ich mir immer mal wieder selbst zwischendurch. Meist in trüben, hüfttiefen Gewässern … Ich steh ja bis zu den Achseln im Trüben, also bin ich safe. Der Filmemacher, der nur unweit von hier neulich durch einen Zwischenfall mit einem Weißen Hai starb, ist ja auch *geschwommen*, ich hingegen *stehe* hier ja senkrecht im Wasser. Ich bin dann doch froh, mich an den Leinen des Schlauchbootes ins Boot zu ziehen. Vielleicht ein wenig schneller als sonst.

Motor an! Anker einholen, Boot in Position bringen, jetzt geht es gleich los. Der Wasserhöchststand ist erreicht. Hopp oder Topp? Ingrid bleibt noch bei dem Orca, es kann sich nur noch um Sekunden handeln. Sie kämpft mit der Strömung, die aber ab jetzt immer schwächer werden wird. Der Wal *muss jetzt* von der Sandbank runter. Jetzt oder nie! Ingrid sieht kurz besorgt aus, aber dann passiert es.

Koru schwimmt aus eigener Kraft von der Sandbank herunter und hinterlässt eine riesige Schlammwolke, aufgewirbelt von der Kraft seiner schlagenden Schwanzflosse. Geschafft! Das ist aber nur die halbe Miete! Er muss jetzt unbedingt zurück zu seiner Familie, und außerdem muss Ingrid zurück ins Boot. Ich musste das Herunterschwimmen dokumentieren. Boot steuern und in Position halten, filmen und »Frau-noch-immer-über-Bord-Manöver« ausführen – da gerate ich an meine Multitasking-Grenze. Koru prescht ordentlich los! Ingrid auch, mit einem Hüpfer ist sie an Bord. Jetzt gilt es, den Wal mit seiner Familie zu vereinen und zu verhindern, dass er wieder irgendwo in dem Gebiet voller Untiefen strandet. Man muss zwingend dabeibleiben, bis die Rettung wirklich zu 100 Prozent geglückt ist. Es bleibt dramatisch. Koru schwimmt und schwimmt. Man hört ihn rufen. So laut, dass es durch den Aluminiumrumpf des Schlauchbootes schallt. Es geht im Zickzackkurs durch flache Buchten und über erneute Untiefen. Immer mal wieder setzt er mit dem Bauch auf und muss sich anstrengen, nicht wieder zu stranden. Jedes Mal rutscht mir mein Herz zwei Etagen tiefer. Wir haben noch immer zwei große Probleme: Die Sonne geht langsam unter und wir haben trotz intensiver Suche keinerlei Spur von der Familie. Wir sind die ganze Zeit über abwechselnd am Fernglas und suchen den Horizont ab. Hätten wir doch nur eine Idee, einen kleinen Blas, eine Flosse, eine Ahnung – dann könnte man Koru in die richtige Richtung steuern. Nichts. Es wird langsam saukalt. Wir sind seit Stunden nass, meine Hände und Füße weiß und aufgeweicht, faltiger als jeder Shar-Pei-Welpe. (Schauen Sie sich den mal im Internet an.) Das Adrenalin fällt deutlich ab und weicht der Ernüchterung. Der Wal wäre nicht gerettet, würden wir ihn allein in die Nacht schwimmen lassen. Seine Chancen stünden dann schlecht. Ich kneife schon mit den Augen, aber das tun wir alle. Es ist anstrengend, stundenlang bei schlechten Lichtbedingungen mit dem Fernglas zu suchen. Man vergisst das Blinzeln. Koru wird langsamer und wirkt irgendwie ausgepowert, nicht mehr so energetisch. Die Rufe und Klicklaute hat er ebenfalls eingestellt. Er sagt gar nichts mehr, atmet ganz ruhig. Es wird immer dunkler und dunkler. Wir sind mittlerweile viele Kilometer aus den flachen Küstenzonen heraus Richtung offenes Meer. Koru taucht ab, und es fällt schwer, ihn beim Auftauchen überhaupt noch zu spotten. Immer wieder verlieren wir ihn für einen kurzen Moment. Dann taucht er ein letztes Mal ab.

Er bleibt ewig unten, länger als sonst. Fünf, sechs, sieben Minuten nichts. Außer Ruhe. Das Wasser ist ganz glatt und liegt wie schweres Öl vor uns. Wir schauen uns an, keiner sagt oder sieht etwas. Unserer Augen wandern hektisch hin und her.

Dann: Ein Blas, kurz darauf noch einer, ein kräftiger! Und noch einer! Ein kleinerer. Mehrere Orcas! »Yes! He did it!« Er hat seine Familie wiedergefunden. Sie haben tatsächlich in großer Distanz, in Sicherheit auf ihn gewartet. Heimlich, still und leise. Ihr Wiedersehen findet unter Wasser statt. So wie 97 Prozent eines Orca-Lebens. Wer diese Tiere studieren möchte, muss selbst zu einem Orca werden. Ich kenne keinen Menschen, der näher dran ist als Ingrid.

Sie schwimmen Flosse an Flosse, ganz eng. »They don't normally do that.« (Das machen sie sonst nicht.), sagt Ingrid ganz leise und mit einer seelenruhigen Freude. Ihre Augen sind feucht. Ihre Freunde aus dem Meer sind in Sicherheit. Koru, seine kleine Schwester und seine Mutter »Nicky« schwimmen Seite an Seite im letzten Licht des Tages raus aufs offene Meer. Ende gut, alles gut. Diesmal.

Wir lassen uns langsam zurückfallen und schauen ihnen nach, bis wir sie nicht mehr sehen können.

Unser erster gemeinsam geretteter Wal, mein erster geretteter Orca, Koru.*

Völlig entkräftet, aber so zufrieden wie noch nie in meinem Leben, kommen wir spät ins Orca-Research-Center zurück. Dafür habe ich das alles gemacht. Dafür habe ich mir all das angetan. Darum zur Hölle. Darum.

Wir sind keine sechs Stunden zurück, da bekomme ich die Nachricht: Orca-Strandung! Sechs oder sieben Tiere, vielleicht mehr. Alle leben noch. Wo? Über 2000 Kilometer entfernt, an der Ostküste Australiens …

»Ingrid?! Let's go!«

---

* Am Tag der Abgabe des Erst-Manuskripts zu diesem Buch (30.01.2021) wurde Koru nach sieben Jahren, acht Monaten und zehn Tagen in Neuseeland wieder gesehen! Er ist immer noch bei seiner Mutter Nicky, und es geht ihnen hervorragend. Was für ein schöner Zufall! Everything is connected – da haben Sie und ich den Beweis.

orca

EPILOG

Ich weiß, das war ein ganz schöner Ritt. Und es war nur die Spitze des schmelzenden Eisberges aus meinen über 100 Expeditionen auf unserer wunderschönen Erde.

Was nun?

Ich bin erst einmal stolz auf Sie, dass Sie bis hierher durchgehalten haben. Sie haben jetzt zumindest eine kleine Idee, warum ich das alles tue und warum andere Menschen auch etwas tun. Was uns antreibt. Menschen wie Pete, Zulfi, Rahman, DeDe, Karmele, Harsh und Poonam, Stefan und Ingrid. Die Liebe zu diesem Planet Erde.

Vielleicht sehen Sie es als Inspiration, selbst etwas zu tun. Das fänd ich genial! Das war auch meine Intention, als ich hier in die Tasten gehauen habe. Sie haben jetzt einige meiner Helden und Heldinnen ein Stück weit kennengelernt. Sie und ich sind also nicht allein mit all den Herausforderungen, die die Zukunft mit sich bringen wird. Es gibt noch unzählige andere Menschen, die jeden Tag da draußen für den Erhalt unseres Planeten kämpfen. Viele, die den schlimmsten Widrigkeiten trotzen und sich auch mit den »Nicht-so-sexy-Themen« beschäftigen. Tauben retten, Katzen kastrieren, Prozesse führen, Fischereilizenzen kontrollieren. Alle sind sie ein Teil (m)einer Mission: Mission Erde.

Wo anfangen?

All die Themen und Dringlichkeiten wirken gerade am Anfang und eigentlich auch in der Mitte und am Ende ziemlich erschlagend. Illegaler Handel mit Wildtieren, Abholzung, Zoos, Überfischung, Klimakrise, Geisternetze, Plastik im Meer, Delfine, Haie, Wale retten, Insektensterben, Artensterben und, und, und. Das alles lässt mich auch oft schlecht schlafen. Aber: Wir sind nicht dumm! Wir können es schaffen, Dinge zu bewegen und Missstände zu (ver)ändern. Gemeinsam. Das zeigt uns die Vergangenheit. Wichtig ist, dass Sie etwas tun. Ob Sie nun anders, also bewusster, einkaufen gehen, bewusster konsumieren oder gleich ihren ganzen Haushalt auf den Kopf stellen, von Putzmittel bis Girokonto, ist am Ende egal. Nix tun wäre grundsätzlich falsch. Irgendwo anfangen ist wichtig. Nehmen Sie sich etwas Leichtes vor, denn die Welt retten soll Ihnen und allen anderen im besten Fall Spaß machen. Suchen Sie sich etwas aus, was von heute auf morgen geht. Wo sie am Ende auch einen konkreten Erfolg verbuchen können.

Beschäftigen Sie sich mit dem Thema Nachhaltigkeit. Ich weiß, dieses wirkt irgendwie schon fast ein bisschen abgenutzt, dennoch ist es aktueller denn je. Sie werden feststellen, es gibt bei Ihnen und Ihrer Familie, in Ihrem Freundeskreis und auf der Arbeit unglaublich viele Dinge zu verbessern. Und genau das ist der wichtigste Punkt: verbessern. Sich nachhaltiger aufzustellen ist nicht nur gesünder, es ist auch besser für Sie, alle anderen, Ihr Unternehmen, Ihre Kinder, Eltern und am Ende für unsere Erde.

Wir Menschen schauen zwar alle in denselben Himmel, aber wir tragen dennoch ganz unterschiedliche Verantwortungen. Sie können sich aussuchen, was Sie essen, wo Sie leben und wie Sie sich verhalten. Viele andere Menschen können das nicht. Seien Sie sich Ihrer Verantwortung bewusst. Ich empfinde es als schön, diese Möglichkeit zu haben und sie nutzen zu können.

Wir müssen uns jetzt zusammenreißen, damit unsere Geschichte nicht mit »Es war einmal …« anfängt.

Ich habe früher immer gesagt: »Wir können die Welt retten!«

Heute sage ich: »Wir müssen es.«

Sonst folgen weitere Pandemien, Hungersnöte, Flüchtlingswellen, Verteilungskriege etc. Wir sind kurz vor dem Kipppunkt, an dem es kein Zurück mehr gibt. Jetzt oder nie. Quasi die spannendste Stelle im Film. Minute 87, mitten im totalen Struggle unseres Helden (oder der Heldin), der/die sich mit letzter Kraft noch einmal aufbäumt und es sich an dieser Stelle entscheidet: Rettet er/sie die Prinzessin oder scheitert er/sie? Der Feind ist im Prinzip klar, wenn auch meist unsichtbar … z.B. #KlimaKrise und #Artensterben

Ich für meinen Teil hasse Filme ohne Happy End! Außerdem muss der Held oder die Heldin ja dieses Mal nicht alle Hindernisse allein überwinden, sondern es gibt ein Team. Sie, mich und alle anderen, denen etwas an unserer Erde liegt.

Die Welt ist ein schöner Ort, und sie ist es wert, dass wir um sie kämpfen.

Team Erde!? Let's go!

40 TIPPS, UM DIE WELT ZU RETTEN

Möglichkeiten, sich (aktiv) einzubringen

Völlig ungeordnet und in nicht priorisierter Reihenfolge … und auch ohne große Erklärung. Ich gebe Ihnen nur ein paar Stichworte vor. Es gibt genauso viele Wege, die Erde ein bisschen besser zu machen, wie es Menschen auf der Erde gibt. Aktuell 7,8 Milliarden, Tendenz steigend.

1. Anders einkaufen, z.B. mit Apps, die dabei helfen, nachhaltiger zu sein. Die Landwirtschaft ist in Deutschland der größte Artenkiller. Kassenzettel = Stimmzettel
2. Weniger/anders Fleisch konsumieren, vielleicht mal etwas Gejagtes
3. Seedbombs mit einheimischen Arten
4. Blühstreifen stehen lassen/Balkon (richtig) bepflanzen
5. Keine bedrohten Fischarten/Meerestiere essen
6. Aktiv an Citizen Science teilnehmen (von der Vogelzählung bis zu Insekten-Apps)
7. Mit Kindern in den Wald, an den Fluss oder auf die Wiese gehen, anstatt in den Zoo.
8. Freiwilligenarbeit in heimischen Projekten (Kitzrettung, Wildvogelhilfe, Igelhilfe, Bäume & Sträucher pflanzen etc.)
9. CO_2-Abdruck reduzieren (Dämmung am Haus, Auto fahren, Strom, Solarzellen etc.) und evtl. CO_2 richtig kompensieren
10. Plastikmüll reduzieren/vermeiden & Plastik aufsammeln (nicht nur am Strand)/Unverpacktläden
11. Keine exotischen Haustiere kaufen

12. Kein Animal-Tourismus, Tiger tätscheln, Elefanten reiten etc.
13. Keine tierischen Schmuckprodukte oder Souvenirs kaufen
14. Sprechen Sie Leute mit Pelzen und Steingärten ruhig auch mal an, seien Sie aber bitte diplomatischer, als ich es bin.
15. Setzen Sie Ihre Ressourcen sinnvoll und klug mit Bedacht ein. Auch gegen Ihr Ego. #Hanna #Voluntourism
16. Spenden Sie an die richtigen Menschen und Organisationen. Ingrids Orca Research Trust, die International Rhino Foundation, Petes Earthrace Conservation, Harsh und Poonams Tiger Projekt (TRACT) und Karmeles International Animal Rescue habe ich Ihnen schon vorgestellt. Es gibt noch viele andere. Aber schauen Sie bitte genau hin! Es gibt auch viele betrügerische Accounts.
17. Wenn Sie reisen, tun Sie es sanft und nachhaltig und schauen Sie genau, mit wem Sie Kondore aus dem Felsen scheuchen und Delfine beim Schlafen stören.
18. Hören Sie Podcasts und Hörbücher, besuchen Sie Vorträge, lesen Sie Bücher (so wie früher) und Blogs über all die Weltverbesserer-Themen. Ich lerne dabei jeden Tag neue Dinge und nehme das ein oder andere an. #PlanetA#2vor12Podcast
19. Weniger im Internet kommentieren! Kostet alles Speicherplatz und somit Energie und lässt Pole schmelzen. Natürlich müssen Sie Neonazis und Klimawandelleugnern Paroli bieten, das ist okay.
20. Folgen Sie weniger inhaltslosen und zeitverschwenderischen Personen in den sozialen Medien. #DigitalDetox Suchen Sie sich wertvolle, bereichernde Accounts, die Ihnen ein gutes Gefühl vermitteln statt Neid, Selbstoptimierung und Shaming jeglichster Art.
21. Konto bei einer nachhaltigen Bank
22. Verbessern Sie die Effizienz Ihres Haushalt, mit LED-Birnen z.B. Aber auch beim Kochen, Lüften, Wasser etc. lässt sich viel erreichen. #SmartSustainableHome
23. Müll richtig trennen und recyceln

24. Anders/klug bewegen (Bahn, Auto, Fahrrad, Mitfahrgelegenheit, E-Roller, Car-Sharing, E-Taxi etc.)
25. Faire und nachhaltige Klamotten kaufen. Alle Produkte sollten fair und nachhaltig sein.
26. Upcycling aller Art
27. Kosmetik, da geht einiges!
28. Keine Produkte mit Tierversuchen
29. Pakete CO_2-neutral einpacken und verschicken
30. Auf die (richtigen) Siegel achten
31. Rauchen is nun mal Quatsch – vom Filter bis zu den Konsequenzen
32. Vogelhäuschen/Nistkästen bauen und Vögel richtig füttern. Vorsicht, viel Raum für Fehler! Dafür mal in meinen Insta-Highlights vorbeischauen.
33. Insektenhotels
34. Für Vögel und Insekten in trockenen Sommern Wasser anbieten: flache Schalen mit Ast/Stein drin.
35. Andere Menschen begeistern, mitnehmen und auch von ihnen lernen.
36. Hauskatzen nicht rauslassen (zweitgrößter Artenkiller der Welt, nach dem Opossum) #Katzensteuer?
37. Die richtigen Petitionen unterschreiben oder selbst eine fundierte starten
38. Achten Sie auf #Greenwashing beim Bäumepflanzen, Kaffeetrinken oder Schokoladeessen.
39. Menstruationstasse aus Silikon und Schwangerschaftstest aus Papier
40. Wassersprudler statt Plastikflaschen

Sie sehen, für all diese ersten Schritte müssen Sie kein Meeresbiologe oder studierter Umweltschützer sein. Die Welt retten kann jeder.

Einen habe ich noch für Sie (im wahrsten Sinne des Wortes)

Mit dem Kauf dieses Buches sind Sie schon längst den ersten Schritt gegangen. Sie haben wissenschaftlich fundiert einen Quadratmeter echten bestehenden Urwald gerettet. Jahrhundertealte Bäume, die eine Menge CO_2 gebunden haben. Tausende Insekten, Amphibien, Reptilien, Vögel und anderes Getier, das jetzt für die nächsten 1 000 Jahre auf ihrem Stückchen Urwald hockt. Und wer weiß, vielleicht pinkelt just in diesem Moment ein Jaguar (*Panthera onca*) an Ihren Baum, um sein Revier zu markieren ... Sie haben *seinen* echten, bestehenden Lebensraum erhalten! Gut gemacht!

Vielen Dank dafür!
Robert Marc Lehmann

Checken Sie hier unseren gemeinsamen Wald

MISSION ERDE E.V.

DIE WELT IST ES WERT, UM SIE ZU KÄMPFEN

Unsere Mission ist es, die einzigartige Artenvielfalt auf unserer Erde zu bewahren, Lebensräume zu schützen und so viele Menschen wie möglich für die Schönheit der Natur zu begeistern und in ihnen den Willen zu wecken, diese zu erhalten.

www.robertmarclehmann.de
www.instagram.com/robertmarclehmann
www.facebook.com/robertmarc.lehmann
www.youtube.com/robertmarclehmann
www.missionerde.de

BILDNACHWEIS

Alle Bilder © Robert Marc Lehmann, bis auf:
S. 33 unten: Brian Mead
S. 34 unten: Matt Griffin
S. 36: Nonuk Walter
S. 204 oben: Peter Lucht
S. 204 unten: Christian Wiens
S. 205 oben/S. 206 oben/S. 209 unten/S. 233: Uli Kunz
S. 208 oben/S. 209 oben: Einar Wiik
S. 234: Jordi Chias
S. 248 unten: Richard Sidey
S. 307 oben: Stefan Austermühle
S. 349 oben & unten/S. 350 oben & unten/S. 352 oben & unten: Robert Marc Lehmann / Orca Research Trust
S. 351 oben & unten: Rosina Lisker/Orca Research Trust
S. 359 unten: Christian Lehnen